# 本 书 编 委 会

**主 任** 张 雪

**副主任** 刘超美　韩景阳　杨 禾　李宇明　卢思锋　线长久
　　　　邓兴军

**成 员**（按姓氏汉语拼音序）

| | | | | |
|---|---|---|---|---|
| 艾比布拉·胡贾 | 蔡婷婷 | 曹淑琴 | 陈 默 | 陈文合 |
| 陈忠斌 | 楚建锋 | 崔克娟 | 丁 娟 | 董竹娟 | 冯建强 |
| 冯学会 | 付永礼 | 高东雪 | 郭永秀 | 果 勇 | 韩彩云 |
| 韩福华 | 胡 洁 | 黄庆业 | 及振华 | 康敬东 | 李 彬 |
| 李 方 | 李高强 | 李 红 | 李金苹 | 李 娜 | 李越苹 |
| 刘社育 | 刘咏梅 | 吕焕卿 | 马华山 | 米中扬 | 乔 永 |
| 邵春奇 | 邵艳军 | 申云贵 | 沈 镅 | 孙胜英 | 孙 铁 |
| 索桂芝 | 王博嘉 | 王博然 | 王桂林 | 王明欣 | 王学军 |
| 王育红 | 王允平 | 王政红 | 王中秋 | 魏 钢 | 温 涛 |
| 谢苗峰 | 徐江莉 | 杨振华 | 姚淑娟 | 袁丽丽 | 岳 敏 |
| 张 健 | 张京山 | 张嵌诗 | 张晓磊 | 张彦春 | 赵京明 |
| 周红兵 | 祝文燕 | | | | |

WO YU GONGHEGUO

BEIJING JIAOYUJIE LAOJIAOSHI KOUSHU SHILU

# 我与共和国

## 北京教育界老教师口述实录

北京教育系统关心下一代工作委员会◎编

人民出版社

# 聆听老前辈　读懂中国梦
## （代序）

2020 是全面建成小康社会的收官之年。2021 年是中国共产党成立 100 周年。2012 年 11 月 29 日，习近平总书记在参观《复兴之路》展览时强调，到中国共产党成立 100 年时全面建成小康社会的目标一定能实现，到新中国成立 100 年时建成富强民主文明和谐的社会主义现代化国家的目标一定能实现，中华民族伟大复兴的梦想一定能实现。党的十九大报告中指出，中国梦是历史的、现实的，也是未来的；是我们这一代的，更是青年一代的。中华民族伟大复兴的中国梦终将在一代代青年的接力奋斗中变为现实。

教育部关心下一代工作委员会主办的"读懂中国"主题教育活动，聚焦改革开放 40 周年、中华人民共和国成立 70 周年、中国共产党成立 100 周年等重要历史节点，一年一个主题，组织大学生与作为中华人民共和国历史见证者、亲历者的本校、本地"五老"（老党员、老专家、老教师、老战士、老模范）牵手结对，以视频或征文形式记录并宣传"五老"的独特经历和感悟，从中切实感受中国发生的历史性变革和伟大成就，从前辈的精神风貌、人格魅力中感悟他们深沉的家国情怀。

北京教育系统关工委高度重视，系统谋划，扎实推动，全市高校 10 万余名大学生参与，提交征文 1500 多篇。北京教育系统关工委将近两年北京高校获得教育部关工委最佳征文和优秀征文的全部获奖作品，以及获得北京教育系统关工委一等奖征文的全部作品和二等奖征文的部分作品共计 88 篇，经过精心编辑，正式出版，采用口述实录的方式，生动记录了老前辈与中华人民共和国的故事，有曾参与解放海南岛和抗美援朝、立下赫赫战功的老英雄，有一生只为航空报国、用知识改变命运、推动国家富强的老专家，有荒野苦旅四十年、无非一念为苍生的老教授，有德高望重、桃李满天下的老教师……通过讲述他们身上鲜为人知的"人生秘密"，学生能够在真切聆听他们生动感人故事的同时读懂中国。

青少年阶段是人生的拔节孕穗期，最需要精心引导和栽培，要给学生心灵埋下真善美的种子，引导学生扣好人生第一粒扣子。在涉老部门中，教育系统关工委最有优势、最具特色、最能发挥自己的职能，有好的基础、好的工作队伍、好的工作方式和工作效果。关心下一代工作非常有意义，关工委的同志满怀深情，倾心投入，助力青少年教育，开创性地开展工作，取得了显著成绩，积累了丰富经验。

知之深则行愈达。希望青少年从这些德高望重的老前辈身上汲取更多的养分，追寻他们伟大而艰辛的历史足迹，继承和弘扬他们在革命、建设、改革中形成的优良传统和宝贵精神，把学习成长同党和国家的事业紧紧联系起来、同人民的需要紧紧联系起来，以老前辈为榜样，更加坚定理想信念，锤炼意志品质，练就过硬本领，脚踏实地走好每一步，用青春书写无愧于时代、无愧于历史的华彩篇章，一代代接力奋斗，实现中华民族伟大复兴的中国梦。

北京教育系统关心下一代工作委员会

2020 年 6 月

# 目　录

# 荒野苦旅四十年　无非一念为苍生
## ——北京大学生命科学学院潘文石教授采访记

**受访人简介：**

潘文石，男，1937 年生，北京大学生命科学学院教授、博士生导师，北京大学大熊猫及野生动物保护中心主任、北京大学广西崇左生物多样性研究基地主任。

潘文石 1961 年毕业于北京大学生物系并留校任教。1980—1996年，在四川卧龙和陕西秦岭对野生大熊猫进行了长达 16 年的研究；1996 年至今，他的研究方向转向了广西濒危动物白头叶猴；从 2003年起，开始中华白海豚保护之路的探索。2015 年，他在广西钦州发起成立钦州市文实中学。

由于 30 多年来在全球自然保护运动中的杰出贡献，潘文石教授荣获 10 多项中国国家级奖章和 7 个国际奖项：1992 年获全国"五一劳动奖章"、1994 年获中华全国归国华侨联合会"爱国奉献奖"、1996 年获荷兰王子颁发的保护野生生物"金色诺亚方舟金奖"、1999 年获世界野生生物基金会（WWF）颁发的"鲍尔·盖提奖"、2010 年获"影响世界华人大奖"、2014 年获北京市颁发的"京华奖"特别荣誉奖等。

**采访人、执笔人：**北京大学关工委秘书处干部　陈凯

北京大学国际关系学院 2015 级本科生　陈震坤

杰克·伦敦在《热爱生命》中，曾对生命的精神内核有这样的理解与诠释："一个人来到这个世上不容易，无论如何不能对不起生命。"

在和潘文石教授短短 3 天的相处中，这句话被他多次提及。从 1980 年进入四川卧龙与大熊猫结缘，近四十年来，他穿行于秦岭的崇山峻岭，跋涉在广西崇左的深山密林，挑战着广西钦州的骇浪惊涛，坚守着荒野这片精神家园，学习自然这本无字之书，勇攀科学高峰，谱写了一曲壮美的生命长歌。

## "绿水青山"我所欲也，"金山银山"亦我所欲也

马克思墓碑上刻着一句话："哲学家们只是用不同的方式解释世界，而问题在于改变世界。"潘文石不仅是一个"认识世界"的学者，他更是一位积极行动、改变世界的行动家。

1980 年，他前往四川卧龙进行考察，从此与大熊猫结下不解之缘。凭借着 16 年对科学真理的坚守与探寻，他发现了野生大熊猫濒临灭绝的真相。在他的努力下，国家决定停止对秦岭地区的采伐，建立自然保护区，保护最后一片野生大熊猫的生态庇护所。

1996 年，潘教授奔赴广西，在崇左开始了白头叶猴研究工作。20 世纪 90 年代，崇左县还未脱贫，当地百姓为了生火做饭，不得不烧荒砍伐，甚至偷猎白头叶猴来换钱。这种"贫困—开荒—偷猎—更加贫困"的死循环让潘教授意识到，"弄官山区自然保护的核心问题，首先是提高当地人的生活水平，然后白头叶猴保护工作才会有希望"。为此，他投身于当地的脱贫事业中，从北京请来医生，医治肆虐于村庄的各种因为卫生条件问题而引发的疾病；他募集资金为村里小学建了一座安全、稳固的教学楼；他拿出自己的奖金在山村修建沼气池，以此鼓励村民不再砍伐森林……在他的帮助下，村民生活得越来越好，对森林的破坏也逐渐停止，弄官山白头叶猴的数量从不足 100 只增长到 800 多只。

2003 年，潘教授又将目光投向了栖息在钦州三娘湾碧波之间的中华白海豚。那时，正值北部湾工业起步，三娘湾海域被规划为造船工业开发区。为了保护白海豚在全国的最后一片净土，他提出对工业开发区进行重新规

划。在他的推动下，钦州市政府将工业园区西移，保留东边蔚蓝的大海作为白海豚鱼跃于渊的美好家园，取得了经济发展和生态保护的双发展，实现了"绿水青山"和"金山银山"的双赢。

## 成功的背后是常人难以想象的辛酸

在秦岭追寻大熊猫的16年，他往往需要在茫茫雪林穿梭多日，其间为了防止干扰大熊猫，甚至不能生火，只能靠着已经冻成冰疙瘩的水瓶和冷食度日。数十年的荒野生活，给潘文石留下了不计其数的外伤。特别是1982年3月20日，潘文石在卧龙山区追踪大熊猫时不慎从200多米高的山崖摔下。紧急中，他抱住了从岩缝中横生出来的杜鹃树。树枝折断后，他又重重地摔在一块石头上。性命保住了，但是受了重伤，以至于无法进食，每天只能靠一勺蜜和一个鸡蛋在山上维持生命，其间的痛苦常人无法想象。来到崇左之后，虽然没有秦岭那样危险，但是条件仍然十分艰苦。刚来崇左，他连住的地方都没有，只能待在一个废弃军营的破房子里，潘文石在这间没门没窗没水没电的房子外面，写上八个字——"君子之居，何陋之有"，以此勉励自己。

《热爱生命》中有这样一句话："'活着'它应该充满力量，它的力量是忍受，去忍受生命赋予我们的责任，去忍受现实给予我们的幸福和苦难、无聊和平庸。"潘教授却或许更进一层。对他而言，行走在荒野中已然超越了"苦中作乐"，因为这一探寻生命的过程，就是幸福本身。

从保护动物到关照村民，再到思考人与自然的关系、传递热爱生命的理念，潘教授40年的故事，也是改革开放以来环保理念发展的缩影。曾经走过"先污染，后治理"的弯路，如今，"绿水青山就是金山银山"的理念深入人心。改革开放以来的40多年间，潘教授和许多其他的科研工作者，用他们在荒野中的坚守，引导和启发了越来越多的大众，推动了"美丽中国"之梦的实现。

# 传递热爱生命的火炬

对于潘教授而言，他不仅仅是自己行动，还一直关心着下一代的成长，希望能够在每个年轻心灵中播种下亲近自然、热爱生命的种子。

近些年来，潘文石和他的团队积极组织针对下一代的生命教育。他常常带着孩子们穿越繁茂的树木和草丛，仔细观察白头叶猴的生活习性；带着孩子们深入热带季雨林覆盖的陡峭山峡，让他们看到山林旺盛的生命力。

2015年开始，潘文石在钦州筹建了钦州市文实中学，尝试将他数十年积累下来的对野生生命的理解在中学的素质教育中推行。在文实中学，生命教育是学生发展的基石，"热爱生命"是流淌在一砖一瓦中的旋律。潘教授常常与孩子们交流，给孩子们讲述这数十年来的研究所积累的故事。在这里，呵护生命的精神火炬正在悄悄传递。

采访中，当问到潘文石对自己一生当中印象最深的经历是什么时，出乎我们意料，他的回答却是大学时期登珠峰的经历。

1958年5月至1959年10月，还是本科生的潘文石曾随中国第一支珠穆朗玛峰登山队，进入珠穆朗玛峰北坡登山和科学考察。正是在珠峰的冰山雪野中，他真正地感受到要活下来的艰难，但同时却也坚定了人生的志向，从此决心走上了研究自然的苦旅。

这种勇攀高峰、亲近自然的精神，此后贯穿了他的一生。

如今，攀登事业还在继续。

80多岁高龄的他至今依然坚守荒野，在大自然中继续寻找生态文明的最真答案，对于未来，他还壮心不已，甚至准备开辟新的研究领域。在大熊猫、白头叶猴、白海豚之后，他的目光又瞄向下一座高峰——布氏鲸。在广西涠洲岛附近近期发现大批洄游的布氏鲸，唤起了潘文石进行新的研究的激情。我们采访的时候，他正忙碌而兴奋地准备着过几天去涠洲岛考察布氏鲸。他笑着说："我都没想到我一个80多岁的人，还有这种内心的研究冲动。"

他对研究自然、探索未知的激情和热情，永不停歇。

这种激情和热情，正源自他对人类、对生命、对万物苍生的大爱。

2018 年是北京大学百廿校庆，为迎接校庆，北京大学山鹰社再一次组织了登顶珠峰的队伍。潘文石得知消息后非常高兴，特意给山鹰社写了一封信，在信的结尾，他写道："我已经 81 岁了，年龄和体力均在衰退之中，但北大山鹰社的精神无时不在鼓舞着我在当今地球上最后的荒野上空飞翔。直到那一天，我已成仙。不为别的，只为万物苍生的喜乐平安。"

40 年的荒野苦旅，为的正是万物苍生的福祉。

# 先做"学生" 后做"先生"
## ——北京大学第一医院谢竹藩教授采访记

**受访人简介：**

谢竹藩，男，1924 年生，北京大学第一医院教授、博士生导师，北京大学中西医结合研究所名誉所长。

1946 年毕业于北京大学医学院。1947—1971 年历任北京医学院第一附属医院内科医师、讲师、副教授、副主任；1971—1987 年任中医科主任、教授；1987—1995 年任北京医科大学中西医结合研究所所长、博士生导师。

谢竹藩教授是中西医结合学界奠基人之一，是中医药国家交流领军人物，主编出版多部中医英语词典，如《汉英医学大词典》《汉英中医药分类辞典》《中医药常用名词术语英译》等；用英文写作出版《中医学讲义》《中医内科学》《实用中医学》《中医学导论》等多部著作。

曾获科技进步奖 3 项，国际科技合作奖 1 项。2017 年被评为第三届"首都国医名师"。

采访人：北京大学护理学院 2015 级本科生　邹凯乐
　　　　北京大学临床医学院 2016 级本科生　贺依林

执笔人：北京大学护理学院 2015 级本科生　邹凯乐
　　　　北京大学护理学院 2016 级本科生　孙萌
　　　　北京大学临床医学院 2016 级本科生　贺依林
　　　　北京大学临床医学院 2017 级本科生　胡耀文

有人说，中医是文化，西医是科学；中医是整体的、抽象的，西医是部分的、具体的。不同的理论基础、不同的逻辑体系，甚至不同的语言，使得中西医之间判若云泥。然而，有一位医学专家，横跨中西医，率先开创了中西医结合的医疗方向，他就是北京大学谢竹藩教授。

## 向国外学习

谢老最开始是学习西医的。1940 年，年仅 16 岁的谢竹藩考入燕京大学学习医学。太平洋战争爆发后，燕京大学停办，谢老改读于北京大学医学院，由邓庆曾、吴阶平、严仁英等一流导师亲授指导。

那时候，中国医学技术远远落后于西方。那一代医学工作者的使命，就是去学习西方，引进西方的先进技术和经验。谢老正是其中的佼佼者和引路人。

1948 年，联合国善后救济总署赠送北大医院一台心电图机，是当时国内唯一的一台，谢老也成为中国给病人用心电图做诊断的第一人。他曾到中南海为毛泽东、朱德、周恩来等多位中央领导做心电图检查；20 世纪 60 年代初，在吴阶平教授的亲自指导下，谢老在国内率先开展了经皮肤肾脏穿刺活体检查，有效解决了痛风性肾病等疑难杂症诊断，再一次成为国内的先驱。

1978 年，开始改革开放，在政策的支持下，谢竹藩等一批优秀的医生被鼓励去往国外交流学习先进的医学技术，开阔眼界。至今，谢竹藩仍记得改革开放后第一次出国的震撼。那是 1979 年 9 月，他作为红十字会总会组织的北京医学院、北京中医学院医学教育考察团的成员赴日本考察。日本医院人性化的服务与尖端的医疗设施震动了他："我心里想，怎么到了日本一看，发现在医疗方面样样都比国内优越？""我开始问自己：该怎么办？"巨大的心理落差使谢竹藩感受到了前所未有的焦虑，这时，他才无比清晰地意识到对外开放对中国医学发展的重要性。

## 向国外传播

谢老不仅是学习西方医学的先锋，也是继承中华传统医学、推进中西医结合的先驱。

"文化大革命"时期，他随"6·26"医疗队赴甘肃民乐县农村。那时候，农村医疗条件有限，只能就地取材。这种条件下，谢老发挥聪明才智，使用廉价的中医针灸和草药，为当地农民解决了不少问题。有一天，他们接诊了一位患呼吸道感染兼心力衰竭的幼童，当地医生使用各种办法仍然束手无策，谢老运用一些中医疗法，妙手回春，居然奇迹般地从死神手中挽救了这个孩子，这件事一时轰动了整个医疗队。也因此，他被调回北京，负责编写《农村卫生工作队医疗手册》，该书紧密结合临床，且收录了许多经济、简单而有效的中医药物及针灸疗法，对全国农村医疗有极大的指导作用，广受全国医务界的欢迎。

改革开放后，谢老再次"不走寻常路"，成为中西医结合研究和向海外推广中医的探路人。

1981年10月，谢竹藩赴美讲授中医知识。美国医学界当时对中医持有很大的怀疑。没想到，谢老既精通中医知识，同时又受过数十年的西医训练，针灸理疗被他用西方人能理解的方式讲出，让美国人耳目一新。加州政府向他颁发"嘉奖令"，指出"他在东西方文化的隔阂之间架起了桥梁，使两种医学体系能够相融"，表彰他"为促进两国之间的友好而在教育和医疗领域中所作出的贡献"。

这次赴美之行不仅让中国医师们学习到了国外尖端的技术，更让源远流长的中医学打开了国外的大门。从此，谢竹藩开始承担起对外发扬中医学的使命，多次受邀前往国外讲学，将古老的中医知识带到了世界各地。

自1978年起，谢竹藩教授便开始中医药名词术语的英译工作，在之后的工作中参与及主编多部专著和词典，成为中医药名词术语英译领域的领军人物。此外，他利用业余时间从事翻译和编写英文中医教材，内容涵盖了针灸学、中医内科学及指导性书籍，如英文版《中医内科学》《实用中医学》等，忠实反映中国文化特征，又能结合西方的观点论述，为当代西方读者提供了极其便利实用的最高专业水平的工具书。自1985年起，他曾11次担任世界卫生组织临时或短期顾问，并曾短期担任西太区传统医学代理官员，多次为世界卫生组织建言献策，在中医药国际传播中作出了开拓性贡献。

可以说，他是研究制定传统医学名词英译标准的领军者，是中西两种医学体系沟通桥梁的架设者，是为西方读者开启中医之门的引导者。

回顾这先做"学生"、后做"先生"的历程，谢竹藩教授认为，自己能够取得成就，正是得益于国家的深化改革、扩大开放。在改革开放的伟大跨越中，引进现代医学先进技术，同时将中华传统中医文化推介出去，成为他念兹在兹的使命。

对当前的年轻人，谢竹藩教授特别推崇"工匠精神"："在改革开放的辉煌成就之下，青少年的物质生活条件有了显著的提高，年轻人更应秉持'工匠精神'，精益求精。"谢竹藩至今记得实习导师吴阶平教授对他的教导：阑尾炎手术在外科手术中，是最基础、最简单的手术之一，但是绝不能因为它的简单就掉以轻心，"一百个阑尾炎切除手术就有一百个差别。这对于我有深刻的教育意义——在任何事情上都要精益求精"。正是这种在任何事情上都精益求精的"工匠精神"，使他成为一代学界泰斗。

六十年医途漫漫，杏林华枝春满；四十载对外开放，九州共啜甘醴。

党的十九大报告指出，坚持中西医并重，传承发展中医药事业。正是谢老等一批优秀的先行者、探路人，深入挖掘中医药宝库中蕴含的精华，使之与现代健康理念相融相通，实现创造性转化与创新性发展，为人类健康作出了新的贡献。

古老的中医，在改革开放的时代征程中焕发出新的生机。

# 从战斗英雄到反腐学者

## ——北京大学政府管理学院李成言教授采访记

受访人简介：

李成言，男，1950 年生，北京大学政府管理学院教授。

1970—1974 年就读于北京大学历史学系；1986 年获北京大学哲学学士学位；1974—1988 年在北京大学马列主义教研室任

助教、讲师；1988—2001年在北京大学政治学与行政管理系任讲师、副教授，兼任中国政党政治教研室主任，中国政治教研室主任、副系主任。2002年任政府管理学院教授、博士生导师、党委书记。中国监察学会原副会长，北京大学廉政建设研究中心主任。

　　主要从事中共党史、中国政党政治、中国农村发展政策、领导学、行政领导学、企业公共关系、廉政建设等领域的教学、研究工作。编著《中国农村发展政策分析》《现代行政领导学》《廉政政策分析》等著作。

**采访人、执笔人：**北京大学法学院2016级本科生　陈欣怡

## 战斗英雄

　　李成言教授的青年时代，是国家变革的个体投影，是从一滴飞溅的小水

珠里折射出的历史波涛的涌动。

20世纪70年代，上亿人民随着国家巨轮飘摇浮沉，翘首期盼着海上月明。漫漫航路上，似闪耀着机遇，也潜伏着危机。正是在这样一个特殊时刻，李成言教授踏入了北京大学。1970年是"文化大革命"中高考恢复招生的第一年，北京大学也在第一批招生的大学之列。然而，北大在全国范围内仅招收数百人，筛选程序极为严格。李成言教授带着谦逊与感激坦言："我读书的机会，是历史创造的一个机遇。我是历史进程中的幸运儿。"

李老师来自乌苏里江畔偏僻的黑龙江省虎林县，他所说的"历史的机遇"，是指在推荐读大学的前一年——1969年，他作为民兵连长参加了保家卫国的战斗。广大战士发扬"一不怕苦，二不怕死"的精神奋战在战斗一线，而民兵们也冒着严寒，与高寒冻土作斗争，架设通信线路；和枪林弹雨抢时间，抢救负伤战士，为战斗胜利作出了突出贡献，保卫了祖国领土。翌年，高考恰好首次恢复招生，李老师因战功而入选推荐名单之列，并通过了审核、考试、全面考察等程序，最终进入北大。

## 见证波澜壮阔的改革历程

1974年，李老师本科毕业，留在北京大学教授党史，讲述内容最绕不开的就是改革开放。

作为改革开放的研究者，李成言教授回顾改革走过的每一个阶段，不禁感慨道："改革开放是波澜壮阔的！"在他看来，每一个政策的下达、每一个思想的转变都至关重要，每一步都如临深渊，如履薄冰。1976年粉碎"四人帮"；1978年不再以阶级斗争为纲，转而以经济建设为中心；20世纪80年代不断摸索，设立经济特区……国家与社会必须在两难中作出抉择，"摸着石头过河"没有任何参照。沧海横流，方显英雄本色。改革的艰辛、抉择的不易，更能凸显出领导人非凡的政治勇气和高度的战略定力。

作为时代亲历者，李成言最难忘的是南方谈话。20世纪80年代后期，围绕改革开放的争论尤为激烈。然而邓小平同志意识到，不深化改革、扩大开放就无法继续发展经济，因此在南方谈话中提出一系列观点，推动了中国特色社会主义理论与实践的发展，为中国实现了不起的变革、了不起的跨越打下了理论基础。时至今日，李成言教授谈起收看邓小平南方谈话新闻时的心情，依然用"热血沸腾"来形容。

直至今天，改革开放也仍然不能说已经一帆风顺。"行百里者半九十"，习近平总书记在党的十九大报告中指出，中华民族伟大复兴，绝不是轻轻松松、敲锣打鼓就能实现的。

实现伟大梦想，必须进行伟大斗争，改革开放探索中那份政治勇气和战略定力仍需传承。

## 为反腐事业贡献智慧

不仅仅是旁观者、亲历者，李成言教授作为一名北大学者，积极发挥智囊作用，为历史选择出谋划策。

2002 年 4 月 1 日，李成言教授成为北京大学廉政建设研究中心主任，重点研究反腐败问题。他不仅敏锐地认识到了反腐败和加强廉政建设的现实意义，更是孜孜不倦、脚踏实地地研究着如何根除腐败现象，展现着极强的奉献心和学养。他指出，中央反腐败斗争的最终目标是彻底地解决腐败问题，是取得并且维持反腐败斗争的压倒性胜利。这个目标无疑需要社会各界的共同付出，仅有政府的决心是不够的，还需要学者贡献理论果实和实证研究。

从事反腐败研究 18 年来，李成言教授成绩斐然。在国内，他坚持通过央视论坛向社会各界普及反腐理论；在海外，他先后在伦敦政治经济学院、牛津大学、日本法政大学、美国宾夕法尼亚大学等推广中国的反腐经验。

他笔耕不辍，不断发展新理论：如从严治党的制度方针、监察委员会体制改革、廉政预警模型、党内权力构造改革等。这些极富创新性的理论模型立足于中国特殊的文化土壤，为深化改革开放提供着有益启发。除此以外，李成言教授帮助成立了全国高校廉政研究会，将所有高校的廉政研究专家集合到一起，举全国之力推动反腐研究。

　　作为学者的李成言教授，不再是一滴被民族历史的浪潮裹挟着的小水珠了，而是要承担"为天地立心，为生民立命，为往圣继绝学，为万世开太平"的大责任、大使命。

　　从求学时代起，李成言教授走过的风雨四十载，无不在述说这样一个道理：个人奋斗在历史的浪涛前或许稍显渺小，但它不会遁于无形。它或如一滴水珠，或如一片浪花，或如汩汩细流，交融于历史的滔天巨浪之中，忽明忽暗、时隐时现。正是每一滴水珠、每一片浪花、每一股细流，汇成了历史的汪洋，推动着历史前行。在历史的汹涌波涛前，每一个选择看似具有十足的偶然，而实际上在千千万万的个人奋斗中，蕴藏着有力的必然。

　　一代人有一代人的使命，一代人有一代人的长征路。今日的中国依然面对着未知的挑战与机遇，李成言教授启迪着我辈以严谨的治学态度和崇高的学术关怀，把握历史机遇，勇立时代潮头，响应习近平总书记在北京大学师生座谈会上的号召，乘着新时代的春风，在祖国的万里长空放飞青春梦想，以社会主义建设者和接班人的使命担当，为全面建成小康社会、全面建设社会主义现代化强国而努力奋斗。

# 用数据读懂中国

## ——北京大学光华管理学院王其文教授采访记

**受访人简介：**

　　王其文，男，1944 年生，北京大学光华管理学院教授。

　　1963—1968 年在北京大学数学力学系计算专业本科学习，1990

年获美国马里兰大学工商管理学院管理科学与统计学博士学位。北京大学光华管理学院原党委书记，是光华管理学院第一代创始人之一。

主要研究管理科学与工程，为中国管理学教育与学术发展作出了突出贡献。他创办的全国 MBA 培养院校企业竞争模拟大赛至今影响深远、意义重大，被誉为"中国企模之父"。

曾获得全国教学成果二等奖、北京市优秀教学成果一等奖等奖项。

**采访人、执笔人**：北京大学国家发展研究院 2016 级本科生　王昱博

40 多年前，改革开放的春风吹拂神州大地，从此中国的面貌焕然一新。从一穷二白，到世界第二大经济体、第一工业大国、第一货物贸易大国、第一外汇储备大国、世界经济增长的主要稳定器和动力源——中国创造了举世瞩目的"中国奇迹"。

北京大学光华管理学院的王其文教授，既亲身经历了改革开放波澜壮阔的时代历程，更运用其杰出的数学和经济学知识，用数字揭开了"中国奇迹"的奥秘。

## "只问耕耘不问收"

王其文老师是典型的"生在旧社会，长在红旗下"的一代。他出生于山东省无棣县，那里紧靠渤海边，当时是典型的"苦海盐边"地区，有着大片的盐碱地，自然条件极度恶劣。县里连初中都没有，祖祖辈辈面朝黄土背朝天，在温饱线上苦苦挣扎，受教育、上大学是做梦都不敢想象的。但是，新中国成立后，曙光出现了。1952 年县里办了初中，1958 年办了高中，王其文恰好赶上了，成为当地第三批高中毕业生，1963 年更是以专区第一名的成绩考上了北京大学数学力学系。新中国成立前没学上，新中国成立后有学上——就是他最实际的感受，正如他所说，"没

有共产党我就没有机会上大学",这种对党朴素的感恩之情贯穿了王老师的一生。

在当时全国 1500 万适龄青年中,只有 13 万多大学生,而有机会来到北大的只有 1500 人,可以说是万里挑一,机会十分难得。王其文还记得 1963 年时听过教育部副部长给北大学生作的一场报告,讲到全国 100 个同龄人中只有 1 个上大学,7 个农民一年创造的价值才能供养 1 个大学生! 50 多年后,这句话仍让他记忆犹新,时刻提醒自己是多么幸运,肩上的责任多么沉重。正是这份压力和责任,驱使他刻苦钻研,努力拼搏,希望能够建功立业,不辱时代使命,无愧于人民重托。

"文化大革命"开始后,正常的学习秩序遭到破坏。1969 年 1 月,王其文下放到山西省洪洞县 69 军部队农场劳动,接受工农兵再教育。农场劳动是十分辛苦的,夏初甚至要凌晨 3 点钟起床,每天走 10 里地去干活。不过,王其文并没有因此消极颓废,相反,他与来自天南海北的一百四五十个同学一起怀着革命的热情,朝气蓬勃,投身于火热的劳动中。当时他们编了许多小诗,有一首是这样写的:

革命的苦不叫苦,苦中有甜是幸福;

为了革命自遭苦,绝不为私图舒服。

即使在这种环境下,王其文始终没有放弃学习。回顾那段岁月,他引用了厉以宁教授的一句诗:"只问耕耘不问收"。厉以宁先生在当时是经济学系才子,然而留校后赶上政治运动,不允许他教课,只让管系里的资料室,厉先生并没有气馁,利用管理资料室的机会天天看书。"文化大革命"一结束,系里要开一门西方经济学史的课程,放眼北大只有留美的张培刚老师和足不出户的厉以宁老师可以讲。多年来寂寞而又艰苦的学习此时厚积薄发,奠定了厉先生未来学术的基础。

由此,王其文感慨,青年人切莫急功近利,要秉承"只问耕耘不问收"的信念,储备自身,提升能力,"根之厚者其叶茂",只有筑牢基础,才能成就伟业。

# 改革春风中再度焕发青春

"文化大革命"后期，王其文回北京到中学当老师。当时，"读书无用论"盛行，学习风气十分低迷。然而，改革开放的春风一来，形势立刻焕然一新了。1977年恢复高考后，尊重知识、尊重人才蔚然成风。"机会失而复得的最珍惜"，大家都抓住这个机会，争分夺秒学习，补上错过的这些年。

借着开放的东风，他出国访问交流，并在美国马里兰大学读完博士学位。回国后，他参与了北京大学光华管理学院的创建，见证了光华管理学院从一无所有到今天成长为国内商科巨擘的过程，培养出一批批叱咤风云的商界精英。这其中，王其文付出了无数汗水与心血。回顾这段历程，王其文感慨道："谁能想到，光华能从刚开始三十几个人，到1997年第一座大楼、2008年第二座大楼拔地而起，一辈子能赶上这么一件事，太荣幸了……"

令王其文最得意的一项成绩，就是他开创了对全国管理学教育具有巨大辐射推动作用的"决策模拟"。他编制了中国第一个用最初级的计算机编成的企业竞争模拟程序，曾获得1986年北大第一届科研奖一等奖。据此，他创办了全国MBA培养院校企业竞争模拟大赛。从2001年至今，大赛已成功举办了10多届。多年的实践证明，这种比赛对促进管理理论与实践的结合，对增进MBA培养院校之间的友谊，对培养学生的竞争意识和团队合作精神，具有重要的意义。

回顾改革开放以来的40多年，王其文深有感触，他说，可以说，改革开放让他又一次焕发青春。毕业50周年同学聚会的时候，他写下了一首歌，里面写道："改革开放到如今，山新水新天地新。知识有了用，人才归了类，中年的0163班焕发青春。"

采访现场，他动情地为我们唱起来，他说："每次唱起这首歌，都非常感动，写这首歌词时多次流泪。如果没有改革开放，我可能至今仍是一个普通的中学教师，许多同学可能还在艰苦地方。"他接着严肃地说："当然，不是说在艰苦地方锻炼不好，可是受过高等教育的人，光锄地，是不能改变中国面貌的。"

只有改革开放，才能真正释放人才的活力，让创新源泉充分涌流。

王其文老师还有一项杰出的成就，就是创建了"数字中国"系统，即基于中国国家统计局、国际货币基金组织、世界银行、世界知识产权组织等机构发布的统计数据，从多个视角，将数据转化为图形，进行国际比较与分析。

王其文认为："根据数据说话，中国现在到了可以平视世界的时候了，既不俯视也不仰视，既不要趾高气扬，也不要低声下气，对缺点我们不必避讳，但是也要看到，我们现在也有解决问题的资本。""作为一个年过古稀的中国人，我们的经历会让我们理解中国的发展和变化来之不易，十八大以来的从严治党、依法治国、深化改革所开辟的新局面，让我们倍加珍惜，且更有信心。"

在采访的结尾，王其文老师用一首《西江月》勉励广大北大青年："爱国灯塔长亮，进步湖水永清，民主自由燕园风，科学之林茂盛；勤奋自能生巧，严谨才会出精，求实不屑争虚名，创新源泉涌动。"

他殷殷嘱托我们："咱们中国 14 亿人，现在条件又这么好，你们这一辈一定能涌现出一大批非常优秀的人才，咱们国家的振兴指日可待……"王老师的这番话语、这份情谊，令我们十分感动，久久不能忘怀。

# 不老"男神"高铭暄

## ——中国人民大学高铭暄教授采访记

**受访人简介：**

高铭暄，1928 年生，是当代中国著名法学家和法学教育家，是我国刑法学的主要奠基人、开拓者和学术泰斗。1953 年在中国人民大学研究生毕业后留校任教长达半个多世纪。高铭暄教授与武汉大学人文社科资深教授马克昌教授被合称为中国刑法学界"北高南马"。

**组织者**：中国人民大学法学院党委　阎芳
**采访人**：中国人民大学法学院 2017 级硕士研究生　牛文静　黄骏庚
**执笔人**：中国人民大学法学院 2017 级硕士研究生　王荣珮　牛文静

　　耄耋之年似是颐养天年的年纪，但这并不适于高铭暄老师。在认识高老之前，我们从未想象过一位 90 岁高龄的长者，能够精神矍铄地参加各种学术会议，笔耕不辍地著书立说，还能够每天坚持学习英语。高老的不凡，不仅浸透在他朝阳般的生活活力和学术生命力中，还镌刻在他过去几十年的求学、治学经历以及永不褪色的人格魅力中。

　　高老出生于 1928 年，在动荡的战争年代踏上了坎坷的求学之路，在百废待兴的新中国成立初期开拓了法学教育事业。凝聚 25 年心血，前后起草 38 稿，他最终磨成新中国《刑法》这口"宝剑"。改革开放迄今，我国社会主义法治与法学繁荣建设 30 余年，高老的学术事业亦蓬勃发展了 30 余年。

　　1951 年，从浙江大学转学到北京大学的高老本科毕业，被保送到中国人民大学攻读刑法学研究生。从此，高老半辈子的时光都在人大法学院（法律系）度过。高老曾荣获人大俄语竞赛一等奖，奖金 300 元，他转手就把钱借给了一位急需钱结婚的同学。高老对金钱一向淡然，2009 年"京师高铭暄刑事法学发展基金"成立仪式上，他将自己省吃俭用积攒的 30 万元悉数捐出。他说："钱财这些身外之物，生不带来，死不带去。能省则省，该花就花。要花在刀刃上，花在学术研究上，值！"

　　1954 年 10 月，高铭暄老师接到通知，去全国人大参加《刑法》立法工作。但后来由于政治运动频繁，立法工作一度中止。高老也被分配到北大医学院负责医护班的教学管理。他并未怨天尤人，而是在新岗位上兴致勃勃地寻找值得突破的方向。彼时的他将目光投向法医学的历史研究，并学习了医学研究采用的文献综述的方式，为以后的刑法研究和研究生教学打下了方法论基础。

1978年，在改革开放的春风下，希望的种子从禁锢已久的思想土壤之下破土而出。高老顺理成章参与了《刑法》修订工作。得知被他珍视的33篇草案修改稿在"文化大革命"期间被当作"垃圾"一把火烧成灰烬后，他的心凉了半截，又庆幸爱记笔记的好习惯使他得以留存一些珍贵的立法材料。1979年7月1日，这部一波三折的《刑法》草案终被表决通过，高老也已从青春年少的小伙，变成了两鬓斑白的中年人。

1981年，改革开放初期，理论界和实务界对《刑法》的理解与适用问题都存在疑问。莘莘学子也急需一套系统而权威的法学教材。作为唯一一位始终参与《刑法》立法的学者，高老在不到半年的时间内，写出近20万字的《中华人民共和国刑法的孕育与诞生》。紧接着，他又参与主编教材。他的体力一再透支，最终患上稍一动弹就筋骨欲断的腰疼病。他在家人劝说下勉强躺了一天，第二天就想出了躺在躺椅上工作的方法——肚子上立一块木板，稿纸夹在木板上，一手扶着木板一手写字，上班时就拜托人开车连人带躺椅一起送去办公室。新中国的第一部刑法学教材，竟是高老这样躺着主编出来的。

此后，高老坚持并完善中国刑法学体系，修订《刑法》时，他曾抱着"虽千万人，吾往矣"的决心，主张修改"反革命罪"为"危害国家安全罪"，也曾从中国国情出发，坚持严格控制和慎用死刑。时至今日，他仍然为逐步消除死刑而努力。

1983年，高老作为代表获得第一次出国交流的机会。学习的同时，高老积极展示他的学术观点和成果。在频繁的交流中，高老成为国际刑法学协会的个人会员。在他的不懈努力下，中国法学会获准以组织的名义加入，在国际刑法学领域有了一席之地。1999年9月，在匈牙利布达佩斯召开的国际刑法学协会第十六届代表大会上，高老当选为国际刑法学协会副主席，兼任该协会中国分会主席。基于高老在刑事法律领域为推动实现法治精神与人道关怀的巨大贡献，2015年4月15日，他被授予"切萨雷·贝卡利亚奖"，是首位获此殊荣的亚洲人。2016 年 11 月 22 日，日本早稻田大学授予高老名誉博士学位。

作为刑法学界的泰斗"男神"，高老的成就不只体现在国际上的学术影响力。他曾说，培养、指导学生们，是他一生中最大的乐趣和成就。1984年，高老成为我国第一位刑法学专业博士生导师，培养了 67 位刑法学博士。高老的言传身教并未止步于治学的严谨、勤奋，还有他的人格力量、坦荡胸襟和执着担当。高老治学严谨，无论参与什么规模的学术会议，他都一丝不苟，不流于形式。他坚持一笔一画亲笔手写每一篇论文和演讲稿。高老也将这份严谨延续到育人当中，对于学生每次交给他修改的文稿，都会逐字逐句批注，包括标点和行间距，因为他认为标点符号也有表达文义的作用，会影响行文逻辑。高老还有一位从台湾辅仁大学追随而来的忠实崇拜者，她在听过高老演讲后，坚定地踏上了"追星"之路，并选择来到人大法学院攻读硕士。

高老一生并非一帆风顺，却总是乐观积极，豁达开朗。面对学术上的质疑和争锋，他始终秉承百家争鸣、友好交流的原则。面对尊重和赞赏，他总说这是过誉，自己的成就只不过是历史和机遇的助推。这位著作等身的学术泰斗，耕耘数十年成为中流砥柱后，仍能保持初心，这才是给年轻人最好的教育。

如今，高老仍然是一位"空中飞人"，奔波于世界各地。每每看到满头银发的高老在法学院楼梯匆匆走过，我惊诧于老师的工作强度，也担忧老师的身体状况。我看到高老的眼睛虽然依然有神，但难掩几处红血丝，担心地问道："老师现在是否依旧晚睡？"他笑了笑，说事情太多了，白天挤着用，所以还是睡得很晚。他的裤兜里常备硝酸甘油和速效救心丸，走起路来沙沙作响。他并非不用承受岁月的无情和病痛的折磨，而是承载着责任和理想，有着更坚定的脚步和更温暖的力量。

# 在红与绿中探寻生态文明之路

## ——访中国人民大学张象枢教授

**受访人简介：**

    张象枢，中国人民大学环境学院教授、博士生导师。曾任中国农业经济学会副会长、中国生态经济学会常务理事、中国农业工程学会常务理事、农业部农业信息系统专家委员会副主任、全国生态县建设专家组成员、国际科联环境委员会中国委员会委员。多次荣获各种国家级、省部级学术、科研奖励，是国家重点学科"人口、资源与环境经济学"的开创者和奠基人。

**组织者：** 中国人民大学环境学院党委　李明奎

           中国人民大学人口、资源与环境经济学专业 2018 级硕士研究生　何俊

**采访人：** 中国人民大学人口、资源与环境经济学专业 2018 级硕士研究生　何俊

           中国人民大学环境政策与管理专业 2016 级硕士研究生　贾册

           中国人民大学环境学院生态学 2016 级硕士研究生　赵玉娇

           中国人民大学劳动人事学院社会保障 2017 级硕士研究生　卞杰

**执笔人：** 中国人民大学人口、资源与环境经济学专业 2018 级硕士研究生　何俊

    1978 年，改革开放前夕，已经 47 岁的张象枢在经历了"文化大革命"磨难后，终于随着中国人民大学的复校回到了原来的工作岗位上，开始了与改革开放同行的"第二次生命"。

## 不忘初心，潜心研究重拾专业

刚刚复校的中国人民大学与改革开放之初的中国一样，百废待兴。重回工作岗位的张象枢面对的首要挑战就是，如何重拾专业，恢复教学科研工作。为此，张象枢一有空就去图书馆看书，学习新课程，研究文献，抓住一切机会给自己充电，追踪学科发展前沿情况。至今，张象枢仍然会在每天看过的书刊报纸上写满密密麻麻的笔记，勤谨钻研的精神令人肃然起敬。

虽然过去经历了许多波折和打击，但是张象枢并无抱怨，而是对回到北京工作充满感激："人活一世，总要经历一些事情，既然有一句话叫否极泰来，就要在经历大悲之后振作起来，好好地过日子。"不仅如此，历经波澜的张象枢更是看淡了追名逐利，将全部热情和精力投入到学习钻研和教书育人当中去。在此后的十余年间，张象枢主持开展各种课题项目，获得了国家科学技术进步奖三等奖、北京市科学技术进步奖一等奖、第二届吴玉章奖金优秀科研奖等重大奖项。此外，他还积极参与农业经济学会的工作，发起建立农业工程学会，响应钱学森和许国志的倡议，参与筹建农业系统工程学会，为促进我国农业经济、农业系统工程等领域的学术交流合作，提升学科建设整体水平作出了重要贡献。

## 把握时代，开创环境经济学科

党的十一届三中全会开启了改革开放的新篇章。作为一名老党员，张象枢坚定支持中央决策，围绕如何解放和发展生产力满足人民群众需要，致力研究生态良好、生产发展、生活富裕的"三生共赢"之路。张象枢在各省市调研时发现，一些地方出现的围湖造田、毁林垦荒等急功近利的农业生产行为，难以实现持续发展。经过深入研究，张象枢在农业领域率先提出，只有把提高产量和保护水土、保护生态平衡有机地结合起来，转变生产方式，开展生态农业，才能真正实现以经济建设为中心的可持续发展。

为了探索生态环境的可持续发展道路，张象枢积极参加中国环境科学学会和生态经济学会的工作，并与国内外专家一道，总结了杭州市临安山区综合可持续发展的经验，共同签署了《临安宣言》。随着对该领域的深入研究，张象枢深刻地认识到建立国内环境经济学科的必要性和迫切性。张象枢在1989年中国人民大学中高层干部年度工作会议上提出建立环境经济专业，这一提议得到了时任国家教委主任彭珮云的认可。彭珮云鼓励学校进行这方面的探讨，她当时说："中国人民大学有革命的传统，要做教育改革的先锋。"随后，在教育部和学校领导的支持下，由张象枢提议建立的环境经济研究所在1989年上半年顺利成立，并由张象枢任所长。

环境经济研究所成立之初，已经58岁的张象枢拿出了"创业"的拼劲，想方设法，多方筹措经费完成国外前沿教材的翻译工作；亲力亲为，多次赴国外访学，与美国资源研究所、英国伦敦政治经济学院等国际著名学府、研究机构达成办学合作意向，与资源核算之父卡斯通·斯塔莫（Carstong Stahmer）等国际知名学者取得联系和共识。在张象枢等先驱的努力下，中国人民大学于1991年建立了我国首个人口、资源与环境经济学博士点，并于2001年11月成立了环境学院。一直为学科建设奔走努力的张象枢，直到近七十岁才办理了离休手续。环境学院甫一成立，他又到新学院继续从事教学科研工作。

## 牢记使命，探寻生态文明之路

习近平总书记在党的十九大报告中指出："建设生态文明是中华民族永续发展的千年大计。"这不仅是党和国家的大政方针，也是张象枢始终潜心研究的目标。年轻时读《资本论》中关于劳动的论述时，张象枢萌发了研究人与自然之间物质代谢的念头。随着人类面对的资源枯竭、环境污染、生态失衡的局面日益危急，张象枢逐渐找准了研究人口、资源与环境经济学，实践生态良好、生产发展、生活富裕"三生共赢"之路的努力方向。

在张象枢看来，走过原始社会、农业文明和工业文明的时代之后，目前人类正处于走向生态文明的新阶段，这也正是人民对美好生活的向往。在文明更替的历史阶段,张象枢认为思想启蒙和学术创新势在必行。他因此提出"开来学、拓新路",不顾自己 80 多岁高龄,发起创建"三生共赢研究院",并担任国际生态联盟的高级顾问,不辞辛劳组织国内外学术论坛、发表演讲,深入乡镇田野一线开展调查研究,为基层治理总结经验、传授方法。张象枢希望通过余生的努力,综合现有众多学科的成果,多方合作建立和发展环境社会系统科学的新体系,以实现生态文明建设思想"新汇"的目标。

展望未来,张象枢依然像年轻人一样雄心勃发:"未来人类的命运由自己创造,科教体系的创新将成为建设生态文明的重要组成部分和关键驱动力,这也将是我继续不断探索和实践的主题与使命。"

改革开放 40 多年,张象枢用一颗对党忠诚的红心,践行着探寻生态文明建设的绿色理想,红与绿之间是他对人民美好生活的追寻和努力,也是我们青年党员努力学习的榜样。

# 淡泊明志　宁静致远
## ——记"教育老兵"顾明远

作　者:北京师范大学教育学部博士研究生　丁瑞常

### 实为教育大家,却自号"教育老兵"

顾明远先生是我国当代教育界的标志性人物,但对于他来讲,走进"教育百草园"其实是"阴差阳错"。1948 年,青春年少的他抱着工业救国的理想,报考了清华大学的建筑系和上海交通大学的运输管理系,但均落榜。为了减轻家庭负担,他经人介绍到上海私立荣海小学担任教员。正是这一年迫于生计的教学工作，使他深深地爱上了教育事业。次年，他毅然报考了北京师范大学，随后又被派往苏联国立莫斯科列宁师范学院留学，自此开启了他的教育人生。

从小学教师到中学教师，再到后来成为大学教授，他已站立讲台足足70个春秋，仅比较教育专业的博士就培养了近六十位，其中有我国第一位比较教育博士、第一位在我国获得文科博士学位的外国留学生，还有全国百篇优秀博士学位论文得主。如今，年近九旬的

他依旧活跃于教学一线，博士弟子队伍已更新到了"90后"。

顾先生桃李满天下，实为教育大家，却自号"教育老兵"。在他眼里，学生的成长就是他生命价值所在和快乐的源泉。2018年9月9日，他荣获北京师范大学"'四有'好老师终身成就奖"。他在获奖感言中讲道："我要感谢我的学生们，是他们促使我不断学习，不敢懈怠，是他们给予我生命的价值和快乐！就是在他们的成绩和进步基础上，我获得了成就感。我为他们的进步和成就感到自豪。"

## 实为大教育学者，却云"原本一书生"

顾先生是中国比较教育学的重要奠基人，且在教育学科的其他诸多领域均有很高造诣。但每当谈到自己的学术成就，他总是谦虚地说："我这辈

子在学术研究方面没有什么很大的成果，主要是主编了几本工具书。"然而，这几本工具书却成为中国教育学领域的划时代成果。

1986 年 11 月，中国教育学会召开第二次年会。其间张承先会长、吕型伟副会长找到顾先生，建议他为中学教师编一部《教育大辞典》，以提高教师的业务水平。曾经有人说过，如果想要惩罚别人，就让他去编辞典吧！在随后的 12 年里，作为主编的他真切地体会到了这句话背后的酸甜苦辣。《教育大辞典》总计收词 2.5 万余条，而顾先生与夫人周蕖逐一审定了每一个词条。据顾先生回忆，当时没有计算机，所有文稿均为手写，堆满了家中整整一张床。

就在《教育大辞典》编纂工作完成后不久，顾先生又担任了《中国教育大百科全书》的主编。全书分 25 卷，参编人员近 600 人。虽然分卷主编都是各学科的带头人或学术权威，但编者中年轻学者较多，每个人的写作风格各异，要把几千个条目、释文融为一体是十分艰难的工作。于是又经过了一个12 年，该书才得以在 2013 年 4 月正式出版。年至耄耋的顾先生在这 12 年的编写工作中绝非一个挂名主编，而是竭尽全力审阅和修改了几乎所有条目。

70 年来，顾先生始终坚持以"立足中国，放眼世界"的宏大视野勤勉治学、积极探索。直至今日，他依旧笔耕不辍，平均每年写作、发表 10 万余字。实为大教育学者的他却自称"原本一书生"。

## 实为爱国心切，却云"无非报恩而已"

除了致力于基础研究，顾先生还以家国天下的达阔胸襟，参与了我国改革开放以来的历次重大教育改革的政策研究与咨询工作，为新中国教育事业的发展作出了突出贡献。

因受到"文化大革命"的冲击，在改革开放初期，我国教师队伍质量堪忧，社会地位和物质待遇都很低，很少有人愿意从教。顾先生认为，一方面要大力呼吁社会尊师重教；另一方面，教师自身也要提高专业水平，值得让社会尊重。1989 年 5 月，他在《瞭望》杂志上发表了题为《必须使教师职业具有不可替代性》的文章，提出了教师要具有不可替代性的观点。他认为，任何一个社会职业，只有具有不可替代性，这个职业才能有社会地位，才能受到社会的尊重，这是铁一般的规律。因此，从 20 世纪 90 年代初开始，他着力为教师创造进修和提高自身水平的条件，并认为设立教育硕士专业学位是一个最佳途径。于是，尽管遭到当时一些人的反对，但他依旧据理力争，在当时学位办的领导下，着手筹备为中学教师设置教育硕士专业学位，经过多年努力，终于在 1996 年国务院学位委员会第十四次会议上获得通过。教育硕士专业学位的设立是我国教育史上的一座里程碑。每每谈到这里，顾先生总会非常自豪地说，促成此事是他这辈子最引以为傲的成就。

在制定《国家中长期教育改革和发展规划纲要（2010—2020 年）》时，顾先生受命担任战略专题组组长，全程参与了纲要的起草、征求意见和定稿工作。如今，为更好地落实纲要精神，年近九旬的他作为国家教育咨询委员会委员、第一组"推进素质教育改革组"组长，带着对教育事业不减的爱和执着，依旧奔走于祖国的大江南北，深入一线考察各地教育存在的现实问题，以为国家的教育决策提供依据。他爱国心切，却说"无非报恩而已"。他说："影响我命运的主要是中国共产党领导的中国革命，没有共产党就没有新中国，也就没有今天的我。是党把我培养成一名大学生，是党送我到苏联去留学，是党教育我全心全意为人民服务，忠诚于人民的教育事业。这不是套话，对我来讲是实实在在的。"

# 壮志铸伟业　爱心育英才

## ——记北京师范大学资深教授黄会林

采访人、执笔人：北京师范大学艺术传媒学院 2018 级博士研究生　蔡璨

"一个负责任的大国不能仅仅发展自己，而应该思考并努力应对全人类的困境，寻求人类未来更好的可能性。"一位鹤发童颜的老人以一袭中国传统服装亮相，登台致辞。她就是黄会林，1934年生，北京师范大学资深教授，中国文化国际传播研究院院长，北京师范大学艺术与传媒学院首任院长，中国高校第一位电影学博士生导师。她在影视艺术与中国文化国际传播领域开创了众多导向性的基础理论和实践案例。

黄会林先生，立于三尺讲台六十余年，从教书育人、振兴校园戏剧、弘扬民族影视到如今积极为中国传统文化国际传播立言探索。六十余年的奋斗之路，黄会林老师大道行健，矢志不渝。

## 战地黄花——一腔热血卫祖国

1950年，黄会林进入北师大附属中学学习。当年，朝鲜战争爆发，在"保家卫国"口号的鼓舞下，黄会林随同部队，"雄赳赳气昂昂"地开拔入朝。战争的残酷总是猝然来袭，她几乎每天都目睹着身边的战友经历生死的考验。好几次，炸弹在距离她不到10米处爆炸，黄会林数次与死神擦肩而过。清川江战役结束后，黄会林所在的团评出100名"人民功臣"，其中有1名女战士，就是黄会林。作为幸存者，她立志余下的半生必须以"后死者"之身实现战友们那些未竟的遗志。

## 北国风云——一身风骨树旗帜

1986年1月，天寒地坼，为创新教学、加强实践，在北师大旧主楼八层并不宽敞的会议厅，黄会林召开了北国剧社成立大会。自此，黄会林和学生们白手起家，践行"学演戏、学做人"的社训，所有社员在新春将至的寒假留校排练。3个月以后，北国剧社以黑马之姿杀入戏剧节，在首都剧场连演5场，一炮走红。演出之夜，时任中宣部部长朱厚泽、文化部部长王蒙及众多戏剧界知名人士都亲临现场观戏。不出几日，国内各大媒体以及很多国外媒体对此的报道已铺天盖地。

北国剧社成为中国话剧百年史上首个载入史册的当代学生业余演剧社团。曹禺当年曾亲为题词"大道本无我，青春长与君"，赠予北国诸君。如今故人不在，韶华渐逝，燃烧在黄会林老师与所有北国学子内心的那股青春之焰却从未止息。

## 大"影"希声——一心开拓创佳绩

1992年，黄会林临危受命，带领尹鸿、周星、李志田、绍武等老师，和她正在培养的6位硕士生一起，从名满文坛的北师大中文系走出，入主位于原辅仁大学后院的艺术系。当时，北师大的艺术学科可谓"一穷二白"，不仅已5年未曾招生，硬件设施更是"一无所有"。系所在地是辅仁校区一个长年失修、四处漏水的化学药品仓库。而办公室里，最现代化的工具竟是一部旧电话机。但随后几年影视学科的进展可以用"狂飙突进"来形容：第一年，影视学科成立；第二年，开始招收硕士生；第三年，开始招收本科生；第四年，获得中国高校第一个电影学博士点；时至今日已获评教育部"双一流"建设学科。

赫赫有名的"北京大学生电影节"，就诞生在那个意气风发的年代。为了筹集资金，黄会林以耳顺之年，四处奔波游说，却遭到一路的不解和奚落，几度濒临绝望。最终，却因为一个偶然的机会，辗转联系到一家愿意提供赞助的台湾企业。第一届大学生电影节就这样在磕磕绊绊中成功上马，如今已陪伴首都青年学子走过20多个春秋。

## 汇聚东方——一生求索传薪火

从繁华的北上广到广袤的西部，从黑土白云的东北到多姿多彩的云贵川，7年间，来自40多个国家的400多名外国青年，通过参加"看中国·外国青年影像计划"，陆续来到中国。他们用双脚丈量走过的每个地方，用镜头讲述眼中的中国故事，对于国际文化交流起到了很好的促进作用。国家主席习近平2015年11月7日在新加坡国立大学发表重要演讲时专门讲到"看中国·外国青年影像计划"活动，充分肯定了此项目用镜头记录现代中国、传递中华文化的纽带作用。

黄会林说："中国文化在传承发展5000多年文明、借鉴和吸收外来文化的精华精髓、总结和提升百年来中国革命文化的基础上，最终形成了当今的、社会主义特色的中国文化。"

2010年，在黄会林的积极倡导、奔走、呼吁下，承载"第三极文化"学术研究、艺术创作、文化传播、资源整合的中国文化国际传播研究院在北京师范大学揭牌成立，黄会林任院长。如今，她虽然已经85岁高龄，但依然频繁出访美国、法国、英国、俄罗斯、瑞典等国，从事高端文化对话，同时开设国际学术论坛，邀请国际知名学者前来为中国文化传播出谋划策。

## 景行行止　携手放歌

2013年，黄会林与弟子们共同捐资创立北京师范大学会林文化基金。2014年，她创办"会林文化奖"，旨在奖励为中国文化国际传播作出突出贡献的中外学者，每年评选中、外各一位获奖者，每位颁发奖金30万元，为世界树立了一个关于中国文化的标杆。

从20世纪80年代"北国剧社"、20世纪90年代"大学生电影节"到21世纪"看中国·外国青年影像计划"项目，从20世纪90年代倡导"中国影视民族化"到21世纪提出"第三极文化"理论，黄会林教授始终坚持知行合一、践行学术的大艺术教育理念，彰显中国文化自信，体现了对于国家、民族时代的担当精神。黄会林老师经常笑称自己是"85后"，她的一生不松劲、不停步，身靠中华厚土、眼望太平大洋，壮志铸伟业。黄会林老师还经常说，我的学生要做到三个字——"超过我"！杏坛六十载，爱心育英才，桃李竞芬芳！

# "颜"师之道

## ——访北京师范大学核科学与技术学院老教授颜一鸣

作　者：北京师范大学核科学与技术学院 2016 级硕士研究生　张昭军
　　　　陈之景　邓子建　赵丽　余佳浩
　　　　北京师范大学核科学与技术学院 2017 级硕士研究生　杨婉莎

　　国内外学者都做过不少关于中国历史、文化及中华民族内在精神的探索研究。读懂中国，向来不是一件容易的事，由谁来读？怎么读？如何才叫读懂？教育部关心下一代工作委员会工作刊《心系下一代》第 3 期中有这样一篇文章——《读"国"先读"人"》。为了更深切地体会读"国"先读"人"的精神实质，北师大核科学与技术学院的同学们采访了学院离休老教授——颜一鸣老师。

　　颜一鸣老师，原名周小虎，北京师范大学低能核物理研究所原教授。1933 年 12 月生于北京；1943 年与母亲随周恩来同志赴延安生活学习；在解放战争期间经受了锻炼，参加生产劳动、土改和文工团宣传，新中国成立后参加工人教育等活动，成长为一名共青团员；1949 年随学校进北京。在求学期间，颜老一直学习成绩优异，获得了北京 101 中学首届毕业全优奖章。1953 年 1 月，颜老加入中国共产党，自此为党和国家兢兢业业奉献了数十载，更是见证了改革开放以来国家的发展历程。从这样具有鲜明时代特色的老教授身上，我们深刻体会到了中华民族自强不息和不畏困难的中华民族精神。

## 站在祖国最需要的地方

20 世纪 60 年代，我国大力支援柬埔寨，其中第 11 个项目是无偿援助柬埔寨建立一所大学。1966 年，颜老被教育部遴选为我国驻柬埔寨磅湛大学中国专家组组长，按中央指示率专家组如期赴柬埔寨建立该大学。1966—1968 年间，国内外形势十分复杂，国内"文化大革命"如火如荼，极左思潮泛滥，波及国外。专家组既要搞好和柬方的关系，又要耐心说服受极左思潮影响的同志，同时还要准备应付各种可能的突发事件。任务繁重，困难重重。而大使被召回国内参加运动，只有依靠全体专家高度自觉的党性以及对国家的高度责任心，团结一心去攻克难关。最终，专家组按期建成实验室，保质保量地开设了实验课，使柬埔寨师生得以正常开展教学工作。为期两年的工作得到了磅湛大学校长吉春（后升为柬埔寨教育部部长）、当年的系主任们以及在校师生的好评，圆满地完成了党和国家交给的任务。

身处时代的滚滚洪流之中，往往不能选择自己的命运，每当个人的命运和国家的大计交织在一起的时候，就是最能体现出自己大局观意识的时候。以国家为己家，容己家于国家，当逆境出现时，不忘初心，攻坚克难，恪尽职守，才不失为善得始终的唯一途径。

## 逆境挺身而出，顺境不忘初心

中国作为一个发展中国家，发展过程中遇到各种困难很正常。在那个年代，各项科学技术领域尤其是像核科学技术这样强国富民的领域，各个方面都落后于国外先进水平。在那样的情况下，科研技术领域的困难只能靠我们自己，靠各个领域的研究人员在撑着，他们往往在大家看不到的地方坚守。

颜老自 1977 年调至北京师范大学工作，就积极参与了低能核物理研究所（北京市辐射中心）的组建。作为最早一批扎根北师大的从事 X 射线束的科研人员，颜老组建了 X 光学实验室，指导了导管 X 射线光学的理论和实验研究，设计和研制成功 X 光透镜，指导了 X 光透镜的应用开发研究。同其他领域一样，我国 X 光领域的技术发展在初期也是困难重重，主要是学习苏联的 X 射线光学研究成果，颜老及其夫人曾远赴莫斯科进行交流学习。由于是借鉴国外技术，起步不免较晚，在改革开放之前，进展较慢。据颜老回忆，那个时代，科研工作者都是非常纯粹的，潜心学术，一心治学。他们每周只休息一天，孩子基本是托管，其余的时间都全身心扑在事业上，遇到了困难也不会要求国家如何如何。

改革开放之后，增加了许多外出交流的机会，这种机会对于新型科研领域的发展有巨大的推动作用。颜老曾主持原核工业部的若干核数据编评和高压倍加器脉冲源快中子谱仪研制等项目，填补了国内空白，引起了国际 X 光学界和产业界的极大重视和热烈响应。

由于在这一领域的突出贡献，颜老 1991 年被评为北京市优秀教师，获 1995 年光华科技基金三等奖、1997 年国家教委科技进步一等奖、1998 年国家科技进步二等奖，1999 年获北京市首都劳动奖章，2001 年被评为北京市有突出贡献的科学、技术、管理专家。

## 桃李不言，下自成蹊

国家困难的时候，颜老未曾为名利所动摇，年迈之时，亦不因衰老而放弃为国家奋斗。颜老不仅为我国的核物理事业作出了突出贡献，在教育事业上也是兢兢业业、一心为国。颜老活到老、学到老的科研精神，和在逆境中不忘初心、攻坚克难的精神，以及在顺境中把握机会、恪尽职守的奉献精神，使得大量学生慕名而来。颜老也不遗余力地将自己毕生所学悉数传授给学生，培养了一批又一批的青年科研骨干力量和忠心爱国的有志青年。

小诗《牛》中曾写道："最光荣最幸福的日子是负重前行的日子。"是的，耕耘和奉献是牛一生信奉的使命。在国家需要的时候挺身而出，颜老的奋斗岁月是北京师范大学"学为人师，行为世范"校训的真实映照。颜老这样的老一辈科研工作者身上所具有的科研热情和为国家无私奉献的伟大精神深深鼓舞着现在的年青一代，是我们青年朋友们在工作岗位上努力奋斗的精神榜样！

宏伟的大厦是由老一辈人一砖一瓦搭建的，而年青一代更需要传承他们的时代精神，用一点一线去绘就更宏伟的蓝图！初心不改，国心不移，坚定理想，踏实肯干，希望我们每一个当代青年能像《读"国"先读"人"》一文中所言，做一个放眼时代、胸怀天下、与祖国共命运的人，希望每位普通而平凡的"小小的我"都成为历史的创造者。

# 向更开阔自由的地方去

## ——北京大学中文系乐黛云教授印象记

受访人简介：

乐黛云，女，1931年生，北京大学中国语言文学系教授、博士生导师，上海外国语大学顾问教授，东北师范大学、天津师范大学、厦门大学、南京大学、南京师范大学等大学兼任教授。

1952年毕业于北京大学中文系并留系任教。1990年获加拿大麦克马斯特大学荣誉文学博士学位，2006年获日本关西大学荣誉博士学位。曾任北京大学比较文学与比较文化研究所所长，国际比较文学学会副主席，中国比较文学学会会长，北京大学跨文化研究中心主任等。

先后出版《比较文学原理》《比较文学与中国现代文学》《跨文化之桥》《比较文学与比较文化十讲》《中国知识分子的形与神》《中国小说中的知识分子》《比较文学与中国——乐黛云海外讲演录》《我就是我——这历史属于我自己》《透过历史的烟尘》《绝色霜枫》等

多部著作，主编有"跨文化沟通个案研究丛书""中学西渐丛书""迎接新的文化转型时期""跨文化对话丛刊"等丛书。

1985年荣获文学评论优秀奖；1995年荣获国家教委全国高等学校人文科学研究优秀成果二等奖；1997年获得北京市高等学校教学成果一等奖；1998年荣获教育部第二届科学研究成果三等奖；2000年被授予"20世纪2000名世界杰出学者"银质奖章等。

**采访人、执笔人**：北京大学中文系2017级博士研究生　吉云飞

北京大学中文系2015级本科生　钟灵瑶

知道乐黛云先生的名字是很晚的事。同绝大多数"90后"的北京大学学生一样，她是在汤一介先生去世后，作为那段爱情传奇的另一半而第一次为我们所听闻。彼时，"同行在未名湖畔的两只小鸟"的故事和"我虽迟慢，誓将永随"的诺言，因为合了少男少女们对青春的憧憬与爱情的想望，在燕园中流行一时。

直到真正去接近她，领略到那如日月般的英雄气概与赤子佛心，才明白

这是一座何等丰饶而深邃的宝藏。

与中国共产党、与北大结缘 70 年，尽管经历了大起大落，乐黛云的赤子初心却是一以贯之，九死不悔。

1948 年，乐黛云离开山城贵阳，不惜对父亲以死相逼，执意要到局势不定的北平去，到北大去。去北京大学，不去南京的"国立中央大学"，就是为着投奔共产党，要和中国最优秀的那批人一起奋斗。

入学不久，乐黛云就参加了党的地下组织。后来，青春的岁月里有光芒万丈的辉煌：参加布拉格第二次世界学生代表大会归来后，在北大两千人大会上的报告盛况空前；也有层层叠叠的苦难：门头沟的崇山峻岭里，曾多了一个一年四季于深山老林中放牧猪群的女猪倌。

即使在被打为"极右分子"、探到生活的底时，她也洋溢着精神的自由和乐观，在下放劳动中仍捕捉到了一种生命的焕发，毫无凄凄切切之感。问她是如何做到的，乐先生略带腼腆地笑着说，或许是与生俱来的基因里的东西吧。

那种单纯与执着，那种永不停息的热血，在空气稍微松动时，更将燃烧起理想主义的熊熊烈火。

进入 20 世纪 80 年代，乐黛云不但是时代潮流的亲历者，更成为它最前驱的创造者。那又是一个睁开双眼看世界的关口。中国走向开放，走向改革，走向世界，乐黛云也带着她的梦再次出发了。这次是到美国去。

向美国去，同当年向北大去一样，都是为了那个她生于斯长于斯、永远念兹在兹的中国。

她要的不是个人的超然和享受，而是国家和民族的文化和学术繁荣，是那个关于中国学术现代化和国际化的梦。

她的"中国梦"是丰富而饱满的，里面有个人的自由幸福、国家的兴旺富强，更有世界的大同和谐。

那时，中国在走向世界，世界也在走向中国，这是时代主潮。但走向世界的路谈何容易，之间不知是有多少天堑深沟。

于是，她决心投身参与复兴中国比较文学学科。回国后，与一群志同道合的师长和同仁一起发愤努力，奔走四方，开创比较文学的学科基业。她先后主持北京大学和深圳大学两个比较文学研究所的工作，尤其是主持北大比较文学研究所工作13年，在中国学界率先实现了这一学科从硕士点、博士点到博士后工作站的全系列学科化建制。

20世纪80年代，特别是90年代以来，乐黛云先生的能量逐渐得以释放，著述编撰成果丰硕。《比较文学原理》《比较文学与中国现代文学》等众多著述陆续出版；先后主编了"跨文化对话丛刊""北京大学比较文学丛书"等多种丛书。这一切都为国人打开国门、走向世界提供了舟楫与阶梯，也给世界展示了认识中国的窗口，可谓是功德无量。

而改革开放之路，绝不少风霜雨雪，比较文学事业也没少经历磨难。每临重大的危险关头，总能见到乐黛云不高大却勇敢而沉着的身影，一路披荆斩棘。

从1980年开始，40年光阴过去，作为中国比较文学学科和学会的主要创始人之一、学会迄今任职时间最长的创会会长、成就卓著的比较文学学者，乐先生在这一领域不但是贡献最大，也永远是常为新的领风气之先的人物。

当不少人将目光紧盯西方时，乐黛云先生则深深担忧起比较文学里中国的位置何在，并为"民族魂""中国脊梁"的缺失而忧虑。她思考的是如何将差异而普遍的中国思想带向世界，重新确立现代中国的文化主体，并为世界提供独特而丰厚的中国智慧。

乐先生在中国比较文学的学科建设和学术成就上都有突出贡献，但她的思考从来不限于学院的院墙之内，也从来没有停下对于中国乃至整个世界的忧虑与思索。因此，她近期的文章和演讲总是既反对文化霸权主义，也反对文化部落主义，强调"和而不同"，提倡文化共创与多元共存。同时也认为文学和文学研究都不能一味游戏化和娱乐化，而是要通过文学的价值倡导和审美指引，去实现新的人文精神重建。

"90后"成长于一个碎片化和娱乐化的时代，在乐先生的"绝色风霜"之前，我们如何能不心生惭愧又暗下决心，要走出自己的小圈子，赋青春以深度，赋生命以力量，把个人的理想追求融入民族复兴的伟大征程之中。


# 言志清华　读懂中国

——清华大学 77 级林炎志学长采访记

采访人、执笔人：清华大学　汪越　付伟　樊硕　刘凛康　张哲

在我们初进清华大学的时候，有一位学长在党课上和我们分享了他入党的故事。他用他亲历改革开放 40 年的岁月积淀，从自己的入党故事出发，给我们新时代的青年们提出了殷殷期望。数年过去，我们或许都很难再想起当时的具体故事是什么样的，但我们都记得那一个对我们满怀期望的学长，记得他为中国教育界作出的努力。

2018 年恰逢改革开放 40 周年，清华学子又一次请回自己的学长，请他坐下来聊一聊改革开放，聊一聊中国巨变。

## 林高风有态

林炎志学长在进入清华之前曾在电子仪器厂车间里工作。从高官之子到工人，学长没有半分怨言，甚至他认为自己就应该弯腰劳作，挥汗如雨，踏踏实实做一个再普通不过的工人。车间里机器轰鸣，林炎志学长却趴在楼梯上一笔一画地写着入党申请书，向党组织表达自己的志向。没有人愿意加班的夜晚，学长一个人伴着繁星独自加班，炎热的夏日里他没有半分抱怨。时代背景让他备受磨难，他却以此磨砺心志。正应了当初林炎志学长所在工厂党委书记所说："谁做的活多，这是清清楚楚的；谁愿意为人民服务，这也是清清楚楚的。"

"没有个人功利追求"，林炎志学长是这样描述自己当年的思想的。不求个人功利，只顾集体能否进步，他要做的就是低头踏踏实实工作，用自己的肩膀推动集体的进步。林炎志学长在工厂里入了党，宣读入党誓词的时候，他在心里默默发誓，他要带领工厂走得更好。他带领着工人开始仪器改造，技术创新。一群没上过大学的工人就看着基本说明手册开始改进工厂仪器。他东奔西跑，四处请教，改进了的仪器使得工厂收益提高，林炎志学长的贡献被每一个工厂人看在眼里。也因此，林炎志学长被全体工厂人举荐到清华学习。还是那句话："谁做的活多，这是清清楚楚的；谁愿意为人民服务，这也是清清楚楚的。"林炎志学长低头用汗水表达了自己的心志，这一点，比任何材料都有说服力。

林高风有态，岿然自我待。真正的品德从来不是付诸纸笔口舌，而是存于挥洒的每一滴汗水。抬头做人，埋头做事：做人时脊骨要硬，要贫贱不能移，富贵不能淫；做事时腰背要弯，不能眼高手低，偷奸耍滑。林炎志学长这一经历，也恰合工物系一直所宣扬的"做惊天动地事，当隐姓埋名人"，是所谓社会之基石也。国家社会之于林炎志此辈，恰如高楼大厦之于基石也。无基石不以成高楼，无如此人才不以成繁荣昌盛之国家也。

## 炎炎赤子心

林炎志学长一家结缘工物系，只因核武振兴中国，让工物成为清华的骄傲。习惯了低头工作的林炎志学长走进"理工结合，又红又专"的工物系，一边低头读书，和同学们比赛写着吉米多维奇，把数学老师问得哑口无言；一边抬头展望，作为学生会主席的林炎志学长大胆发声，带领同学们共建校园生活。林炎志学长说，清华学习的这些年是他思想成熟的时光，也是清华培养了他关注教育的独特眼光。

大学生涯结束之后，林炎志学长坚定地选择留校继续从事学生工作。1982年毕业后，他历任清华大学校党委学生工作部副部长、清华大学校团委副书记、清华大学校团委书记。后任北京大学党委副书记、副教授，在清华、北大共工作11年。当学生的4年与从事学生工作的11年，让林炎志学长对中国的教育了如指掌，也让林炎志学长亲历了改革开放40年来中国教育翻天覆地的变化。借着改革开放的东风，林炎志学长为中国教育转型升级、走向成熟、走向国际作出了突出贡献。

改革开放40年，也是清华巨变的40年。作为改革开放的亲历者，林炎志学长见证了清华如何承担起改革开放40年教育领头者的重任。飞速扩张的校园规模、走向国际的科研水平、面向世界的学生群体，这是40年前想都不敢想的景象，如今却成为清华自豪的现实。昔日难得一见的国外教材，现在只是我们清华自编教材的参考书目；曾经狭小的教室，如今承载着五湖四海的数万学子；曾经立志追赶国际脚步的实验室现如今已成为世界科研潮流的引领者。清华作为中国教育的抽象和典型，浓缩了改革开放40年里中国思维与世界思想的碰撞与交融。清华的规模、质量、中西文化的结合与她对于人的鞭策，实际上反映了整个中国教育的变化与发展。随着中国日益走向世界舞台的中央，清华的"双一流"建设也初见成果，"亚洲第一"是这所园子给40年考卷最满意的答案。

小清华可见大中国，从清华的飞跃式提升我们可以窥见中国的力量。改革开放实际上创造了一个世界上从未有过的奇迹——给不可阻挡的生产力发展预备了一个崭新的、足够大的平台。以工业为例，在曾经的工业1.0、2.0、3.0时代，生产力的不断发展使得人类对于驾驭工业生产能力上有捉襟见肘的迹象。而改革开放带来的工业4.0模式则是基于原有层次的一场跨越，为生产力的发展提供了更为广阔的空间。如果说文化方面改革开放是中西文化交融后又一场思想启蒙，那么经济方面的改革开放则是给中国提供了可预期历史范围内不会枯竭的生产动力。

炎炎赤子心，耿耿中国情。数十年以来，西方学者一直为中国经济增长之动力困惑不已，众说纷纭却无统一结论。经济政策、市场环境、科技水平或许都是其中原因之一，但我们更愿意相信事在人为。中国人的力量从不可小觑，尤其不可小觑的是如林炎志学长一般以赤子之心投身于国家各领域建设之中的人才。是他们推动着中国飞速走完了改革开放40年的进程。如果说改革开放以来的中国是一辆列车，那燃料就是他们那炎炎赤子心，帮助中国提速、再提速，直至走在世界前列。

## 志当存高远

时代的使命不是一种职业，而是一种理想和精神，是为全人类工作和付出的意识。但人类不能没有职业，抽象的使命和理想都是在具体事情的落实中逐渐得以实现的。所以每个人首先都必须有一个工作岗位养家糊口，这也是最脚踏实地的事情，但同时也不能忘记我们还有一个宏大的历史使命，我们要为实现这个宏大的历史使命而踏实工作，为全人类而付出。作为改革开放新时代的清华人，林炎志学长对我们寄予厚望。

想当干部，想当精英，第一点要求就是奉献一定要大于索取，责任一定要大于义务。林炎志学长不止一次对我辈清华学子提出期望："不要太计较个人得失，要去做对社会有贡献的人。"林炎志学长一直关注中国教育界，希望能在新时代培养出一批符合时代需求、肩负未来重任的创新型人才，因此他在清华开设了"创新人才与大学文化"课程，希望能在清华先见到这样人才的诞生。同时他创立了"林枫奖学金"，推动"林枫计划"，以培养又红又专、回报祖国的思想精英。除大学之外，林学长还设立了基金会来资助那些家境贫困、无力完成学业的学子，圆他们一个读书梦，也为中国未来撒下种子。林炎志学长一直在默默关注着整个中国的人才培养。新时代的精英要做的不是独善其身，而是要从学术技术、科技、社会管理上带动中国的 14 亿人，共同朝着新时代努力进步。

步入中国特色社会主义新时代，走进改革开放新阶段，我们肩上承载着中国未来 40 年的命运走向。清华学子要继承起清华精神，恪守"自强不息、厚德载物"的校训。所谓自强不息，就是同学们内生的动力，体现了清华学子奋斗的精神。厚德载物则体现了一种包容的心态，团结一切可以团结的力量，调动一切可以调动的因素去为理想和未来而拼搏。从百年前梁启超的《君子》演说，到如今新时代的中国梦，其精神都是不变的，其报效祖国的念头也是始终不变的！

志当存高远，鸿鹄向远天。林炎志学长从改革开放的 40 年前走来，将新时代的接力棒交接于我们的手中，我们作为新时代的清华学子，将从林炎志学长身上汲取这种振奋人心的精神力量，投身伟大新时代的建设！

# 无悔坚守　不忘初心

## ——访清华大学李树勤老师

**采访人、执笔人**：清华大学法学院法研 171 党支部

我们是清华大学法学院法研 171 党支部，非常荣幸能够讲述李树勤老师

的故事，分享李老师和清华大学的不解之缘、人生感悟和谆谆教诲。

## 无悔坚守数十载

李树勤老师向我们娓娓道来他自己在清华园里度过的 53 个春秋。李老师 1965 年入读清华大学水利工程系，1970 年毕业留校工作。几十年来，李老师分别在 1985—1990 年任清华大学教务处副处长（其间，1986—1988 年兼招办主任），1992—1995 年任清华大学水利水电工程系党委书记，1995—2002 年任清华大学校长助理，1999—2001 年兼任清华大学人文社科学院党委书记和法学院党委书记，2002—2007 年任清华大学法学院党委书记，2007—2010 年任清华大学国家大学生文化素质基地常务副主任。李老师将自己的青春燃烧在清华园里，这些经历，足以见证李老师在清华大学建设和发展过程中所作出的重要贡献。

当李老师被问及放弃工科专长有无"大材小用"的遗憾时，李老师完全不这么认为。他说，自己在接手人文社科学院和法学院的党委书记一职时是一张白纸，只能非常努力地去完成这项任务。他谦虚地说，即使自己很努力，也没有完全做到出色，何谈"大材小用"。因此，他教育我们，切忌眼高手低，对于布置的任务一定要尽心尽力地完成，才能不留下遗憾。

李老师还与我们分享了他与清华法学院相伴相随的点点滴滴。虽然法学院复建不过仅仅 20 年，但是对于我们这些后辈学生而言，那段历程还是模糊和神秘的。李老师作为整个复建过程的亲历者，向我们揭开了这段历史的面纱。他充分肯定了法学院复建以来的各项成绩，并且对近几年法学院飞速迅猛的发展劲头甚至在国际排名上的出色表现表达了他的惊叹。他说，他对清华法学院的发展很有信心，因为清华大学曾经在历史上是综合性大学，拥有国内最强的法律学科，也培养出很多法学名家，这说明清华大学有建设一流法学院的基因和土壤。并且，在法治中国建设的大环境下，国家发展也需要大量的法律人才，因此清华法学院的建设不仅是可能的，更是有迫切需要的。回望历史，一开始对于法学院发展的定位在认识上并不一致。有人主张发挥清华大学理工科的优势，专攻科技法，但是李老师果断地认为应当首先发展好法学的基础性学科。只有建设好法学的各个骨干学科，清华法学院才有可能成为一流的法学院。这一观点也在后续的发展中被证明是正确的。对于师资队伍的建设，李老师认为，这是建设一流法学院要解决的最关键、最核心的问题。因此，他一直采取几近严苛的标准，始终保持"宁缺毋滥"的态度。许多教师都是由他亲自代表清华大学"请"来的。师资队伍的强大也确实带动着清华法学院的快速发展。

## 不忘初心记使命

时代变迁，也有很多不变与坚守。"我们有些东西是在变，有些东西不能改变。如果说变的话，有些东西是在不断地强化。这就是不忘初心。"比如，学校良好的精神文化的沉淀积累，学生成才的文化自觉，作为党员应有的清醒意识与政治定力，都是应该努力坚持的。

李老师对清华大学整体氛围的传承赞不绝口。他认为，这么多年来，清华大学唯一不变的就是精神文化的传承，即大家常讲的清华精神。每一个清华的学生在这里获得的专业知识是其次的，更重要的是在清华环境下所熏陶出的素质和精气神。正是因为如此，许多清华的学生充满了家国情怀，毕业后主动参与国家的建设，并且非常注重基层的实践。而这种文化底蕴，才是一个大学的核心之所在，是我们需要注重吸收并且发扬的东西。

李老师提醒我们"不忘初心、牢记使命"，他对新一代党员如何坚定理想信念、坚持政治定力的问题进行了丰富的阐释。他认为，虽然自然科学和人文社会科学都是科学体系，但是人文社会科学有它自己独特的地方，它和自然科学最大的不同就在于它同时是价值体系，而不是完全中性的。造成这种情况的原因，是研究主体参与了研究对象。人文社会科学是研究人的，而研究者也是人。因此，其研究方法和成果不能不受到研究者本人的价值取向的影响。因此，在学习人文社会科学（包括法学）时，要坚决抵制不良思想的侵蚀。有坚定的政治信仰的不是空谈出来的，不是嘴上说说就能实现的，而是要去真正理解背后的逻辑和原因。我们不是生活在真空中，会经常遇到意识形态领域的挑战。作为一个共产党员，只有真正深刻地明白中国这个社会主义国家的执政逻辑，才能很好地理解为什么我们要坚定自己的理想信念。也只有这样，当出现不良思想侵蚀时，我们才能真正牢固地坚持自己的立场。

李老师希望我们清华法学院的学生不仅要在校内好好学习，成为高质量的法律人才，能够在依法治国的伟大事业中发挥重要作用；同时，还能在国际上发挥作用，获得更多的话语权，和国外的法律同行平起平坐地对话和解决问题，在国际机构中发出更多中国人的声音。

无悔坚守，不忘初心。李老师作为一名优秀的党员前辈，给我们树立了兢兢业业、勤勉坚定的榜样。我们这些年轻党员也应当不断鞭策自己，踏实努力、秉持初心，为国家和社会奉献自己的一份力量。

# 不忘初心　砥砺前行
## ——清华大学外文系原主任吴古华老师访谈录

**采访人、执笔人：**清华大学人文学院博士研究生 161 党支部

2018 年是改革开放 40 周年暨清华大学外文系复系 35 周年，人文学院博士研究生 161 党支部、171 党支部以访谈的形式，通过青年学生党员与外文系老党员、老教授的交流，了解和学习外文系发展建设的历程。

2018 年 5 月 25 日，人文学院博士研究生 161 党支部在书记柳鹏飞同学的带领下，邀请外文系原主任吴古华老师讲述改革开放 40 年来的变化和清华外文系复系 35 周年的发展历程。

## "为了外文系，我就不读博士了"

吴老师已经 81 岁高龄了，但仍然精神矍铄。刚坐下，就和大家谈起了外文系复系 30 多年来的历史。吴老师于 1962 年研究生毕业后来清华工作。1983 年，清华决定恢复外文系，吴老师从那时起就为传统而新兴的外文系操劳起来。他说，以前的清华外文系人才辈出，培养了钱锺书、季羡林等大师级人物，现在学校要复建科系，任务艰巨，责任很大，一切都在摸索中前行。1985 年，吴老师获得赴澳大利亚访学两年的机会。他本来计划排除万难，争取攻读博士学位，并为此又争取到了一年的资助。但他在海外的老师并不建议他读博士，因为作为一个学科建设的带头人，需要多方面的知识素养和广阔的视野，而过于专业的学习使视野受到局限，不利于承担学科复建的任务。怀着建设好外文系的初心，吴老师最终放弃了攻读博士学位，而是选择广泛学习各方面的知识。在短短的两年内，吴老师共研修了 25 门课程，包括文学、历史、哲学、语言学等各方向，各科知识的融通使他深受启发，为领导外文系发展打下了坚实的基础。所以他的教育理念一直崇尚打破学科界限，进行学科间的交流。

克服重重困难，经过 30 多年的努力，在几任系主任的带领下，清华外文系有了很大的进步。回忆往昔峥嵘岁月，吴老师不禁感慨今天外文系的发展面临着非常好的机遇。在复系初期，学校决定率先从工科向理科拓展，无暇顾及文科，如今开始高度关注人文学科的发展，有利于创造学科综合的优势。当年他出访美国麻省理工学院，真切感受到多学科综合交流的热烈氛围，就希望能把这种教学模式引进到清华。今天清华也有了各学科综合的新雅书院，终于实现了他当初的梦想。

## "清华的特点，是培养优秀而且多元的人"

作为清华近六十年发展的见证者，吴老师也非常强调清华的优良传统。清华在新中国成立后的建设是全面学习苏联的，比如学科分科细化，每个学科越来越专门，缺少宏观把握，当年蒋南翔校长高瞻远瞩，在 20 世纪 60 年代就认为清华不能完全学苏联，首先要改的就是加强外语教学。因此学校就把吴老师引进来，专门培养英语老师，这说明清华一向具有超前的意识和开阔的视野。还比如，1953 年，蒋南翔校长倡导建立一肩挑学生思想政治工作、一肩挑业务学习的"双肩挑"辅导员制度，强调"为祖国健康工作 50 年"的体育锻炼传统，至今还有很强的指导意义。

在深情回忆之后，吴老师将目光拉回当下，他提到改革开放 40 年，国家给大家营造了非常好的学习环境，那在这样好的环境中，如何培养学生，学生又该如何学习呢？

吴老师首先说起美国耶鲁和哈佛两所顶尖高校校长在开学典礼上的讲演，耶鲁大学校长说狐狸和刺猬面对挑战时有不同的反应，哈佛大学校长说大家要有辨别他人言语真伪的能力。吴老师问大家怎样看待这两种说法，在座者各抒己见，进行了充分讨论。吴老师说，耶鲁校长希望学生能随机应变，在面对相同的、不同的事情之间获得了能力的提升；哈佛校长希望学生能有分辨力，需要有听取各类思维和意见的能力。这两位校长的共同指向是高校如何培养人，培养什么样的人。他认为，高校教育不要封闭，要开放，培养出来的学生既要能挑战，也能接受被挑战；既能接受赞同意见，也能接受反对意见。而这也正是我们清华一直以来所秉持的。吴老师认为，我们清华的精神是不断催人奋发向上，不断前行，永无止境。清华的特点，是培养优秀而且多元的人，所以他非常赞同新雅书院的培养方式。

## "怎样做一个合格的研究生？"

面对在座的中文系、外文系博士研究生同学，吴老师也谈到现在的研究生应该怎样学习。他认为攻读研究生不在于最后的那篇论文，注重的应该是培养过程，论文是结果，而过程最重要。这个过程包括选题的标准，搜集资料，撰写研究计划，进行前景预测等各方面，这样才能作出有层次有深度的研究。不管哪个专业，都要学好语言学，研究生毕业后很可能要兼顾教学与研究，教书育人一定要有文字和语言功底。学外文要对中文有要求，学中文要有外文基础，不能只是埋头研究自己的专业。在 20 世纪 80 年代出国的时候，吴老师就发现美国学人文的学生都要学习科学知识，理工科学生也要学习人文知识。高校是一个多元的万花筒式的世界，不要把自己变成见识狭隘、目光短浅的人。

从与吴老师的谈话中，同学们了解到了外文系从以提高英语教学水平而复系到现在为了建设世界一流综合性大学而向着多元化、研究型加速发展的历程，吴老师为了更全面地了解西方学术进展而放弃自己的博士深造计划的经历，尤其令人感动。这正是"不忘初心、牢记使命"的最好体现。今天的我们，也需要牢记自己"为何而出发"，将个人的理想与党、国家、民族的理想结合起来，才能更好地实现自我的价值。

# 溯江河过往　启明日之星
## ——对话清华大学李衍达院士

采访人、执笔人：清华大学　苏白　华宁　张博睿　袁乐康

2018 年时值改革开放 40 周年之际，我们特意采访了李衍达院士，听他讲述过去的故事，讲述那时的中国。

## 缘起——战火纷飞，少年筑梦

1936 年，李衍达院士出生于广东东莞。彼时中华，烽火不息，为避战火，他跟随父母到广州求学，战火青春，学业初成。时局动荡、生民颠沛，笼罩在中华大地上空的阴霾掩不住国民党的腐败；百姓流离、大国蒙尘，侵略者的枪炮藏不住人们解放中国的赤子之心；大国新生的蹒跚盖不住新中国成立后将发生的天翻地覆的变化。于是，一颗名为"为国家建设出力"的种子在李衍达院士的心田悄然生根发芽。

时光悄然，中学毕业后，李衍达这个原本梦想乘船走四方的少年响应了现代化和工业化的号角，清华大学电机系成为他绽放芳华的舞台。即使如今数十载光阴逝去，梦回当年，院士依然动情地说："我相信不只我，我们这一代人都是这么想的。这是一个时代的影响，一代青年人的梦想。"

长者智言，目及现在的我们，当时少年依然热血，树立远大理想的期待穿越大半个世纪的时光翩然而至。作为我们前进道路上的驱动力，理想在一个人的一生中发挥了至关重要的作用。在民族复兴的时代大背景下，当代的年轻人要有更大的抱负和更长远的目标，不但要以建设祖国为己任，更要立志把中国建设成世界一流的国家。

## 铸剑——赴美留学，立志创新

1976年，正在大兴农场辛勤劳动的青年李衍达获悉国家将选派一批人赴美学习。尽管有对英文考试的顾虑，他还是坚定地报了名，希望能够出国开阔眼界。

1978年，在顺利通过英文和专业测试后，李衍达随即赴美并师从奥本海默教授学习数字信号处理。考虑到油气勘探在中国的应用价值，他从教授的课题中进一步选择了石油天然气勘探作为自己的研究领域。全新专业的学习路途荆棘丛生，但院士回想起国外读书的时光，仍然觉得眼界的放宽给了他最大的启发。

"清华当时的方向是，培养你做个工程师，科研有，但很少。但作为一个清华的毕业生，他应该为国家作出创新性的、世界水平的贡献，做一个工程师是不够的。"

回国前，他拜访了麻省理工学院颇具声望的清华校友——应用数学家林家翘先生，向他请教回国后如何开展研究工作的问题。林先生直截了当地回答："做研究，别人做过的，你不要做。"一番交流，感触颇深，他意识到了国内学者和世界顶级科学家在思想认知上的差距。于是，一反先前国内做研究时跟着别国科研脚步的想法，院士另辟蹊径，用自己的脚印丈量出了一条崭新的道路。

## 寻味——科研之路，志趣所在

安静、爱读书与好奇概括了院士的童年，院士也一直在这条路上一往无前，直到走到科研这条坎坷之道。"十有八九碰钉子、成功只有百分之一二"地搞研究，对院士来说也是一种乐趣：这条路走不通，那就走另外一条，失败的苦痛在志趣的调和下温柔起来，变成了第二天诞生的新想法。随之而来的，是不止息的快乐。

总有人想探寻幸福的真谛，找寻人生真味。在院士看来，从事自己感兴趣的工作，就是最大的幸福。不过人在社会环境下生活，不能总是随心所欲，先适应环境再钻研志趣，往往才是人生常态。

大学伊始，院士学的是电机，大三被调去学自动控制，留校工作后开始教电子学。出国主要任务是学微处理机，结果阴差阳错，到了麻省理工学院后学了信号处理，学完信号处理，又做了十年地质勘探的研究，后来开始搞互联网，然后又开始做生物信息学的研究，就这样不断改变。有的转变是环境所迫，不得不这样；有的则是自己的选择，比如做生物信息学。不过无论在哪个领域，好奇都是研究的原动力。

## 贯通——步履不停，结缘生物

在美国师从奥本海默教授学习信号处理时，李衍达院士选择了油气勘探作为自己的研究领域。回国后，他想跟石油部合作做项目，却遭到了有关负责人对自己专业的质疑："自动化系搞地质勘探，没听说过。我们这里有 500 个高工，大部分都是学石油、地质出身的，用的是国内最顶尖的计算机。你没有石油地质的基础，怎么搞得过我们 500 个工程师？我怎么把项目给你？"为了证明自己的实力，李衍达院士拿出了自己研发的速度谱软件，比国外的软件性能更高、成本更低。石油部这才同意了项目合作之事。探测胜利油田打井位置时，院士利用自己团队的方法连续成功出三口出油井，让地质工程师也心服口服。

在学过信号处理后，李衍达院士发现这门学科可以应用在各行各业。"只要把信号处理好了，你就可以利用。"

1994 年，国际上开启了人类基因组计划，其中涌现的大量数据引起了院士的关注。他认为数据带来信号，有数据就可以做信号处理。因此，他动员自己的学生去学习生物，也带领着学生们在新兴的生物信息学领域作出了卓越的贡献。

"所以学到后来，你其实学的是方法。如果一门课学好了，你就可以发现这门课和其他课程的紧密联系。所以说我们不能只学形式，学深了，也就学通了。"

院士的步伐，见证了他的贯通，从信号处理到地质勘探、互联网研究再到 60 岁创立生物信息研究所，至今步履未停。

## 回味——改革开放，精神为先

在李衍达院士看来，对新中国来说，改革开放带来的最大变化就是使中国了解世界并走向世界。除了国家制度的改革与物质水平的飞速提高外，最重要的就是社会整体的精神面貌比以前上了一个台阶。我们能够看到人们日益增强的中华民族的自信心、更高的追求与愈发强烈的民族复兴愿望。物质条件和精神面貌相结合，带来了社会的飞速发展。因此，院士认为我们应该更加注重精神的发展，尤其是清华学子，更应该注重精神面貌与思想文化水平的提升。

具体到科研，院士认为改革开放带来了两个根本性的变化：首先，传统的基础性学科在不断地发展，从最早的物质科学、能量科学发展到信息科学，我们必须紧跟科学发展的步伐；其次，从研究的角度来说，我们从"跟着别人走"，到并驾齐驱，最终到现在能够"做别人没做过的"。如今的我们，已经拥有了足够的物质条件与技术水平去引领科学的发展，因此我们更要增强中华民族的自信心，树立远大理想，不畏挫折，昂首挺胸走在世界前列。

## 希冀——赠言予你，望君不负

"第一，要有自信。一个人要有梦想，要有理想，甚至要有幻想，因为科学需要想象力。第二，要爱读书。一个人的变化都来自读书。个人的时间终究是有限的，眼界的拓宽、文明的传承，绝大部分都来自书本。所以一定要爱读书、好读书，一生如此。第三，要爱思考。只读书是不够的，要思索，有好奇心，追求梦想。我希望广大青年能这么做，这样才适应于当前的时代，才适应当今中国的复兴对我们的要求，特别是清华的学生，你们是站在前头的，你们是中华文明的传承人，也是中国创新的开路人。必须要有远大的理想和梦想，要有热烈的、好读书的精神，同时要不怕困难，勇于思考，勇于创新。我相信你们是大有希望的，一定会比我们做得好得多。而且你们的机会也是空前的，说实话，我羡慕你们。"

改革开放 40 多年，无数前辈为我们书写了一章章华美诗篇，我们一页页翻阅、一段段朗诵、一幕幕回顾，只期望能在他们走过的足迹里找到可以启发我们当下的篇章。溯江河过往，启明日之星，读懂我们的中国！

# 潜心育人　桃李芬芳

## ——访清华大学自动化系吴秋峰教授

受访人简介：

吴秋峰，1936 年出生于印度尼西亚爪哇岛，是家中长子，父亲是当地爱国侨领，从小受到良好的爱国、做人教育。年少时，他亲历日寇入侵，饱受排挤，对新中国充满向往。1951 年初中毕业后，在父母支持下，他独自回国考入上海市上海中学，三年后考入清华大学电机系工业企业电气化与自动化专业。1959 年毕业，留在电机系任助教，曾参与国产首台数控机床研制。1965 年 5 月入党。1969年，随清华教师到江西鲤鱼洲农场及北京团河农场劳动。1971 年回校，进入新成立的工业自动化系，担任工业自动化教研组教师。改革开放后，先后从事计算机控制、企业信息化、网络化控制系统等研究，主讲"递阶计算机控制系统""计算机网络与应用""企业网络与系统集成"等本、研课程，主编《多媒体技术及应用》《自动化系统计算机网络》等教材。1990年晋升为教授。从教40多年来，担任过班主任、教研组主任、系副主任等职务，培养出几十名研究生。2002年4月退休。所参加的 CIMS 实验工程获国家科技进步二等奖，个人曾获得校先进工作者、良师益友奖、北京市归侨先进个人等多项表彰。

**采访人：** 清华大学自动化系党办主任　刘新益

　　　　清华大学自动化系2016级博士研究生　于超

**执笔人：** 清华大学自动化系党办主任　刘新益

　　　　清华大学自动化系党委委员　任艳频

　　　　清华大学自动化系2016级硕士研究生　韩纪飞　杨磊斌


　　吴秋峰的父亲是印度尼西亚一所华文中学校长，他们兄妹四人也都当过教师。吴老师的父亲曾说，他的主要财富就是有许多学生。多年后，吴老师也深刻体会到这一点，因为他也有一批非常优秀的学生，这些学生在祖国的各条战线上辛勤工作，取得了优异的成绩。

　　管晓宏，男，1955年出生，中国科学院院士，现为西安交通大学电子信息工程学院院长，博士生导师；清华大学自动化系讲席教授组成员、双聘教授。吴秋峰老师是他本科自动化系71班的班主任。

　　张鸿元，男，空军装备研究院高级工程师、研究所所长。国庆50周年阅兵时，为保障空中受阅战机方队"零秒零米"通过天安门上空作出重要贡献。张鸿元曾获空军专业技术重大贡献奖，也被母校评为"清华优秀人物"。吴秋峰老师是他本科自动化系71班的班主任。

　　张佐，清华大学自动化系研究员。在吴老师指导下，先后获得工学学士、硕士和博士学位，曾在自动化系、信息学院、党委宣传部、政策研究室等多个岗位承担管理工作。长期从事企业信息化、智能交通、应急管理等研究，三次当选北京市党代表、两次当选海淀区人大代表，曾获清华学生十杰、北京市优秀党务工作者等荣誉。

在清华大学自动化系老教师庆祝改革开放 40 周年的纪念会上，吴秋峰老师动情地说，对改革开放后的学生印象最深的是 1978 年春进校的那批学生。吴老师是他们的班主任，很多人后来都在各自领域成长为领军人才，如：管晓宏，中国科学院院士；蔡旭东，麻省理工学院高级研究员；林晴，美国摩根大通原董事副总经理；张鸿元，空军第一研究所所长。这个时代没有辜负他们，他们也没有辜负这个时代。他们都抓住了自动化的学科特长，在自己的领域中作出了贡献。他们属于改革开放的参加者，也是受益者。

当然，吴秋峰老师的学生还有很多，我们就不一一赘述了。当我们提出要采访吴秋峰老师时，他很谦虚地说，自己没有什么可说的，也没有什么大的成绩。但是一提到他的学生，他的目光就瞬间明亮起来，对学生如数家珍，仿佛都是他自己的孩子一般。他对学生那慈父般的深情让我们这些采访者为之动容。

正如他的博士毕业生任艳频（现任清华大学自动化系实验中心副主任）所说："吴老师待学生特别和蔼，脸上总是挂着可亲的笑容。他为人谦逊儒雅，治学严谨。他关心每一位学生的生活和科研，和他的每一次学术讨论，既轻松又有收获。我们的科研小组气氛轻松，这与吴老师的个人风格很有关系。印象中他从来没有发过一次火，可是我们所有人都不敢有一点偷懒。他很善于鼓励人、激励人。我做学生时，他常常介绍我去找企业的大师兄，了解最新的业界发展。我去企业工作后，他也经常请我回来在课上做讲座或与师弟师妹座谈。每一次的聚会，都很开心。他是一位慈父般的导师，温和但不失严格。"

吴老师还特别热心公益。2006 年，吴老的学生给他过 70 岁生日，经过商量，他们觉得最配得上恩师的礼物是以吴老夫妇俩的名义（吴秋峰、李九龄）在清华校友基金会设立励学基金，奖励经济困难的优秀学生。当年，《清华校友通讯》杂志还做了图文报道。

吴老师年轻时来到清华大学自动化系读书、求学并留校工作，如今已是耄耋老人。但他退休后还是经常参与到学生的活动中，与学生畅谈理想、人生和价值观，继续他的育人之路。吴老师的谦逊、和蔼、严谨、求实的作风影响了一代代的青年学子，留下一段段动人的故事，足以激励我们年青一代砥砺前行。

初心不改，传承依旧。潜心育人，桃李芬芳。

# 三十四载耕耘路　初心无改矢志行

## ——访中国人民大学易丹辉教授

**受访人简介：**

易丹辉，女，中国人民大学统计学院教授。1977年考入哈尔滨师范大学呼兰学院数学专业，1981年考入中国人民大学统计学专业，1984年12月留校任教。长期致力于统计学在各个领域的应用研究，主要面向经济、金融、保险、管理、医疗等。

时光荏苒，70年来，在中国共产党的领导下，新中国在探索中谋前进，在改革中求发展，硕果累累，成就斐然。

岁月如歌，易丹辉在教师岗位默默耕耘三十余年，秉持"立学为民，治学为国"的精神，不断超越自我，创造辉煌。

易丹辉见证了无数发生在中国大地上的历史性变革和改革开放的伟大成就，她也从一名中国人民大学统计系的毕业生成长为统计学院的教授、博士生导师。她勤奋以治学，平实以做人，三十余年，初心从未改变。

**组织者：** 中国人民大学统计学院　郭栋
**采访人：** 中国人民大学统计学院2017级本科生　卫思妤
中国人民大学统计学院2016级本科生　薛媛媛　钟欣然　吴成诚

执笔人：中国人民大学统计学院 2017 级本科生　卫思妤
　　　　中国人民大学统计学院 2016 级本科生　薛媛媛

## 遇统计　一生之所爱

1966 年，正值易丹辉高中毕业、准备高考之际，突如其来的"文化大革命"终结了她的大学梦。1977 年，国家恢复高考，她毅然决然重拾数理化课本，追逐心中的梦想，并最终以优异的数学成绩被选拔进了哈尔滨师范大学呼兰学院数学专业。

初入大学的她对于未来并没有明确的规划。学习数学究竟能做些什么？毕业之后，究竟是做一名教师还是继续深造？她带着满脑子的疑问和当时教授概率论的高洪英老师聊天，也正是高洪英老师为她开启了人生的另一扇窗。统计成为她一生钟爱的研究方向。在周兆麟老师的鼓励下，作为一个纯粹学习数学、非统计科班出身的本科毕业生，易丹辉迈进了中国人民大学统计学专业，开始了人生的一个新历程。

## 识统计　勤奋以治学

1978 年，中国拉开了改革开放的序幕。在工业方面，国家开始进行工业结构调整，逐步完善产业结构，促进工业全面发展，这对工业统计也提出了更大的挑战。易丹辉跟随导师王文声投入了工业统计的研究当中。

回想起那段日子，易丹辉表示，他们几乎利用了所有的休息时间，跑遍了导师联系到的所有工厂。棉纺厂那震耳欲聋的轰鸣声仿佛还在耳边，纺织厂钻鼻刺痒的小毛絮也历历在目，清河毛纺厂的路途颠簸记忆犹新。他们听讲座，看报表，开展讨论，虽然四处奔波、风尘仆仆，却收获了对于工业统计的认识，提升了认识和研究事物的能力，为日后的研究工作打下了坚实的基础。

在国务院原工业普查办公室实习期间，易丹辉跟随办公室工作人员深入基层，对村办企业的规模进行了调查，进一步明确了村办企业和农业的划分标准，使得工业统计更加合理规范。正是这些辛苦忙碌而闪闪发光的日子让她认识到，吃苦耐劳永远是做学问的主旋律。三十余年，她坚持勤奋治学，认真严谨的学风始终如一。

## 入统计　平实以做人

1987年，导师王文声的病逝对易丹辉的工业研究产生了很大影响。她表示，自己虽然在读研期间，跟着导师走访过不少工厂，参与了第二次全国工业普查，对工业统计有了初步的了解，但是刚从数学专业转向统计专业，统计知识尚不完备，经济方面也只是略知皮毛，很难独当一面开展专业研究。

此时，改革开放不知不觉已近十年，在经济体制方面，中国由高度集中的计划经济体制逐步改革成为社会主义市场经济体制，社会生产力得到了空前的解放和发展，人们的物质生活得到了改善。正在易丹辉思考、摸索的时候，统计教研室的尹德光老师向易丹辉提出了开展"居民消费统计"研究的建议。20世纪80年代以来，随着社会生产力的发展和市场的开放，日用品和食物短缺的现象逐步得到改善，居民消费的总量和结构都发生了很大变化，居民消费统计应运而生。尹德光老师希望易丹辉发挥数学基础扎实的优势，多做一些模型、定量方法的研究。这一建议让易丹辉眼前一亮，重新看到了前行的方向。

尹德光老师和易丹辉合作编写了《居民消费统计学》。尹德光老师侧重居民消费的定性部分，而易丹辉侧重定量部分。在尹德光老师的悉心指导下，易丹辉开始大量阅读资料和文献，对居民消费方面的理论、方法进行研究。在尹德光老师的积极努力下，《居民消费统计学》很快得以出版。在作者署名时，尹德光老师毫不犹豫地让易丹辉作为第一作者。在易丹辉看来，出版这本书是尹德光老师出的主意，构思也绝大部分是他提出的，她坚持尹德光老师是第一作者。可是尹德光老师说，她年轻，今后还有很多路要走，希望她把这本书作为起点，在统计之路上走得更远。易丹辉被尹德光老师那真诚的眼神、诚恳的话语深深触动了。

正是有了一批批像王文声、尹德光老师一样淡泊名利、无私奉献、默默耕耘的学者，统计学院才能走到今天。易丹辉感到很幸运，在奋进的征程上，有这样一批默默奉献的长者辅助、相伴。仰望他们之时，易丹辉也不断审视自我，耕耘讲坛三十余载，淡泊名利，一心治学。

## 用统计　立学以为民

2003年"非典"病毒席卷全国，党中央充分认识到了"非典"的严重程度和潜在威胁，全力以赴，抗击"非典"。此时，某医学院采集了一批"非典"患者的数据，他们提议利用这批数据进行数据分析以评估"非典"的治疗效果，易丹辉欣然接受。"非典"肆虐，人心惶惶。医院对"非典"患者的治疗效果如何？中医治疗的介入会不会对治病有所帮助？这些都成了人们最为关注的问题。

易丹辉认识到生物医学统计不同于传统的"时间序列"研究，其涉及的数据以个体数据为主，持续时间短，数据点少。生物医学统计致力于利用个体资料评估整体的效果，而这需要对数据进行纵向研究。她开始大量阅读文献资料，开展纵向数据的研究。随着研究的深入，她发现很多经典的统计模型并不适用于生物医学统计，需要在原有基础上进行大量的改进和扩展。在她看来，生物医学统计所做的工作与老百姓的生活切实相关，具有深远的现实意义。

从2003年以来，易丹辉一直致力于生物医学统计的研究，运用统计方法进一步提高生物医学的科学性和有效性，这项工作惠及民生，造福百姓。

改革开放40多年来，易丹辉和中国大地上千千万万的奋斗者共同书写了一部艰苦卓绝、波澜壮阔的中国社会成长史。他们经历过徘徊，也面临过抉择；经历过磨难，也创造过辉煌。他们与祖国同呼吸、共命运，爱国之心始终如一。在一次次的历史转折点上，他们与中国共同站在了命运的十字路口，作出了无悔的选择，坚定不移向前走。芳华已逝，但是精神犹存，只愿新一代的我们能追求前辈的脚步在新时代的摇篮中，共同为实现中华民族伟大复兴的中国梦而不懈奋斗！


# 桃李春风　前路无问
## ——访中国人民大学赵苹教授

**受访人简介：**

> 赵苹，女，博士，中国人民大学商学院教授。1985 年中国人民大学农业经济系技术经济学专业硕士毕业后留校任教，1999 年获中国人民大学经济学博士学位。1990—1991 年于英国 Warwick 大学进修。1985—1996 年，在中国人民大学外国经济管理研究所工作，讲授管理信息系统、决策分析等课程。1996 年随外经所并入中国人民大学商学院，主要讲授管理信息系统、企业信息管理、ERP 系统应用等课程，主要研究方向为企业信息管理、信息资源与信息环境、农业信息开发。

**组织者：**中国人民大学商学院　姜明

中国人民大学党委学生工作部　张彤　高廷璧

**采访人：**中国人民大学党委学生工作部　张彤　高廷璧

中国人民大学商学院 2017 级本科生　姜亚岑

**执笔人：**中国人民大学商学院 2017 级本科生　姜亚岑


实事求是、兢兢业业，是对赵苹教授教学研究生涯最切实的写照。40 年勤恳耕耘，40 年沧桑变幻，40 年一路艰辛，在赵教授平和幽默的言语里都归于云淡风轻。作为中国人民大学商学院 2017 级的本科生，我深深地被这种坦然的学者风范折服，也非常荣幸能讲述赵苹教授的故事。

1978 年参加高考，赵教授迎上了改革的春风，完成了从纺织工人到学生的转变，更以高出录取线 60 多分的优异成绩考入了中国人民大学，进入了农业经济系。"那个时代的选择，没有过多的矛盾与犹豫，一心一意听党指挥，尽力做些与国家未来密切相关的事。"赵教授回忆道。这样一种最单纯的思想、一种最朴素的情感，就是支持着那个年代的前辈始终如一、一往无前的原始动力。

硕士毕业后，赵教授被分配到人大外国经济管理研究所，边从事研究边承担教学任务，尽职尽责地完成本职的工作。

或许正是这种负责、沉稳的治学研究态度，使得当时外经所所长黄孟藩教授能放心地将开设"管理信息系统（MIS）"课程的重任交付予她。这对赵教授而言是一个巨大的挑战。对普通管理专业的教学而言，管理信息系统是个涉及信息技术前沿的边缘领域，从事教学与研究的同行都是计算机或信息系统专业出身。在实际应用中，技术与管理还是"两张皮"。赵教授是学农业经济出身，研究生期间有限的数据建模与计算机知识功底，能派上的用场非常有限。面对诸多知识空白，从"大外行"做起，成了她必须迈过的坎。此时的赵教授，一如既往地听从调配，踏入了这片全新的领域，一做就是一辈子的事业。

所幸的是，人大对留校教师付出了深厚的关爱和支持。赵教授先后参加了英语强化班和出国培训，并很快得到了前往英国 Warwick 大学进修的机会。在短短一年的访问期间，赵教授接触到了一些国际知名的 MIS 领域的教授，借助前沿知识的学习，对这个领域有了全新的认识。赵教授广泛收集、比较和整理了最新的 MIS 教程，借鉴了国外知名高校对 MBA 专业的教学思路，回国后立即对 MIS 教学大纲与教学方案作出了重新设计，使技术性知识和管理学思维妥善地结合起来。"将被动地接受转变为主动地热爱，一切就顺理成章了，更是没有迷茫一说。"赵教授告诉我们。

从事信息管理研究的生涯里，赵教授发表了多篇论文，完成了许多重大的课题，但却都被她轻轻带过。比起研究者，赵教授对自己的定位则更倾向于教师。而作为教师，培养学生、改进和完善教材，一直是她的第一要义。

谈及最为骄傲的成就，赵教授直言是出版了《管理信息系统案例教程》这部教材，填补了当时高校 MIS 教学急需的空白。当时，北京大学出版社编辑与她联系，提到国内高校在迅速扩招 MBA，但却急缺源自中国企业自身的、与教学课程紧密配合的大型教学案例。这与从国外学成归来、投入MIS 教学领域多年的赵教授的想法不谋而合。为此，赵教授调动了所有人脉，联系到了第一机床厂、柳工集团、沈阳鼓风机厂、西单商场等典型企业的知名专家，在他们的帮助下收集到了宝贵的第一手材料。谈及教材的编纂过程，赵教授感慨万千："这部教材的编写历时两年多，真正凝聚了中国第一代 MIS 专家的心血。有些初稿就是用工工整整的楷体字认真书写的手写稿，甚至会返工多次，让人非常感动。案例的撰写过程由于条件简陋近乎是无偿的。"这部教程极大地改变了以往同类教程"主谈技术"的面孔，第一次将信息系统规划、组织的变革、信息系统投资评价、信息技术应用的管理等新内容融进了 MIS 教程。赵教授最开心的，是该教程后来被国内许多高校自主选用为 MBA 教材，其重实际、开创性的特点也确实为 MIS 教学开辟了新的视野。而在前期无比艰辛的编写过程中，像赵教授这样的老一辈专家，抛却名利，不论得失，唯传道授业尔。

在与学生的交流中，赵教授十分注重对学生独立思考与信息筛选能力的培养，鼓励他们发散思维，同时要注意运用好基本的工具去进行深入的分析。

就学术风格而言，赵教授很看重"有用性"这个词，这或许与她搞了一辈子的技术经济和信息管理有关。从个人选择上看，她偏爱有实际应用价值的研究，而不是纯理论性的研究。她个人的研究兴趣和成果主要在信息环境和农业信息化领域，避免随潮流、追热点而人云亦云，一直是她的基本学术底线。这一点也深刻地体现在她对中国农业信息化和管理信息系统的研究中。从 20 世纪 90 年代分析农业信息渠道、讨论农民信息文化问题，对中国农业信息资源开发提出各种建议，到后来出版《企业信息战略》一书，注重技术经济发展的方向性，关注中国实践，提出真问题，这是赵教授自己奉行的准则，也是她一直向学生们灌输的信条。

尽管已经走下三尺讲台，赵教授仍记挂着自己熟悉的领域，记挂着一线的教学与发展。针对中国数字经济和人工智能环境的发展，她希望相关教学能更好地与时俱进，与中国企业实际紧密贴合，注重各个层面信息环境的变化。期望无论是信息技术出身还是管理学出身的同行教师们，都能够目光敏锐，慧眼独具。

在改革开放的历史节点上，赵苹教授成为复校后的第一代人大人，40年的岁月里，勤勉笃行，敢当重任，不问得失，在崭新的领域默默耕耘，终收获桃李纷繁，春风十里。一如校训所言，实事求是，方得始终。

# 脚踏实地　仰望星空

## ——访中国人民大学信息学院陈禹教授

**受访人简介：**

陈禹，中国人民大学信息学院教授、博士生导师。1978年在中国人民大学经济信息管理系学习计算机应用专业，攻读硕士学位。1981年开始从事本专业的教学与科研工作。1992—2000年担任中国人民大学信息学院院长，曾建立中国高等院校第一个经济科学实验室并任主任，曾兼任中国信息经济学会理事长、国际信息系统学会中国分会副理事长等职。

组织者：中国人民大学信息学院　刘永刚

中国人民大学党委学生工作部　张彤

**采访人、执笔人**：中国人民大学信息学院 2018 级硕士研究生　张辉

"我们以前编程序屏幕都没有，键盘都没有，什么东西都拿纸带穿孔对着灯光看，都是这么学编程序的。"寥寥数语，但其中反映出的辛苦程度远远超出我们现在对程序员职业的各种耳闻。在如此艰辛的条件之下，他仍能披荆斩棘，在国内率先推动了信息技术与经济管理两个学科的融合发展，他就是中国人民大学荣誉辅导员、信息学院陈禹教授。

从 1978 年作为"文化大革命"后第一批硕士研究生进入中国人民大学学习开始，陈禹教授已经在这里学习和工作了 40 年，包括退休以后继续发挥余热。在这 40 年中，他把自己的全部精力投入到了科学研究和教育工作之中，尤其是在完成大量教学、科研、行政工作的同时，顺应社会和科学的进步潮流，在高校教育的现代化、信息化进程中作出了积极的贡献。面对自己取得的成就，陈禹教授认为，自己所从事领域取得的成功离不开改革开放 40 年的背景，这 40 年对于他这一代人是非常重要的，而且是一辈子忘不了的。国家需要人才，只要有决心学，艰难险阻都会迎刃而解。个人的成长成功，与国家和社会的帮助支持密不可分。

1978 年改革开放，中国人民大学得以复校，邓小平同志曾指示，中国人民大学"主要培养财贸、经济管理干部和马列主义理论工作者"。中国人民大学复校时只新增加了一个系，就是陈禹教授所在的经济信息管理系，顾名思义，这个系研究的内容是如何利用计算机技术进行经济管理，使经济管理现代化。受导师陈余年教授的影响，当年的陈禹对自己的定位，就是成为一名使用计算机技术在经济管理中做些实际应用的技术人员。为了实现这个目标，陈教授开始了几十年如一日的埋头苦干。在谈话中，他给我们分享了两个印象深刻的故事。

第一个故事是关于陈禹教授提出和建立了国内大学第一个经济科学实验室。

1994 年，陈禹教授受著名学者弗农·史密斯研究成果的启发，提出了在国内利用计算机技术做经济学实验的建议，这得到了中国人民大学时任校

长袁宝华等校领导的大力支持。通过与弗农·史密斯的直接交流，陈禹教授成功建立了中国高等院校中的第一个经济科学实验室。

实验室建立起来之后，当时全国各大报纸都进行了报道，因为在高等教育领域，传统意义上的实验室都是理工科的，从来没有过社会科学方面的实验室。这也很快得到了教育部的关注，1997年，实验室荣获教育部教学成果二等奖，很多学校都来观摩、学习。

陈禹教授也因此与弗农·史密斯教授建立了深厚的友谊，后者于2002年获得诺贝尔经济学奖后，受陈禹教授邀请，于2004年年中首次来到中国，在中国人民大学作了学术报告。

经济科学实验室建立的影响一直持续至今。自2000年以来，经济管理实验室研讨会的召开一直没有中断过，与会人员从最初的40人发展到现在要控制人数的400人。而且教育部明确将其纳入支持计划，在全国建立29个示范中心，全国现在有600多个学校都有经济科学实验室。陈禹教授在经济科学实验室建设方面作出的贡献是巨大的。谈到这段经历，陈教授感慨道，从经济科学实验室的建立，可以看出在中国改革开放的浪潮下中国管理经济学科的进步以及人们干事创业的热情。

第二个故事是陈禹教授主持接通了中国人民大学校园里的第一个电子邮件账号。

经前辈萨师煊教授介绍，1987年10月，陈禹教授结识了挪威学者索贝克，并到挪威特拉汉姆大学做访问学者。在那里，陈禹教授第一次尝试了通过E-mail交流。在当时，一封信来回需要两个星期左右的时间，而E-mail却只需要短短的几分钟，这对陈禹教授的冲击力无疑是巨大的。

回国后，陈禹教授抓住了一次难得的机会，从中科院高能物理所租了一条E-mail专线，又自费购买了一台286PC机，用挪威的账号马上给所有的朋友发了邮件，这在当时引起了全校的轰动，奇货可居之下甚至需要学生在这台电脑旁轮流值班。2014年，在中国接入国际互联网20周年大会上，一面电视墙呈现了中国最早的200个电子邮件用户，陈禹教授就是其中之一。

两个故事讲完，陈禹教授说道，无论是实验室的建立还是 E-mail 的接通，都需要三个方面的支持：一是要有一个好的环境，改革开放创造了好的环境；二是领导要有远见，有领导的支持事情就成功了一半；三是要有一帮实实在在干活的人。

陈禹教授认为开放的前提就是承认有好多不知道的事，并举了一个简单易懂的例子：“人走路前面远处看不清，往回看也看不清，只能看清前方 5 米，那你走不走呢？我看清 5 米，我就走 3 米，等走到 3 米，我再往前看。”

如今改革开放已走过 40 个年头，谈到对 2018 级新生的祝福，陈禹教授这样说：“希望他们比我们过得好，现在有更多空间，更多信息来源，有那么好的技术。今天能这么做是有多少人的劳动积累在里面。当你按下一个键的时候，你一个 E-mail 发出去的时候，你得知道它中间走了多少路。你完全依赖这个社会，若离开这个社会，你连小老鼠都不如，小老鼠都比你生存能力强，离开这个社会你一天都活不下去。社会越发展，个人越依赖社会。自觉地做社会的一员，尽力做自己的工作。”

这些话也让我想到了陈禹教授常讲的一个词，就是“顶天立地”。做人要坚守一个基本的理念，对社会、对世界基本的理念，就是顶天。立地就是积极接触社会，不要整天想一些虚幻的东西，不食人间烟火。人生必须要平衡好理想主义和现实主义，顶天立地，就要 20％的时间去思考基本的问题，80％的时间参与社会现实，也就是在脚踏实地的基础上仰望星空。

聆听了陈禹教授的故事，我想，个人的努力和社会的支持对一个人的成功不可或缺，个人的成长经历总是带有时代鲜明的烙印。陈禹教授在取得成功的道路上并非一帆风顺，支撑他不断奋斗、一往无前的，是那用自己所学为社会主义建设添砖加瓦的志向，是那一颗赤子之心，更是他那一代人坚忍不拔的精神品质。陈教授丰富人生经历中所有成就的取得，只因他脚踏实地、仰望星空。

# 观史迹之势　传木铎之声

## ——北京师范大学资深教授瞿林东采访记

**受访人简介：**

瞿林东，北京师范大学资深教授，历史学院史学研究所博士生导师。1964年北京师范大学历史系本科毕业，1967年以中国史学史专业研究生毕业于该系。1968—1981年执教于内蒙古民族师范学院（今内蒙古民族大学）。1981年至今，在北京师范大学历史学院史学研究所从事教学与研究工作，社会兼职有：教育部社会科学委员会委员兼历史学部召集人之一，全国古籍整理出版规划领导小组成员等。主要从事历史学的理论与中国史学史研究，著有《唐代史学论稿》《中国古代史学批评纵横》《我的史学人生》《中国古代史学十讲》等；撰有《中国史学的遗产、传统和当前发展趋势》《论中国马克思主义史学的史学观》《历史学的理论成就与中国史学史研究的发展》《关于当代中国史学话语体系建构的几个问题》等论文、评论400余篇。2017年9月出版10卷本《瞿林东文集》。

**采访人、执笔人：**北京师范大学2015级本科生　张端成

与瞿林东先生的访谈是在2018年10月1日。这是国庆假期的第一天，但瞿先生只将其视作一个寻常的工作日。对于他来说，一年到头几乎是没有假期的。对此，瞿先生说："归根到底，我就是为历史学而生的。"

自1959年入学北京师范大学历史系起，瞿林东先生从事史学研究已将近六十个春秋。60年来，瞿先生一直保持着"为历史而生"的信念以及无所逸豫的工作精神，在史学史研究和教学这片园地上辛勤耕耘着。

## 教书与育人：历史精神的言传身教

在近六十年的工作中，教书与育人占了瞿林东先生的大部分时间。他在一次采访时表示："我常想，一个教师，他的教学工作对于年轻人来讲是多么重要啊！只要教师的工作能对学生的人生成长产生一些积极的、向善的影响，就是对教师最好的回报，这个回报不是物质的回报，而是精神的回报。"他是这么说的，也是这么做的。从教五十余年，每一件有关教学的小事都不曾怠慢。

1968 年，瞿林东踏上工作岗位，最早在内蒙古民族师范学院（今内蒙古民族大学）执教。每个学期初，他都必须搭乘火车从北京前往通辽。有时开学第一天就要上课，而火车前一天晚上 11 点才到达。为了不耽误上课，他在宿舍的冷炕上坐一夜，第二天早晨准时到达教室。长此以往，内蒙古民族师范学院的老师之间曾流传着这样的评价："瞿老师从来不会耽误事情。"

在课后培养学生方面，瞿先生同样一丝不苟。瞿林东先生有一个习惯坚持至今——为学生细改文章。几乎每个学生的每一篇文章都会经过他的仔细批阅。宏观理论和观点是否得当？结构是否符合逻辑？所拟的标题是否准确且引人入胜？再细到错别字、病句、标点符号等，这些都是瞿先生在改文章时会注意的内容。"近来大家通常不注意语言文字的规范性运用，但我还是得不断说，并且让他们记住。"瞿先生在采访中感叹道。

瞿林东先生开玩笑说，经过他改动的文章，"很多都成了大花脸"。但令他感动的是，也有许多学生将改成"大花脸"的文章一直保留着，用以警醒自己。瞿先生觉得，这是对他工作的一种肯定。

无论是教书还是育人，瞿先生巨细靡遗的工作作风背后，蕴藉着一位史学工作者深沉的情怀。他希望通过细节和小事，传递一些更为宏大的关切。

比如说，瞿林东先生培养的学生在各行各业都有出色的表现，他们常会感念于瞿先生的培养方式，认为当时锻炼的能力很多在工作上都有用。瞿先生说："我这么带学生，最终目的是希望学生将历史学中学到的知识贯彻到工作中去，形成特有的历史感。"相信瞿先生的学生不仅会贯彻知识，更会贯彻严谨认真的态度，也会因为彰往知来的历史感而受益终身。

他的教学经验中，也蕴含了许多史学所的优良传统。比如在辅导学生写文章的过程中，瞿先生总会提起白寿彝先生在主编《中国通史》时的要求："当这句话和下一句话衔接，可断可不断者，断。"在收到学生文章之后，瞿先生也会想起白先生写给他的话："删去浮词，可用。"提起白寿彝先生，瞿先生总是心生崇敬；而讲到白先生的史学遗产，瞿先生也希望自己和后辈能将其深化、具体化、系统化。

## 继承与发展：史学遗产的代代相续

"史学遗产"这一概念出自白寿彝先生发表于 1962 年的《谈史学遗产》，意指前人在史学上所创造的成就。而白先生本人的史学成就，对于瞿林东先生所在的北师大历史学院史学研究所来说同样是一笔宝贵的遗产。如何继承这笔遗产，并在一定程度上实现发展，是瞿林东先生经常思考的问题。

史学研究所在改革开放以后取得了不少成绩，但直至 20 世纪 90 年代初，都没有一部贯通的《中国史学史》。作为白先生最年长的学生，瞿林东感到压力很大。20 世纪 90 年代，瞿先生发奋著书，终成《中国史学史纲》。这部书出版后，被印行 4 次，在台湾地区也有广泛影响。

瞿林东先生不仅在史学史研究的贯通性上着力颇多，对于白寿彝先生提出的史学史研究具体领域，也卓有贡献。

20 世纪 80 年代中期，在一次史学研讨会上，有学者提出中国史学长于记述，缺乏理论。瞿先生并不认同这种观点，并作了即席发言，提出了中国史学上存在的"五次反思"的问题。意在表明中国史学有自身的理论。后来瞿先生将该次发言整理成了文章《史学理论史研究——中国史学上的五次反思》，发表在《史学史研究》期刊上。

对于史学理论的具体化研究，瞿先生选取史学批评作为切入口。1991

年，瞿林东先生在《文史知识》上开辟专栏，连载发文讨论关于史学批评的研究。后来这些文章收入著作《中国古代史学批评纵横》，影响甚广。目前，瞿先生还正在主编7卷本《中国古代史学批评史》。瞿林东先生认为，史学的发展离不开批评，古人对前人的批评总会提出新的问题，而新的批评则会推动史学的前进。

瞿先生提出的"五次反思""史学批评"等概念都体现了中国古代史学理论研究的深化和发展。当然，这些也只是瞿林东先生研究工作中的一个小的断面，不过从中已显见他在史学史研究上的开拓之功。

## 求真与致用：中国话语的历史表达

发挥致用价值是历史学科不懈的追求。瞿林东先生总是强调，史学工作者不仅要具有历史感，还需要具有时代感。他也经常引用白寿彝先生强调的史学工作者"当出其所学为社会服务"。从教这几十年来，瞿先生总在朝着这个方向努力。

步入新时代后，历史学有了发挥功能的更高平台，也对史学工作者提出了更高要求。2016年5月17日，习近平总书记在哲学社会科学工作座谈会上的讲话中指出，只有以我国实际为研究起点，提出具有主体性、原创性的理论观点，构建具有自身特质的学科体系、学术体系、话语体系，我国哲学社会科学才能形成自己的特色和优势。

瞿林东先生表示，他希望自己和学生们能运用史学史的知识，尝试为建立新的体系作出自己的贡献。这个尝试殊为不易。最初，瞿先生从问题入手，以期提出具有国际性的问题。但经过近几年的思考，他发现真正具有民族性的问题才会在中国最具有生命力。而这与史学史清理遗产的任务又不谋而合。因此，瞿林东先生转而面向中国历史的内部，从遗产中找到构建体系的根基。

当前，许多学者的研究都倾向于借用西方的理论框架，搭建中国的学术问题。瞿先生觉得这并不能更好地推动中国学科体系的建立。他在阅读文学批评相关论著时，发现这些书中"批评"一词大多被追溯到西方的词源。瞿先生不满意，和学生一道翻检史籍，最终在钱大昕《补元史艺文志》中找到了较早从学术意义上使用"批评"一词的证据，并将这段考证作为《关于中国古代史学批评史的几个问题》一文的部分内容，发表在了《北京师范大学学报（社会科学版）》2018 年第 5 期上。回顾这段研究，瞿先生说："这并不意味着我排斥西方的理论，而是认为，要想建立具有中国特色的学科体系、学术体系和话语体系，就必须先把我们自家的遗产搞清楚。在这之后才谈得上兼容并包其他文明的成果。"

作为史学工作者，瞿先生的贡献是多样的。他既致力于"观史迹之风"，洞察史学的流变脉络；同时又不忘"传木铎之声"，将史学的魅力传递给学生以及更广阔的社会。相信他所传递的这份珍贵传统，会伴随着勤奋精诚的科研教学态度，在一代代的年轻学人中不断发扬光大。

# 老牛自知桑榆晚　勤耕不辍霞满天
## ——北京师范大学物理学系梁灿彬教授采访记

**受访人简介：**

梁灿彬，1938 年 1 月出生，北京师范大学物理学系教授、博士生导师。1959 年留校任教，曾任物理学系学术委员会主任，享受国务院政府特殊津贴。编写《电磁学》《微分几何入门与广义相对论（上、中、下册）》《从零学相对论》《普通物理学教程电磁学》等多部中学、大学及研究生教材。曾获首届优秀教学成果国家级特等奖、曾宪梓教育基金会教师奖一等（最高）奖、宝钢教育基金优秀教师特等奖、"中青年有突出贡献专家"称号。主编《电磁学》获首届优秀教材国家教委级一等奖。

作　者：北京师范大学物理学系 2015 级本科生　李奥

在北京师范大学物理学系，鲜有不知道"梁爷爷"的。大家熟悉梁灿彬爷爷，是因为那本研精覃思、被莘莘学子广泛使用的《电磁学》，更是因为那个乐于同学生们分享交流、活跃于各个学术讲座的清瘦身影。从教 40 年，获得丰硕成果；年过耄耋，仍勤耕不辍：这便是梁灿彬先生。

## 爱"抠"会"抠"的模范学者

1959 年本科毕业留校任教后，梁灿彬先生被分配到电学教研室开展学科教学。1960 年，为了适应当时教育革命"多快好省"的要求，物理系决定把电磁学、电动力学、电工学 3 门总计 300 学时的课程合并为一门 80 学时的电学课，然而在决定任课教师时却犯了难。当时，电工学和电磁学交集很少，没有哪位老师敢说自己精通这两个方向。而作为初生牛犊的梁灿彬先生却表示，自己愿意一试。没想到，这位本科毕业仅一年的老师，面临如此棘手的课程，凭借着自己的钻研精神，成功站上了讲台，并一站就是近六十年。梁先生的电学课不仅条理清楚、讲授清晰，还受到了学生们的一致欢迎。由于这门课程的出色表现，在教育革命结束，原本只是助教、资历尚浅的梁灿彬获得了单独讲授一门课程的机会，这门课便是电磁学。自此之后，他一直讲授着这门课程并不断作出改进。也正是由于长期研究这门课的教学，1989 年，梁灿彬教授获得首届优秀教育成果国家级特等奖。

1981 年，梁灿彬先生作为访问学者前往美国芝加哥大学学习。他选择了当时国内比较冷门的广义相对论作为自己的研究方向，而在这方面他自己并无太多基础。没想到仅仅两年时间，他就完成了相当出色的科研论文，并把当时学界盛行的使用微分几何研究广义相对论的思想方法带回国内，应用于教学中。对前沿理论的深刻理解，结合丰富的教学经验和出众的教学方

072

法，梁灿彬先生培养出一批研究广义相对论的科研人才。

"知识诚可贵，方法价更高。手握'点金术'，聚宝有高招。"当向梁先生请教从事科研和教学都有如此成就的秘诀时，他毫不讳言有"点金术"。这点金术就是"抠"，把每个问题琢磨透、研究透。"'抠'是一举两得的事。一方面，抠透的问题成为你装在脑子里的东西，讲课就是把你脑子里的东西拿出来和人分享，当时讲电磁学能那么顺利，就是因为我把电磁学里的问题抠透了；另一方面'抠'是一种学习习惯，我 40 多岁时还能在两年之内掌握微分几何和广义相对论，靠的就是这种习惯。"

如今，早已退休的梁灿彬先生仍在坚持"抠"的精神。2016 年，他着手编写电磁学拓展篇，还向学生征集关于原有教材的意见。2017 年引力波的发现震惊世界后，梁先生马上能讲出探测的具体方法和参数，原来他对引力波的探测问题关注已久了。从教学到学术，年过 80 的梁先生仍然是学生们的模范。

## 诲人不倦的"三术"教授

1999 年退休后，梁灿彬先生并没有离开他坚守多年的讲台。2001 年，他应邀再次出山为当时的"励耘班"（理科实验班）讲授"电磁学"，期末评估获得满分 100 分。之后他多次应邀到清华大学和中国科学院讲授"电磁学"，到中科院研究生院讲授"微分几何与广义相对论"，课程受到广大师生的一致好评。

课业之外，梁灿彬先生为学生们开设内容丰富的科普讲座，每年学生们都能听到梁先生的讲座，至今已经坚持了 20 个年头。梁先生用这种方式贡献着自己的力量，培育着祖国又一代英才。而梁先生的讲座能如此吸引学生，离不开被学生们称为"三术"的独特才能。哪三术？魔术、美术、学术。每次讲座，绝少不了一场精彩的魔术表演，新一级的物理学子们初被梁先生所吸引，十有八九是因为在讲座上看到他表演的魔术。"左手没藏是右手没带，变者手疾是看者眼快。手疾眼快也且慢着，这是中国古彩戏法'八仙过海'!"只见 8 个钱币在他手上挪移变换，现场掌声如雷，为精彩的表演，更为老教授年届八旬仍然飒爽的精气神。

每当遇到困难概念或抽象问题，条件允许的情况下，梁先生总会拿一支笔画一幅充满生活情景的示意图，让他的讲座总是多样而精彩。而学术上的深厚功底、教学上的丰富经验，是他能够深入浅出、切中要害的根本倚仗。同学们爱看他的魔术，受益于他的趣味示意图，更敬佩他的学术精神。

除了为学生们开设的知识类讲座，梁先生在努力扩宽着自己的影响域，尽可能将自己一生的收获都分享给他人。他为教师们开设了教学艺术讲座，为学生们开设了学习方法讲座，为有需要的人开设了板图绘画讲座。作为广东人，他还专门开设过"外地人如何讲好普通话"讲座。这些讲座基于现实需求，实用性强，因而非常"招人"。从课堂上兢兢业业的 40 年，到讲座中谈笑风生的 20 年，梁先生用行动诠释着诲人不倦的含义。

除此之外，梁灿彬先生还面向中学生开展科普讲座。他在北京的人大附中、北师大实验中学、北师大二附中等中学开展的科普讲座生动活泼、深入浅出，深受中学生的欢迎。

2014 年，科幻影片《星际穿越》上映，多年不进电影院的梁先生亲自去看了这部电影，并结合电影的内容在中学生和大学生中开展科普讲座。他的讲座场场爆满，不仅吸引了学生积极参加，同行的学者也慕名来听。讲座把相对论理论中的虫洞效应和电影内容相结合，中学生听得懂，研究生有收获，同行学者有思考，深受广大师生的欢迎。

莫道桑榆晚，为霞尚满天。梁灿彬先生笔耕不辍，踏实严谨。他用一名老教师对青少年学生无私的爱，用一场场精彩纷呈、引人入胜的科普讲座，践行了"学为人师，行为世范""师者，传道受业解惑"的精神，诠释了一名退休老教授的高尚情怀。夕阳将晚，初心未改，梁灿彬先生将继续屹立于三尺讲台，言传身教，培养出更多优秀的祖国栋梁。

# 一生追随党

## ——北京农业职业学院离休干部方道中采访手记

**采访人：** 北京农业职业学院学生工作部副部长　关伟

北京农业职业学院学生心理健康服务中心　陈新

北京农业职业学院专职辅导员　刘学敏

北京农业职业学院信息中心　张凤春

北京农业职业学院会计 1712 班学生　高璐

北京农业职业学院金融 1711 班学生　李桂林　徽少东

北京农业职业学院工商 1711 班学生　张冰源

北京农业职业学院会计 1814 班学生　马烨宸

**执笔人：** 北京农业职业学院工商 1711 班学生　张冰源

她曾是解放海南岛的战士，历经战火的洗礼，浴火重生。

她曾是抗美援朝的英雄，流血流汗，英姿飒爽。

她就是北京农业职业学院离休干部、北京市农业干部管理学院原院长方道中。

夏日一个明朗的下午，在北京农业职业学院会议室里，一位精神矍铄的白发老人正捧着一本厚厚的相册，向北京农业职业学院的师生讲述着她的红色故事。这位老人正是在解放战争、抗美援朝战争中立下战功的老英雄方道中。

方道中老院长，首先带同学们走进了那段战火纷飞的年代……

方道中回忆："解放海南岛时，我们部队没有军舰，只有渔民的小帆船，只能凭借着每年一次 4 月份的北风渡海去和敌人的军舰对抗。而且我们也没有舰炮，只有炸药包。决战时，一艘艘小帆船载着我们的勇士拼命划到敌人的军舰边上，我们的战士一人在下面用肩扛着，另一人爬上去，然后把炸药包投到军舰的轮机舱里，拉下导火索赶紧撤离，但因为距离太接近爆炸中心，我们的战士几乎没有存活下来的，多数都壮烈牺牲了。像董存瑞用自己的身体充当支架手托炸药包一样，在这场战役中也有无数的'董存瑞'为了祖国的统一牺牲自己，他们的血染红整个琼州海峡，映红了整个天空。好多烈士都没有名字，没有遗体，家人只知道自己的孩子走了。去哪了，干什么了，什么时候回来都不知道，甚至有的连家人都不知道他们是否还活着，或者已经没有了家人。"

这是 88 岁的离休老干部、原中国人民解放军第 40 军战地记者、北京市农业干部管理学院原院长方道中老人的亲身经历。30 年以来，方道中老院长经常来到天安门广场的人民英雄纪念碑前，向无数的无名英雄致敬。方院长说纪念碑在她心中是具体的、有形的。在抗日战争和人民解放战争中牺牲的人民英雄们永垂不朽！

## 投身革命　忆往昔峥嵘岁月

1949 年，当时还在武汉上中学的她喜欢读书，最喜欢的是苏联作家奥斯特洛夫斯基的《钢铁是怎样炼成的》，这本书使她有了参加革命的最初想法。1949 年 5 月 16 日，解放军解放武汉的前几夜，她跟随班主任老师晚上到大街上刷标语。当武汉刚解放时，她就找到部队要求参加革命，因为当时只有 17 岁，部队给了她两个选择，一个是留在武汉参与刚刚组建的武汉军管会，另一个则是跟随部队南下作战。她毫不犹豫地选择了后者，跟随 40 军行军作战，参与了解放湖北、湖南、江西、广西、广东和海南岛的战役。

"天生属于部队"，是方院长对自己的评价，她在部队没有任何不适感。当她要跟随部队南下时，因为怕母亲反对，就没有告诉母亲，母亲最后找到她的二姐说："你告诉她，我不反对她去，我想见她一面。"母亲给了她三件东西：一双排球鞋、一条缝有四块银元的腰带、三尺棉布。就这样，她带着三样东西跟随军队解放了华南地区。她说自己这一辈子不敢做错事，不能对不起那些战友，不能对不起党、国家和部队的培养。

## 抗美援朝战争

1950 年 4 月，海南岛解放，她跟随部队在广州休整。几个月后，京广线修复，第 40 军准备去河南商丘休整恢复。结果路过商丘，闷罐火车并没有停下来，一直向北开，一直到 8 月 1 日，火车过了山海关，到了辽宁安东（今丹东），这时候才知道，朝鲜战争爆发了。10 月份，美国飞机越过鸭绿江，轰炸丹东地区，唇亡齿寒，抗美援朝战争就此爆发。1950 年 10 月 25 日，志愿军第 40 军第 118 师在北镇对联合国军发起突袭，用了 1 个多小时夺回了温井，联军并未料到中国军队会在联军越过"三八线"进入朝鲜的情况下发动进攻，而且此前联军也没有收到任何志愿军已经跨过鸭绿江的情报。联军被打得措手不及，全面撤退至清川江以南，这一天也被确认为抗美援朝纪念日。1951 年 6 月以后，战争进入持久对峙阶段，方院长去前线工作。坑道战是她对战场的主要印象，大家都住在 3 平方米大小的防空洞里，地上铺块板子就是床，一个草帘就是门，而门口没有放鞋就代表"门锁了"里面没人，大家的全部财产都在枕头里。美国对志愿军后勤部队采用燃烧弹和集束炸弹空袭，方院长说她有一位军中挚友，今年已经 91 岁，当时住在她的隔壁。有次空袭这位挚友被炸弹弹片击中，当她知道去看时，她看到的是这样一幅画面："坑道的墙上贴着一些白色的草纸，我去看她时发现她的一条腿已经没了，而墙上的纸上是一些油点，走近看，原来是鲜血混着骨肉泥土凝固了。"（讲到这里老人潸然泪下）她说，她在前线采访战斗英雄，给他们照一张半身照寄回家里就是英雄的待遇。有一位英雄的照片还没洗出来就牺牲了，这可能是他唯一的照片。抗美援朝当中，我们就是靠着血肉之躯去阻挡敌人的坦克大炮，穿着单衣与敌人在零下 30

摄氏度的寒冬对峙。老人感慨道："所以我们的和平非常来之不易，没有人可以夺走它。"

## 献身教育事业　愿做春泥更护花

1984 年，北京农会组织处（北京农委前身）找到她说"组织上让你去建立一所学校"，当时的方院长并不理解，因为她不懂教育，但她说"如果组织上决定了，我服从命令"。当时，根据国务院文件要求和农业发展实际需要，筹办农业干部管理学院，目的是培养广大农村干部，提高农村干部的文化和科学技术水平。在方院长来之前，这里只是一个小小的公社干部培训班，方院长来之后，立马全身心地投入到工作当中。她说她首先要做两件大事：第一把房子盖起来，第二把学历教育办起来。方院长从朝鲜战场回来以后，在中国人民大学踏踏实实读了四年的本科教育，所学专业正是农业经济管理。方院长凭借吃苦耐劳和能打胜仗的革命精神，充分发挥大学所学，以及大学里积累的丰富的师资人脉资源，积极筹建北京市农业干部管理学院。仅仅一年后，学院就通过了北京市教委的验收，成为当时北京市乡镇干部的学习圣地。

在采访的最后，方院长拿出几本厚厚的老相册，还有很多奖状和勋章给大家介绍，并朗读了部分回忆录等文章。每一本相册都记录着她参军以来的点点滴滴。虽然有的战友已成烈士，但在方老的心中会永远保留与他们一同战斗的那些艰苦岁月的红色记忆。

方院长说："我这辈子只有两件事是我选择的，参军是我作主的，丈夫是我选择的，其他都是党对我的安排。永远听党话、跟党走没有错。我们的国家经历了多少困难才走到今天，日子越来越好，前途光明，我为我的祖国骄傲！"

# "南海考古第一人"

## ——记中央民族大学历史文化学院教授王恒杰

**采访人、执笔人:** 中央民族大学文学与新闻传播学院　符诒　刘迪雅等
**善　稿:** 中央民族大学文学与新闻传播学院　张瑛　杨恩勋

1992 年 5 月,60 岁的王恒杰将一封仔细包好的信函交给了当时的海南省委统战部部长周松,里面是他写好的遗书。之后,他便乘上了海南琼海渔民 00351 号木质机动 79 吨渔船,方向是祖国的最南端——南沙群岛。

那个时候,南海争端正不断升温。虽然南海历史已有历史文献可证,但当时还未曾有人真正到南沙考古过,未能拿出更直接更有力的物证。此前,在 1991 年 4—7 月,王恒杰已经在海南岛及西沙群岛进行了考古调查,国家民委及有关各方面将他的考古发现认定为把西沙同祖国大陆的联系至少上推了 1000 年,证明了早在 2500 多年前,南海海域为中国先民最早发现、开发和历代经营,中国对南海享有主权。而这次,王恒杰想亲自踏上南沙的土地进行考古,再更有力地证明《左传》上记述楚国"奄征南海"并非虚辞。

站在码头上的王恒杰像个地道的渔民,如果不是在当地渔民里少见的近视眼镜,很难猜到他其实是中央民族大学的教授。花白而有些凌乱的头发、常年到边疆地区考察而晒得黝黑的肤色,以及左臂空荡荡的袖管,在后来的报道中,有人形容他"像个侠肝义胆的独臂侠"。

王恒杰先生的左臂是幼时被日军炮弹炸失的,但他从未"以心为形役",或者说他未曾让身体成为束缚的绳索。上大一时,就读于历史系的他就开始随黑龙江省博物馆的俄籍专家八达少夫到哈尔滨做实地田野考察。到了大三,他几乎踏遍长春市的所有历史遗迹。也是从那时候开始,他做研究的风

格也默默地形成了，那就是脚踏实地、知行合一。后来，他曾写道："没去过的地方，我不敢写，只有亲自做过实地田野考察，获得真实的资料，写起来心里踏实，论据充实，文章学问才能坚实，有长久的生命力……这是我做学问的笨办法。"

为了能有一个良好的体质支撑他进行田野考察，他爱运动，尤其爱打羽毛球。很多人回忆起王恒杰在校的日子，都不约而同提到了那个经常在羽毛球场上潇洒的身影，当时的他甚至还担任着女职工羽毛球队教练员的工作。

不过，如果没有坚定的意志，再好的身体素质也很难抵抗住雨季的怒山里数次崖边落马，澜沧江边、金沙江畔的万山丛中饥寒交迫的迷失，6000多米德钦雪山的寒风呼啸，以及数次月余南海航行中淡水的缺少和晕船的困扰。

如果说我们的生命是被时间推着走的，那王恒杰就是推着时间走的那一个。在任教的时光里，王恒杰没有真正意义上度过寒暑假，每次节假日的时候就到边疆地区考古。在夫人张雪慧眼里，这是很自然的事，她形容他天生好像就背负着使命感："学术研究分两类，两者之间虽然不分上下，但他就选择了这一条路。他想尽量能对社会、对别人有实际的帮助，能使人们的生活有所改善。"

那时候，教师的工资并不高，两个人的工资加起来也没有多少，再加上王恒杰对于参与评教职也没什么想法，因此频繁外出调研考察，大部分都靠家中"开源节流"来支持。长久下来，安于清贫已经成为习惯。到现在，王恒杰家中客厅中间的那张木头桌子还是当年夫人当炊事员的时候别人找了个木头帮打的，一用就用了30年。回忆起那段日子，张雪慧觉得，虽然物质上清贫，精神上却很富足。那时候最开心的，就是王恒杰考古回来，告诉妻子和女儿又有什么重要的发现。

1992年6月16日，在历时34天、航行了3000余海里之后，王恒杰顺利从南海考古回来，这次航行的重要意义在于，他在当时两岸还未三通的情况下登上了太平岛，还到达了我国版图最南端的曾母暗沙，并在南沙岛礁发现了秦汉迄清的丰富文物，并直接推动了1994年首次两岸联合南海考古工作的开展。这成为当时足以震动海内外的四个首次。

回来之后，王恒杰就像他发现的那些埋在尘沙里的文物一样，被海内外的媒体摆在了世人眼前。来自《人民日报》、《光明日报》、中国台湾《联合报》等的报道铺天盖地，他被赋予"南海考古第一人"的称号。不过，他对此并不怎么在意。仅仅一个月后，他便再赴西沙宣德群岛进行考古。对于这些称号，他曾说，他可以做南沙考古第一人，但热切期望在不远的将来，有相应的设备、足够的经费、多位考古专业人士到辽阔美丽的南沙开展工作，千万不要使他成为空前绝后的南沙考古人。

桃李不言，下自成蹊。已经融于王恒杰骨肉中的"躬行"也在默默影响着他的学生们。

"深入浅出、声情并茂"8个字是当年学生写给王恒杰的卡片上的词。现任中央民族大学历史文化学院教授的苍铭是王恒杰培养的第一届研究生。他回忆，当时王恒杰的课特别受学生的欢迎，因为他走的地方多，考察的地方多，能把很枯燥的课讲得非常生动，同学们特别爱听。"但是一些大道理大的意义他也不怎么讲，他做事情都是以实践为主，并没有喊口号。"苍铭这样回忆王恒杰老师在教育学生上的理念。

在课堂外，王恒杰也十分关心学生，"经常问家里情况怎么样，饭票够不够用。"苍铭回忆说，"我们那个时代学生都是来自边疆的，好多同学现在回忆起来都去他家吃过饭。"那个时候，同学们从边疆来北京念书，大多四年都不能回家一次，于是王恒杰就把他们领到家中吃饭。后来，夫人张雪慧还收到了一位曾经到家里吃过饭的学生的短信，说想起当时来家中吃饭，虽然没有说什么话，但是心里却是很温暖很感激。由于王恒杰教授通过边疆和南海考古维护了祖国南海领土的完整，促进了课堂教学，1993年，国家教委授予王恒杰教授优秀教学成果国家二等奖；1995年，我国海军南沙巡防区授予王恒杰教授"荣誉南沙卫士"光荣称号。

1995年6月，在又一次赴南海考察回京后不久，王恒杰被确诊为肺癌晚期。一直推着时间走的他又选择了继续跟时间赛跑。不过不同的是，一直以来埋头实践、不急于出成绩的他开始"急"了。他放弃了住院治疗，着手整理考察中获得的那些南海资料。

1996 年春节期间，他及夫人还两次专程去海南看望当时同赴南沙的渔民。5 月，为南海文化经济研究所开展工作再赴海南。6 月 2 日，王恒杰病情恶化。仅一个月后，与时间斗争了一生的王恒杰先生走完了人生旅程。在病榻上的王恒杰放不下的仍是南海，他曾说："南海是我的第二个故乡。"9月，在中国海军 50 名南沙卫士的护卫下，王恒杰教授的骨灰回到了其奉献一生的南海。

在接受我们采访的时候，夫人张雪慧坐在中央民族大学家属院那个小小的、散发着历史气息的屋子里的木头椅子上。她说她现在老了，照片里背驼得不成样子。"所以别看我现在这样（坐着很轻松），其实我在努力地把背挺直。"这句话就像一句隐喻一般，王恒杰先生一生都在默默躬行，为的是我们可以在主权问题上"把背挺直"。也是在那个时代，中国的脊柱也就这样坚固的挺直起来，再也未曾倒下去。

通过这次系列采访，我们大家共同感受到的是王恒杰先生不顾生命安危，潜心祖国南海考古，维护祖国南海领土完整的执着精神和其求真求实的治学态度。这些都是非常值得我们青年学子学习的。他是一位非常值得历史学界、考古学界尊崇的好师长。

# 投身科普乐其中　心怀国家系未来
## ——首都师范大学数学科学学院李毓佩教授采访记

受访人简介：

李毓佩，1938 年生于山东黄县，首都师范大学数学系教授，中国科普作家协会名誉理事。1960 年毕业于北京师专数理系。1960—

1964 年任北京师专数学系助教。1964—1969 年任北京电视大学助教。1978 年起历任首都师范大学数学系讲师、副教授、教授。1981 年加入中国科普作家协会。

李毓佩教授从事科普创作 40 多年来，出版各类科普作品近二百部。他十分擅长用少年儿童喜闻乐见的童话故事形式，将抽象、枯燥的数学知识，讲得深入浅出、情趣盎然，深受少年儿童的喜爱。他的作品被公认为是引导少年儿童走进美妙的数学花园的佳作。主要科普作品有：《数学科普学》《数学司令》《数学大世界》《有理数无理数之战》等。另外，多种图书在中国台湾地区和中国香港地区出版，十几部作品在韩国翻译出版。

李毓佩教授曾两次获得"北京市优秀教师"称号，曾获北京市普通高等学校优秀教学成果一等奖。1990 年被中国科普作家协会授予"建国以来成绩突出的科普作家"称号。

其作品曾荣获"第四届国家图书奖""第四届中国图书奖一等奖""第七届'五个一工程图书奖'""第二届全国优秀科普作品评奖一等奖""首届全国少年儿童科普图书奖一等奖"等。在 2010 年度国家科学技术奖励大会上，"李毓佩数学故事系列"获得国家科学技术进步二等奖。

**采访人**：首都师范大学数学科学学院　许楠楠　张国庆　唐嘉豪

**执笔人**：首都师范大学数学科学学院　许楠楠　张国庆　崔雅昕

"科学与文学"相结合，是他的创作理念。40 年来，他为小朋友打造了一系列数学科普童话。他经历过迷惘和彷徨、发展与创新，但却从未停止过自己的脚步，矢志不渝地在数学科普道路上负重前行。科普创作是"默默"的事业，他用一生为孩子们创作数学科普故事，用坚守为祖国的教育事业献出自己的一份力量。他就是首都师范大学李毓佩教授。

## 集腋成裘，聚沙成塔

培养写作能力，跟从小读书的积累有很大的关系。小时候，李老师家境贫困。为了改善生活，他便在院里开了一个小人书店，各类书都看了个遍。同时李老师还是新开路小学图书馆馆长，把图书馆的所有书也都看了个遍，这段经历让李老师知道小孩子喜欢看什么。

小时候的积累让李老师在创作数学科普童话时有层出不穷的灵感。巴甫洛夫在《给青年的一封信》中，强调知识积累的重要性。他把知识的积累比作承载鸟儿飞翔的空气。哲学上说没有量的积累，就没有质的飞跃。积累好像无数的细沙与石子，没有它们的存在就没有万丈高楼的耸立。

在现实生活中，许多人常常忽视积累的重要性，不肯吃苦。李老师提出，没有一定的积累，是不可能在数学科普创作上有所作为的。深入浅出，是数学科普创作之根本，只有拥有深厚的专业知识、扎实的文学素养，才能够创作出对小朋友真正有帮助、让小朋友真正感兴趣的数学童话故事。

## "只此一家，别无分号"

"文化大革命"结束后，孩子们可以看的书非常少，中国少年儿童出版社计划编辑一套百科全书，涵盖天文、地理、生物、数学、物理、化学。因李毓佩老师经常在《北京师范大学学报》上发表文章，再经叶至善先生的亲自考察通过，李老师开始了他的第一本数学科普创作——《奇妙的曲线》。就这样，一本接一本，从未停歇。

李老师连续为《少年科学画报》写了 12 年，为南方的《小猕猴》写了 15 年。最忙碌的时候曾同时给 10 多家画报写文章，各具特色，并且每一个故事都让读者读得津津有味。生活的忙碌使得李老师只能在上下班骑车的时候构思。对于李老师来说，这并非难事，经常是一笔成稿，不用修改。由于市场需求量十分大，而中国的知名数学科普作家有限，有些人一看到是李毓佩写的，便马上买回去，真可谓"只此一家，别无分号"。

如今，80岁高龄的李老师仍然坚持创作，与时俱进。他说，现在电视动画片对小朋友们的诱惑非常大，如果你的故事没有电视动画片有趣，那怎么吸引小朋友们呢？李毓佩老师不断更新形式，从文字到现在的音频作品，他不断学习，尝试适应新媒体时代的发展。李老师最大的愿望就是把自己的作品做成一部满意的科普类动画。他也希望青年人多积累、多思考，敢于创作、敢于幻想。科学需要创作、需要幻想，有幻想才能打破传统的束缚、才能发展科学。

## 小故事，大情怀

李老师提到，他在中学到大学的时候主要读苏联作家伊林等人的科普作品。物理、化学方面的都看，后来也看了不少美国作品。李毓佩老师发现他们写的题材都比较新，很多问题挖掘得比较深入。但是李毓佩老师认为，别人的终究是别人的，学可以，但终究不是自己的东西。所以，李毓佩老师认为应该创作自己的作品。

在40多年的创作生涯中，李毓佩老师觉得很愉快，社会的需求和小朋友的鼓舞成了他最大的创作动力。李老师用自己的方式，启发孩子们的思维，为祖国的教育事业贡献自己的一份力量。这份努力一直延续至今，从未改变。尽管其中遇到过质疑、坎坷，但李老师从未放弃，因为他相信他做的事情是有价值的，这一切辛苦和汗水都是值得的。

现在，退休在家的李老师，仍在为小学数学教材创作配套的数学故事，把乐趣带入课堂。教育是一种情怀，是费尽心思的追求。爱因斯坦是李老师最佩服的人之一，大科学家的想法都是惊人的，李老师非常佩服有思想的科学家。中国在过去培养一个人主要是解决问题，这是工匠；而能提出震惊别人的问题的才是大师，这也是中国目前所缺少的。李老师想用他的书培养中国的孩子们大胆设想和敢于批判的思维。

数学是自然科学的皇冠，数学进步是科学发展的基础。科普兴，科学兴；科学兴，中国兴。中国的发展需要千千万万科普作家。李毓佩老师将所有的精力投入文字中，为祖国的教育事业竭尽全力。具体的科学知识可以被更新，但是光辉的科学思想永世长存，崇高的科学精神永放光芒。

# 一生只为航空报国

## ——北京航空航天大学能源与动力工程学院陈光教授采访记

**受访人简介：**

陈光，男，1930 年生，中共党员。1955 年毕业于北京航空学院（今北京航空航天大学）并留校任教。北京航空航天大学能源与动力工程学院教授，曾担任中航第二集团公司科技委委员，中国航空学会理事、副秘书长，长期担任北京航空航天学会常务理事兼秘书长，享受国务院政府特殊津贴。目前，他是中国科学院老科学家科普演讲团成员、北京航空航天大学老教授科普报告团副团长。

陈光教授是我国著名航空发动机专家，长期从事航空发动机结构设计的课程教学、科研与生产工作，曾参与并负责某型航空发动机的研制任务；长期参与航空发动机设计厂所型号生产、研制中的重大决策与故障分析工作，在图-154M客机发生的发动机四级低压涡轮非包容爆裂故障分析工作中获得部级科技成果奖。主编出版的《航空发动机结构设计分析》教科书获全国优秀教材一等奖，在国内专业刊物上发表有关航空发动机结构设计分析专文百余篇。

　　2011年被北京老科学技术工作者总会授予"优秀老科技工作者"称号；2012年被中国老教授协会授予"老教授科教工作优秀奖"称号；2015年获得"北航离退休教职工党委优秀共产党员"称号；2016年获得北京航空航天大学"2014—2016年度校优秀共产党员"称号，并被授予"共产党员十杰"称号；2017年获得"感动北航人物"称号；2018年获得北京教育系统关工委先进个人称号。

采访人：北京航空航天大学人文社会科学学院2017级硕士研究生　李济辰
　　　　北京航空航天大学人文社会科学学院2018级硕士研究生　杨梦欢
执笔人：北京航空航天大学人文社会科学学院2018级硕士研究生　杨梦欢

1950 年，机缘巧合下，陈光教授来到华北大学工学院航空系就读，1952 年院校调整转到北京航空学院。未曾想，这成就了他与航空发动机一生之缘，此后，就是半个多世纪的坚持。

## 十年心血，筑梦航空

1965 年 3 月 16 日，陈光教授与学校 101 名各专业教职工从飞机残骸着手进行科研，他们对残缺不全的发动机零件进行分类、拼凑与绘制零件草图等工作。经过两个月不分昼夜的工作，他们画出了各类零件图，作分析报告，进而接受了"半仿半研"的新任务。从此，开始了发动机从残骸分析到测绘残骸零件、进行材料与工艺分析、送工厂进行图纸的全面审核、修改并完成全部生产图纸等一系列研究任务。

1966 年 6 月，"文化大革命"开始了，一切工作陷入停顿，发动机的试制进程也被打断。但有感于该机种对国防及国民经济的重要意义，1967 年夏秋季节，陈光教授和部分教师、学生共三十余人自愿坚持继续发动机残骸的测绘和恢复工作。1968 年春，修复拼凑起来的旧发动机第一次在航院试车台台架上运转起来，且转速达到发动机的最大转速——每分钟 22000 转，这令所有参与发动机修复工作的师生们欣喜若狂。因为用从 2 万米高空摔下来的发动机残骸组装的这台"不像样"的发动机，不仅能运转起来，而且达到它的最大转速，创造了中国甚至世界航空史上的奇迹。

由于这台修复发动机出色的表现，加上其中很多设计都是国内第一次有的，它被正式命名为"涡喷-11"。1980 年，配装"涡喷-11"发动机的"无侦-5"通过了设计定型。"涡喷-11"发动机的研制定型是北航教职员工十几年工作的巨大成就，这也被永久铭刻在表现中华 5000 年文化的北京中华世纪坛的青铜甬道纪念板上。陈光教授记得研制过程中的每个细节，言语中流露出无上的自豪与光荣。

## 赴苏谈判，据理力争

1988 年 5 月 30 日晚，中国民航 B-2604 苏制图-154M 客机在广州起飞后约 10 分钟，装于机尾的发动机发生严重的断轴故障，四级低压涡轮全部甩出机身，将飞机尾部蒙皮打穿，其缺口大到能容纳一个人。这是一起严重的低压涡轮非包容破裂事件。

在故障分析中，中苏双方专家一致认为此次事件是由于隔热套筒突然下陷变形所致。但是，对于隔热套筒变形的原因，当时中苏双方意见存在严重分歧。苏方坚持认定是中方驾驶员使用不当所致。而中方专家认为苏方在推卸责任，且试图掩盖影响飞行安全的重大隐患，但又拿不出故障真正原因的分析意见。

1988 年国庆前夕，陈光教授与熊昌炳、朱谷军教授一同代表北航参加民航总局的故障分析专家组，期望能尽快找出故障的真正原因。经过"故障再现"试验方法的分析，专家组发现原结构设计不合理、材料使用不当和工艺粗糙是隔热套筒下陷变形的内因，套筒两端的封严胶圈老化是外因。因此，此次事故责任完全在苏方，与我方使用状态无关。但是，当民航总局将分析认证报告通报给苏方时，苏方仍坚持认为事故责任不在苏方而在中方。实际上，苏方根本不相信中国人有能力完成此次故障的分析工作。

后苏方迫于局势变化，邀请我方专家参与会谈，陈光教授紧急受召加入赴苏谈判小组。谈判伊始，苏方便给出一份事先拟好的会议纪要，并提出按纪要进行会晤。好在时任民航总局适航司司长沈元康胸有成竹，提出先认真讨论再看纪要。一场针锋相对的论战拉开帷幕。在双方激烈的辩论中，陈光教授沉着冷静地将我方的分析结论详尽地表述出来。同时，熊昌炳教授上台报告了我方采用有限元法进行的强度计算分析，得出了与苏方基本吻合的结果，这更加证实我方分析结论的正确性，同时也批驳了苏方的结论。

在一番辩论验证后，苏方承认了我方结论的正确性，并高度赞扬我方所做的分析工作。随后，苏方承认此次故障责任在苏方，与我方的使用条件无关。至此，我方在这次中苏技术谈判中大获全胜！时至今日，陈光教授每每忆起这段经历，依然万分感慨当时成功捍卫了国家的尊严和利益！

## 教书育人，惠泽后世

中国科学院老专家科普演讲团成立于 1997 年，陈光教授是首批 7 名团员之一。近二十年来，他除了完成教学、科研工作外，一直坚持开展丰富多彩的科普工作。近几年，陈光教授开展了"从歼-20 首飞谈战斗机的发展与特点""适应 21 世纪绿色航空要求的波音-787 发动机设计特点""从马航 MH370 航班失联谈波音-777 及几型新客机"等多个专题的科普和专题报告。

不论是科普还是专题报告，陈光教授都能根据听众的情况，调整补充内容以满足听众的要求；同时，陈光教授还坚持从期刊、互联网上查阅最新国内外航空信息，不断补充报告内容，使之能与时俱进。正因如此，陈光教授的科普、专题报告在不同层次的听众中均受到热烈欢迎。仅 2018 年以来，陈光教授完成 20 多场大规模的科普报告，听众达上万人。

陈光教授从事航空发动机教学、科研与生产工作逾 60 年，他深情地说："我真想为促进我国航空发动机事业做些有益的事，但现在已快 90 岁了，心有余而力不足矣！我想拿出 50 万元积蓄，建立一个奖学金项目，奖励那些有志终身从事航空发动机事业而且品学兼优的研究生和本科生，以推动我国航空发动机领域的创新人才培养，鼓励获奖学生继承先辈开创的事业，成为祖国航空发动机事业的优秀建设者和接班人。"

陈光教授的想法很快得到陈懋章、刘大响两位院士的积极支持与响应，他们两人也各自捐出 50 万元，最后这 150 万元作为原始基金，建立了"航空强国中国心"教育基金。基金建立后也得到北航校友及香港地区爱国人士积极响应，很快筹集到 1200 多万元。自 2016 年以来，基金会每两年进行一次评选。

虽已年届 90 岁，然而对于陈光教授而言，航空发动机已融入骨血，他关注着国内外发动机的点滴发展。耄耋之年，笔耕不辍，陈光教授于 2018 年发表了 9 篇文章；目前，正着手编制第三版《航空发动机结构设计分析》一书，以献给 90 岁的自己。

当问及陈光教授对新时代中国的发展有何展望时，他脱口而出："我国的航空发动机能真正地站在世界最高峰！我一辈子都在研究发动机，发动机作为飞机的心脏，如果没有好的心脏，飞机也达不到要求。希望发挥自己的余热，助力我国发动机研制取得进步。希望在有生之年，能看到我国研制的发动机真正做到性能好、可靠性强、寿命高，还能经受各种条件下的考验。"

一生只做一件事，唯其一心一意。陈光教授对研究发动机的热情和激情，永不停歇，这正是源自他对航空、对祖国的热爱。


# 新中国英语教学拓荒者
## ——伊莎白和儿子柯马凯与中国青年教育的不解之缘


**受访人简介：**

伊莎白·柯鲁克，著名国际友人，中国英语教学园地的拓荒人。作为人类学家，伊莎白撰写了《十里店——一个中国村庄的革命》《兴隆场》等作品，忠实地观察与记录着中国的革命与建设，以自己特殊的方式向世界，特别是向西方介绍中国。2014年，伊莎白教授荣获中国"十大功勋外教"称号。2018年，伊莎白教授获得"改革开放40周年最具影响力的外国专家"称号。2019年，荣获"中华人民共和国友谊勋章"。

柯马凯是现任中国工合国际委员会主席，是外国老专家柯鲁克和伊莎白的第二个儿子，在北京出生、长大。1994年，柯马凯和朋友创办了京西学校，吸收外籍子女上学。

伊莎白和柯马凯十分关注关心下一代工作，母子二人在2018年11月6日受聘为北京工商大学嘉华学院关工委顾问。

采访人、执笔人：北京工商大学嘉华学院　孟靖朝　李雨轩　谢梦桥
　　　　刘欣　何树雨
指导教师：张晓磊

## 与中国结缘

伊莎白·柯鲁克（Isabel Crook）是一位 104 岁的世纪老人。1915 年 12 月 15 日，伊莎白·柯鲁克出生于中国成都一个加拿大传教士家庭，童年及少年一半时光在中国度过。她是加拿大人，著名国际友人，国际共产主义战士、教育家、新中国英语教学园地的拓荒人。伊莎白的父母都是加拿大传教士。她的父亲饶和美（Homer G. Brown）参与创建了成都华西协合大学，曾担任华西协合大学教育系主任。她的母亲饶珍芳（Muriel Hockey Brown）任成都弟维小学校长，弟维小学是华西协合大学的附属学校之一。伊莎白 1933—1938 年赴加拿大多伦多大学学习，并获得文学学士和心理学硕士学位；1939 年，在我国四川从事人类学方面的研究工作，并在重庆璧山县兴隆场从事中华基督教理事会的农村合作计划；1942 年，赴英国与戴维·柯鲁克（David Crook）先生结婚；1943 年加入英国共产党，并在英国加拿大妇女陆军团服务；1946—1947 年期间先后在伦敦经济学院、伦敦大学攻读人类学博士课程；1947 年 10 月，赴晋冀鲁豫边区，在河北武安县十里店村学习土改运动；1948 年 6 月，应王炳南同志邀请，在石家庄附近的南海山外事学校（北京外国语大学前身）任教；1950—1980 年，在英语系任教；2008 年被授予加拿大多伦多大学"终身名誉博士学位"。

## 对中国教育事业的贡献

1940—1941 年，伊莎白在农场做社会调查搜集资料时，当时地方给予了她大力支持。为了回报地方上的支持，她决定帮助一些失学的孩子，主要是小学生。当地很多贫困的家庭都不指望孩子能上中学，因为他们觉得上中

学没有意义，这些孩子往往是小学上到五年级就退学了。当初，伊莎白的目的是想让他们上到六年级以后还能上初中，起码完成九年义务教育。在伊莎白帮助的孩子当中，有些把初中读完了；有些经过四年以后，初中毕业考上高中，那就接着读，相当一部分接着上高中了；有的高中学习挺不错，想考大专，既然这样，干脆继续支持他们上。于是，伊莎白就在当地创立了基金会，帮助孩子接受教育、改变人生。

伊莎白在北京外国语大学工作 70 年，住在学校的宿舍。家里的陈设跟普通中国家庭一样，墙上挂着周恩来总理的像。1948 年，伊莎白和丈夫大卫·柯鲁克在华北解放区工作时，接受中国共产党的邀请，为新中国培养外语人才，参与创建了南海山外事学校，他们说："加入学校后，我们成为中国革命的一分子……"随着北平和平解放，他们跟着学校进了北平，教授英语、历史等课程，参与编写教科书、中英词典等。

伊莎白教授为中国外语教育事业鞠躬尽瘁，培养了大量知名的英语教育家、外交家、驻外大使等，可谓桃李满天下。退休后，伊莎白教授始终惦记中国外语教育事业，担任北京外国语大学顾问，回到农村创办基金会资助儿童，支持子女开展教育事业。2008 年，多伦多大学授予伊莎白教授"终身名誉博士学位"。


## 关心青年学子的成长


伊莎白·柯鲁克和柯马凯十分关注关心下一代工作。2018 年 10 月 31 日，北京工商大学嘉华学院开展"访长者学国际交流，做新思想国际传播者"的主题活动。这次活动中，伊莎白·柯鲁克和柯马凯给同学们传授了很多人生经验，令同学们受益匪浅。

柯马凯先生为北京工商大学嘉华学院关心下一代工作提供指导。他表示，作为老同志，他珍惜时代赋予他们的责任，关注未来、培养未来，要继续以身作则，积累好经验、好做法，为中国实现"两个一百年"奋斗目标、实现中华民族伟大复兴的中国梦作出自己的贡献。他鼓励中国的年轻人：不但要胸怀祖国，还要放眼世界，与全世界的青年人一道，共同打造政治互信、经济融合、文化包容的利益共同体、命运共同体和责任共同体。他还说，中国工合国际委员会与世界各国青年有广泛交流，作为工合国际的主席和嘉华学院关工委顾问，他乐于帮助嘉华学院青年学生增进国际交流。

习近平总书记在党的十九大报告中指出，青年兴则国家兴，青年强则国家强。青年一代有理想、有本领、有担当，国家就有前途，民族就有希望。中华民族伟大复兴的中国梦终将在一代代青年的接力奋斗中变为现实。柯马凯先生希望北京工商大学嘉华学院青年要做有理想、有追求的新时代思想传播者。

104 岁的伊莎白和 68 岁的柯马凯一生都在为中国外语教育事业作奉献，我们感谢他们。

# 岿然信仰　红色传薪
## ——记红色作家、北京师范大学绍武先生

**受访人简介：**

绍武，烈士遗孤。1940 年随母亲参加八路军 129 师，1948 年参加太原战役，后随部队进军西南，1958 年提前毕业于北京师范大学中文系并留校任教。1980 年，任北京作家协会理事，著有电影文学剧本《梅岭星火》《彭德怀在西线》，短篇小说《虎将行》，报告文学《陷入绝境之后》《一生求索趋光明》，多幕话剧《故都春晓》《爱的牺牲》，论文集《艺苑咀华》，专题片《窃火者之歌——夏衍九章》，长篇小说《骄子传》《黑洞·炼狱·流火——母亲三部曲》《红军家族前传》等。其中，《骄子传》获北京"十个一工程"奖，《夏衍传》获中国首届优秀话剧文学理论专著奖，戏剧影视作品集《爱的牺牲》

获 1992 年全国优秀教学图书奖，电视专题片撰稿《文化名人——夏衍》获 1991 年 18 省市电视台二等奖。

**组织者：**北京师范大学艺术与传媒学院党委书记　路春艳

北京师范大学艺术与传媒学院院长　胡智锋

北京师范大学艺术与传媒学院党委副书记　王卓凯

**采访人：**北京师范大学艺术与传媒学院分团委书记　陈嘉婕

中国国际文化传播研究院硕士研究生　沈阳

北京师范大学艺术与传媒学院 2016 级硕士研究生　孙子荀

北京师范大学艺术与传媒学院 2018 级硕士研究生　谢冬雷　孔维能

**作　者：**中国国际文化传播研究院硕士研究生　沈阳

　　眼前，这位历经血雨腥风的老兵绍武先生，精神矍铄，目光炯然如炬。望九之年的他还像年轻时一样求索、一样繁忙而有条不紊，照样早早起床，

沐着第一缕晨曦读书写作；照样在夕阳西下时，迎着北京师范大学路上那赤红的一抹霞光，来到学生们的近旁。老先生的故事仿佛是藏隐于岁月长河的倒影，信手一拈，便可采撷到解答当下之惑的智慧之光。

## 荆棘之途上的"生命交响"

行走于绍武先生的字里行间，恰似沿着一条壮阔奔涌的江河踏马飞驰——穿越密密匝匝荆棘遍布的丛林，在枪林弹雨和炮火轰鸣中，总会找到一处清风明月之地解渴小憩。他在用独特的方式告诉你：忘记历史等于背叛，革命的红色薪火，才是我们中国人生命的底色！绍武年少从军，誓扫日寇、不顾自身安危的戎马生涯已沉淀为他不可磨灭的精神印记。

1937年底，八路军129师司令部进驻山西辽县，创建了太行抗日根据地。幼年的绍武随母亲参军到了部队。回忆起自己的戎马生涯，老先生记忆犹新："在部队里的生活特别艰苦，战士们吃马料煮的汤，煮好的汤放入大铁桶，往院里一放，大家一起吃。我是队伍里唯一一个小孩子，大家都特别疼我，当时觉得自己过得很快乐。"知足的笑容荡漾在岁月的褶皱里，迟迟不肯散去，一如老先生手持戎装照的那份信仰的温度，自不会悄然褪去。

绍武先生是烈士遗孤。在革命同志的大爱和硝烟战火中长大，亲历了太原战役，重庆、成都剿匪等前线的磨砺，成长为一名坚强的共产主义战士。而这份红色薪火铺就的生命底色，映照着绍武内心一份笃定的价值观——身为革命幸存者，活着的每一天，都要用来完成牺牲者未尽的遗志。

"这，就是我生命的意义。"老先生的话掷地有声。

## 喧嚣之畔：丹心著国魂　静水流深

怀揣着一份对革命英雄的崇拜之情，绍武先生1972年开始了文学创作之路。"创作这条路，不像长安街那样平直、宽阔，却更像登山运动员脚下的冰山雪峰，崎岖曲折，充满着艰难险阻。"老先生回忆起当年为文学创作四处奔波，感慨万千。

《梅岭星火》的写作过程甚是艰辛。1977 年，绍武和黄会林先生先后在北京、上海、南昌等地访问了陈毅老总的亲属和当年的老战友、老部下，访问每每持续到深夜、凌晨。3 个多月的时间，他们访问了 200 多人次，查阅了 100 多万字的文字史料，中间还要坐着绿皮火车辗转回北京代课。宵衣旰食的日子虽然苦累，可对于热爱文学创作的两颗温热的心房而言，那是可以自由驰骋于文字王国中的"真实故事"，那是可以雀跃在字里行间的"艺术精灵"，赋予了这部鸿篇巨制独特的艺术生命！

两位年轻人的执着创作引起了中国电影巨匠夏衍先生的关注。夏公抱着病残之躯亲自指导，几经修改的《梅岭星火》剧本后被拍摄放映，引起了不小的反响，观影人次达到 1.3 亿。绍武先生收到几麻袋的观众来信，装满了那个年代里人们对红色文化的炽热憧憬。

银幕前的鲜花与掌声，并没有令绍武先生驻足。他很快又投身到《故都春晓》《彭德怀在西线》《母亲三部曲》《骄子传》《红军家族·前传》等一系列题材的创作中。

"我最大的梦想，就是在有生之年写完一部像《水浒传》那样的章回体小说，故事里尽是我们共产主义信念的革命英雄！"说起梦想，老先生气宇轩昂，声音都抬高了一度，颇有一番"老夫聊发少年狂"的书生意气。

其实，先生的梦想早已付诸实践。多年来，他推掉所有的学术颁奖、交流等邀请，躲在喧嚣之畔潜心筑梦，恰也印证了——"阻碍你追寻梦想的，从来都不是年龄。"

执此一念，静水流深。


## 师友之间："第三极"上生起灿烂星辰

2010 年，绍武先生与夫人黄会林首推"民族文化坐标系"概念，首倡"第三极文化"战略理论，为祖国奠定属于北师大的战略级文化创新理论。

这位倔强的老者坦率地告诉记者，提出第三极文化的概念，实则出于一份"义愤填膺"。面对喝着可口可乐、啃着肯德基鸡翅和吸着麦当劳奶昔长大的孩子们，面对看着传递美国价值观的动画片《奥特曼》和众多科幻大片长大的下一代，他们殷切期望我们中华民族的优秀传统文化，能够与时俱进地呈现和渗入年青一代的灵魂。中华文化的红色基因，不能丢！

"美国文化的渗透，我们要时刻警惕，并且，我们要主动出击，用我们的实际行动捍卫中华文化！"绍武和会林发起"看中国·外国青年影像计划"，通过募集善款资助来自世界各国的青年到中国用镜头语言描述、感悟并传播博大精深的中华文化。2015 年 11 月 7 日，习近平主席在新加坡国立大学发表的重要演讲中亲自为"看中国·外国青年影像计划"点赞！

第三极文化的辉煌崛起，需要我们铭记苦难的意义，铭记"多难兴邦"的厚重。老先生正像一个田埂中不断耕作的拾穗人，总是俯身回望，对青年说："英雄的民族，可以为了生命以外的崇高目的，甘愿撕碎自己的肉体，掏出自己的红心，燃作熊熊的火把，去照亮暗夜中行进的大众。"

访谈接近尾声，傍晚的阳光仿佛约好了似的，从老旧的丝绒窗帘穿透进来，轻柔地交错在老先生的肩膀和容颜上，如同电影机的黑白格条，一幕一幕放映出如歌的岁月——投身戎马的荆棘之途、文学创作的喧嚣之畔、风雅意趣的师友之间。每一个维度的绍武先生，都绽放出红色的荣光。

# 西语专业　在岑楚兰老师的眼中成长
## ——记北京外国语大学岑楚兰教授

作　者：北京外国语大学西班牙语葡萄牙语学院　姚熠辉

1949 年 10 月 1 日，当新一天的朝阳照在雄伟的天安门，当壮丽的华表披上希望的曙光，当五星红旗在天安门广场上缓缓升起，伟大的领袖毛主席，站在天安门城楼上，用洪亮有力的声音，向全中国、全世界，宣告新中国的诞生。中华人民共和国，这个响亮的名字，让中华儿女自豪，也让全世界震撼。新中国的成立，让全国人民欢欣鼓舞。2019 年是新中国成立 70 周年，我们的心情十分激动，中华民族的艰苦奋斗，终于在新时代使沉睡的雄狮抬起了头，而那些为了新中国的成立而奋斗，为了新中国的飞速发展作出卓越贡献的老前辈们，心中一定加倍喜悦、加倍欣慰。

在北京外国语大学这一所以语言为专长的大学，有人可能会问，我们的前辈们又是如何为新中国的发展而付出辛勤奋斗的呢？在北外的西班牙语系，有一位白发老奶奶，同学们都亲切地称呼她为岑奶奶。只要说到岑奶奶，不管是学生还是老师，大家都会不由自主地流露出对这位老教授的敬仰。

从西班牙语系建设伊始，到如今 67 年过去了。当年西班牙语专业在中国从无到有发展起来的点点滴滴，仍在岑老师的脑海中清楚地被铭记，时常和攻读西班牙语的后辈们提起。

岑楚兰老师，中国第一代西班牙语学者。86 岁高龄的她，齐肩的短发已然花白，精神矍铄，眼神仍然坚定而有力量。作为西班牙语学习者中的晚辈，我们在从教六十余年的岑老师的身上，看到的不仅是过去，而且是西班牙语专业在中国一点一点成长起来的艰难过程；看到的更是未来，是我们这代人肩上的责任和使命。

1952 年夏，像现在一样，暑气将城市包裹着。新中国刚刚成立不到三年，北京——祖国的心脏，在历史的车轮和国际风云局势下，同这个国家一起成长着。1952 年 10 月，就要举办亚洲及太平洋区域和平会议，届时将有数百名代表与会，其中有西班牙语国家的代表。但是与此同时，却找不到一名可以接待西班牙语国家代表的外交官，只有曾经在智利工作的已经退休的外交官孟复先生，掌握一点西班牙语日常表达。于是中央决定，组织西班牙语突击培训班，为会议做准备。

1952 年 8 月，盛夏，当时正在学习法语的岑楚兰老师接到通知，同其他 10 位同学一起参加了突击培训。时间紧、任务重，又缺乏学习西班牙语的条件，没有专业的老师，也没有像样的教材，西班牙语的学习面临着很大的困难。在这样的艰苦环境下，岑老师和她的同学们夜以继日背词、总结，彼此练习西班牙语交流，和时间赛跑，还彼此鼓劲说："抗美援朝的战士们抛头颅洒热血，我们在这里挥汗奋斗又何妨。"最终，他们凭借着不懈的拼搏和干劲，完成了国家下达的任务，保障了会议的进行。

会议之后，周恩来总理便指示在北外筹办西班牙语系，岑老师做孟复先生的助教。当时仅有的两本教材，也是从苏联几经辗转得来的。岑老师同另一位助教老师，和孟复先生一起，自学研究西班牙语。他们面临着很多的问题。发音、时态，这些放在现在是很基础的问题，但在当时匮乏的教学资源下，给他们造成了很大的困扰，后来才得到了几位国外热心人士的帮助。

1953年3月，新中国历史上首个西班牙语系在北外诞生了。岑老师见证着它从起初的"一个老师，两本书，三个学生"，一步一步走到现在成为西班牙语葡萄牙语学院；也见证着新中国的西班牙语事业从无到有，再到现在开设西班牙语专业的院校超过百家，选择西班牙语专业的后辈数以万计。

在先后做过两位老师的助教之后，岑老师走上讲台，开始了自己的教师生涯，这一做，便是一个甲子。

岑老师爱着自己的学生，她曾经骄傲地说，她的学生中有40位大使、40位西班牙语教授、5位副部长，还有1位部长。她熟悉每一届学生的个人发展，哪一位学生去了外交部做了大使，哪一位学生给毛主席做过翻译，虽然几十年已然过去，她教过的学生，仍清楚地记在她的心里。

刚刚开始做教师的岑老师，在西班牙语教学当中并无很多经验可以借鉴，常常是备课到深夜，研究教学的内容和授课的方法，后来被派去研究高年级西班牙语的教学。支持着岑老师付出这般努力的，正是为国家图发展的拼搏精神。岑老师以自己为示范，勉励着一代又一代"西语人"奋勇前进。也正是这种精神，让岑老师在1959年，和同她一起奋斗在西班牙语一线教学的3位教师，共同获得"三八红旗手"的荣誉。

岑奶奶的传奇经历令人惊叹，也令我们学习到了很多。在岑楚兰教授年轻时候的那个时代，青年的命运与国家的命运紧紧相连。从这位受人尊敬的老教授的经历中，我们能窥见新中国从成立到现在蓬勃发展的辉煌历史。当像岑奶奶这样的老教授跟我们讲述他们那个时期的故事和他们在学习生活中的心路历程时，我们的内心是震撼的。我们仿佛能看到，在那个年代的语言学习前辈们是如何改变个人命运，为国家的外交事业、语言翻译事业发展作出贡献的。许许多多的青年为了国家的发展不断努力，许许多多的北外青年为了国家在语言方面的发展需求前赴后继。在当今，学习的环境和条件是原来所不能比拟的，北京外国语大学的同学们更当继承传统红色基因，不忘初心，为国家的各项事业发展，为中华民族的光明未来不停奋斗，砥砺前行！

# 情系祖国　甘愿奉献

## ——记中国矿业大学（北京）张荣曾教授

**采访人：**中国矿业大学（北京）马克思主义学院　李莉
**执笔人：**中国矿业大学（北京）马克思主义学院　葛晓慧

70 年，沧桑巨变，日新月异：从泥泞小路到平坦大道；从笔墨纸砚到智能通信；从仰望星空到遨游其中……巨变发生在每一位经历者身上，也映在每个人眼中。今天，让我们走进中国矿业大学（北京），聆听张荣曾教授的奋斗历程，感悟他的人生经历，读懂这位实现以煤代油，让煤像油一样流动、燃烧的传奇人物。

20 世纪 70 年代，国际上一种以煤代油的新燃料兴起，这种燃料，由煤粉、水、添加剂配比而成，优于煤炭又具有石油般的流动性和稳定性，这就是水煤浆。美国和瑞典在这一领域的研究起步较早，而中国起步晚，经验几乎为零。

## 另起炉灶，道路艰辛勇挑重任

1982 年 6 月，中国矿业大学北京研究生部接到煤炭部要进行水煤浆技术攻关的批示。那年，著名的选矿专家张荣曾教授 50 岁了，但还是咬咬牙，答应了。选矿和水煤浆是两个不同的行业，隔行如隔山，何况这个年龄改专业方向，谈何容易！

一种选择，就是一种胆识，同时也意味着一种求索、一种牺牲。新技术的开发要经过一个漫长的历程，水煤浆技术的开发也不例外。从实验室迈向工业化试验，面对一次次失败，张教授没有退却。炎炎夏日，室内温度高达 40℃，张教授经常忙得满头大汗。有时遇到搅拌机不听使唤，他便用手一下一下地搅拌，几个月下来，他的手烧得整整脱了一层皮。就是在这样艰苦的条件下，张教授带领攻关组制备出了满足工业生产要求的水煤浆。

1983 年 5 月 20 日，张荣曾攻关组研制出的第一批水煤浆在浙江大学试验炉上燃烧成功。1984 年 2 月，第二批优质水煤浆燃烧再次获得成功，并达到当时的国际水平。同年 8 月，北京造纸厂成功试烧 70 吨，中国的水煤浆工业燃烧从此开始了！

1996 年 1 月 19 日，江泽民同志来到中国矿业大学（北京）研究生部水煤浆试验厂进行考察。在试验台前，张教授和工作人员为江泽民同志作了水煤浆制浆技术演示，江泽民同志仔细察看，不时地询问，在得知我国的制浆技术比国外先进后，他高兴地连声赞许。

## 师长乐教，以身践行奋斗精神

从 20 世纪 80 年代至今，张教授先后任中国矿大（北京）研究生部矿物加工工程研究所所长、国家水煤浆工程技术研究中心制浆技术研究所所长等职，同时被聘为博士生导师，为我国选煤界培养了大批卓越人才，出版了一批颇具影响力的学术著作。张教授将他的青春无私地贡献给祖国的煤炭事业和能源新领域的科研实验中，自力更生，艰苦奋斗，在弯道中超车，打破了国外对水煤浆技术的封锁，将水煤浆技术做到了世界一流的水平。

伴着冉冉升起的五星红旗，和着豪迈激荡的国歌，前辈们优秀的精神品质定将生生不息、代代相传！

# 自强自立　报效祖国
## ——记北京林业大学外语学院退休教授李健

**受访人简介：**

李健，男，1954 年生，中共党员，北京林业大学外语学院教授。

李健幼年因患小儿麻痹症造成下肢瘫痪，但他刻苦自学英语，最终走上了大学的讲台。他从事英语教学 38 年，退休前一直工作在教学第一线，先后开设本科生和研究生等二十余种不同层次和类型的英语课程。主要研究领域包括应用语言学、文体学、商务英语语体、英语教学法。科研成果包括应用语言学专著、英语教材、论文、英语词典、译著等。

曾获全国教育系统劳动模范、全国自强模范、林业部有突出贡献中青年专家、北京市高教系统教书育人服务育人先进工作者、北京市高校师德先进个人、宝钢教育奖（优秀教师特等奖）、首都五一劳动奖章等多项国家及省部级奖项和荣誉称号，并享受国务院政府特殊津贴。

**执笔人：**北京林业大学外语学院　陈宇

## 生当自强，永不言弃

1954 年，李健出生在一个幸福温暖的教师之家。父母给他取名李健，寓意健康成长。然而，4 岁那年，小儿麻痹症使他的双腿留下了严重的残疾，命运把他抛入了深渊。

在父母的帮助下，他开始艰苦的锻炼。无数次跌倒之后，李健终于能靠双拐艰难地挪动脚步。也是靠着这股不放弃的精神，他坚持完成了小学和中学的学业。

1976 年，李健高中毕业，来到了人生的十字路口。以他当时的家庭条件，即使不参加工作，家里也可以供养他，可他不甘心就这样度过一生。看着同学们纷纷走上工作岗位，他是多么渴望自己也能为国家和社会出点力，做个自食其力的人，这个梦想促使他走上了自学英语的道路。由于身体原因，在自学之路上李健需要付出比常人更多的艰辛和汗水。"冰冻三尺非一日之寒，水滴石穿非一日之功"，一天天的积累和练习使李健在英语听、说、读、写、译等方面都打下了坚实的基础。自学的经历也使他深深意识到"世上无难事，只怕有心人"，学校并非获得知识的唯一途径，自学同样也可以成为通往知识殿堂的桥梁。

## 圆梦讲台，无悔付出

1979 年，一个偶然的机会，在北京林学院（今北京林业大学）外语培训班兼课的陈致生老师见到李健，被他那准确而流畅的英语口语感染，便极力推荐李健到外训班临时做口语教学的辅导工作。由于没有教学经历，他边学习，边实践，根据学员的实际水平和需要制订教学方案，吸取广播、电视教学的经验，形成了一套灵活有效的教学方法。他引导和鼓励学员把课文内容转化为自己的语言表达出来，自编自演短剧、情景对话等多种多样的课堂练习。课后，组织学员到家里进行会话练习，他的家成了教学的第二课堂。经过强化训练，学员们在结业后都能用比较流利的英语进行本专业和日常生活方面的交流。

李健身残志坚，1981年经林业部考核，正式成为北京林业大学的一名教师，踏上了一生为之付出的三尺讲台。在他所热爱的岗位上，李健老师一直坚持工作在教学第一线，先后为本科生和研究生开设了二十余种不同层次和类型的英语课程，担任本科生毕业论文的指导工作以及研究生导师工作。

一位研究生在《我心目中的导师》一文中写道："李老师的治学严谨，我开始是从他的讲义感觉到的。有一次课间我上前去问几个课上没弄明白的问题，看见李老师的讲义上都是写的满满的，字迹工整。一想到李老师其实书写并不方便，却能如此，我就感到由衷的佩服与感动。"

## 远赴重洋，求学深造

1987年，李健又迎来了新的挑战。这一年的金秋，他只身踏上了前往英国东安格利亚大学攻读硕士学位的旅途。许多外国朋友看到他坐在轮椅上，远渡重洋，独自来到英国学习都非常惊讶。

初到异国，远离亲人，首先面对的是生活上的困难和不便，但面对这些困难，他始终保持乐观的情绪，积极想办法闯过了生活中的一道道难关，学会了在各方面照顾自己，为顺利完成学业创造了条件。在整个学习期间，他没有误过一次课。

然而，更严峻的考验来自学习，新的学习环境和教学方式使他感到不习惯，为了弄清每一个问题，他常常熬至深夜，写论文到凌晨一两点，因为他知道，不能因为自己身体不便就在学业上有所懈怠。留学期间，李健的宿舍里到处都摆满了参考书，他在课余时间最常去的地方就是图书馆。除导师指定的必读书籍外，他还阅读了许多其他专业的图书、期刊，并主动申请旁听进修了计划外的课程。

刻苦的学习换来了丰硕的成果，1988年6月，李健顺利地通过了论文答辩，获得硕士学位。在隆重的毕业典礼上，当他从校长手中接过学位证书时，全场响起了热烈的掌声。在英留学期间，李健与许多外国同学建立了深厚的友谊，他们给了他许多帮助，他也热情地向他们介绍中国的发展和进步，时刻用自己的实际行动为祖国争光。

## 学为人师，行为典范

身为教师，李健把教书育人当成自己的职责，视为自己的使命。他认为大学生不仅要掌握扎实的专业技能，更重要的是要学会做人。他在努力做好教学工作的同时，还利用课余时间与学生谈心，了解他们的学习、生活和思想情况，鼓励他们积极上进、关心他人、热爱集体、志存高远，为国家的繁荣富强而刻苦学习。

李健在工作中坚持以身作则，用实际行动影响和教育学生。虽行动不便，但他从未因个人原因耽误过一节课。一次，因患病，他需要连续5天到校医院打点滴。为了不影响课程进度，他上午上课，把打点滴的时间推到下午或晚上，并把正在写论文的学生叫到校医院，一边打着点滴，一边给学生分析讲解论文中的问题，提出修改意见。同学们被老师的师德魅力和忘我精神深深打动，他们说能够成为李健老师的学生感到很幸运，李老师知识渊博、治学严谨而又诲人不倦，还总是那么的和蔼可亲。李健不仅是学生的榜样，也是一位关心青年教师的长者。刚来的青年教师对教学不熟悉，他耐心地帮助他们分析学生的特点，和他们一起研究教学方法，使他们能尽快地适应工作。

在30多年的教学生涯中，李健和他的同事们为国家建设培养出了一批批外语人才，乘着改革开放的东风，他也从一个残疾青年成长为一名优秀的大学教师。他希望自己是一个播撒种子的人，希望他的学生成为一颗颗坚实饱满的种子撒向各行各业，在祖国需要他们的地方开出绚丽的花朵。

# 94 岁八路军老兵的初心与坚守

## ——记中国传媒大学离休教师秦玉萱

**指导老师：**中国传媒大学党委宣传部　尚新英

**采访人、执笔人：**中国传媒大学人文学院汉语言专业　郭会　陈彦池

　　　　　中国传媒大学电视学院广播电视学硕士研究生　王雷亭

2019 年是新中国成立 70 周年。70 载峥嵘岁月，一代代中国人共同奋斗，砥砺前行。许多先辈随着岁月的流逝渐渐远去，我们不知道他们的名字，更没有见过他们的容颜。但当一张张泛黄的老照片被重新翻出时，依然拥有直击心灵的力量。正是这种震撼，吸引着我们去探寻照片背后的故事。

1958 年，为庆祝五一劳动节暨人民英雄纪念碑建成，国家领导人在中南海接见了各军区代表，留下一张珍贵的合影——站在毛泽东主席斜后方的便是新疆军区代表，也是我们的主人公、今年 94 岁高龄的中国传媒大学离休教师秦玉萱。他曾被授予"抗日独立自由奖章""三级解放勋章""中国人民抗日战争胜利 70 周年纪念章"。

## 少年壮志，参军报国

"卢沟桥事变"后，华北平原的百姓生活在水深火热之中，年仅 14 岁的秦玉萱决意参加八路军。1939 年 7 月，他成为 120 师 359 旅四支队的一名普通战士。

1940 年 1 月初，四支队西渡黄河进驻陕甘宁边区。15 岁的秦玉萱提着

马灯，紧抓着马尾巴，以防掉队。"部队原地休息，我太困了，一愣神就睡着了，醒来时已不见大部队的踪影。我吓坏了，边跑边喊：'文书！文书！'一次又一次，跌倒了便爬起来，就这样跑了不知道有多远，终于隐隐听到了马蹄声。走在队伍后面的是代春山教导员和兰方副主任，他们亲切地说：'小鬼，来，我们拉着你。'"黑暗中，一只暖热的大手握住了秦玉萱满是泥泞与伤痕的小手，带他前进。之后的无数个日日夜夜，一双双有力的大手鼓励、帮助着秦玉萱，引导他在革命的征途上勇敢前行。

## 开荒南泥湾，建设大后方

1941年，根据党中央统一部署，359旅四支队来到了陕甘宁边区的南大门——南泥湾一线。此时的南泥湾，土地贫瘠、人烟稀少，满眼荒凉。秦玉萱和大部队一起，搭锅起灶、开荒种地。休息时，漫山遍野都是战士们嘹亮的歌声："雄鸡，雄鸡，高呀高声叫，叫得太阳出呀出来了，年轻力壮的小伙子怎么能睡懒觉啊！"

1943年9月，毛泽东、彭德怀等领导人来到南泥湾359旅视察，秦玉萱参加了接待工作。面对着一桌丰盛的菜肴，毛主席高兴地说："这些都是靠我们自己劳动得来的。"后来，359旅被中共中央西北局誉为"发展经济的前锋"。

1945年，日本宣布投降时，秦玉萱所在部队正在南下，他是团里第一个知道这个消息的。当时他正在送电报，忽然听到一声又一声的高喊："日本鬼子投降了！"那一刻，所有中国人都沸腾了！

## 南征北战再出发，新疆兵团不畏难

"生在井冈山，长在南泥湾。转战数万里，屯垦在天山。"王震将军的诗篇生动讲述了新疆生产建设兵团的奋战历程。

一手抓枪杆，一手抓锄头，是党中央赋予新疆生产建设兵团的光荣使命。当秦玉萱带领全营进入新疆时，眼前还是一望无际的沙漠和戈壁滩，气候极端恶劣，十几级大风甚至能够把火车吹翻，当地居民过着贫穷落后的游牧生活。在秦玉萱和战友们的努力下，新疆发生了天翻地覆的变化，曾经的荒漠化作良田，兰新铁路、吐鲁番火车站相继落成，人民的生活今非昔比。

转战天山南北 30 年，新疆成为秦玉萱的第二故乡，他在这里收获了爱情，也拥有了美满的家庭，祖国的发展变化很好地在他身上体现出来。

## 一套礼服，一份荣耀

这一套蓝底黄边的礼服，秦玉萱只穿过 3 次，却小心珍藏了 60 多年。

1955 年，刚刚迈过而立之年的秦玉萱，在入伍的第 16 个年头穿上少校礼服，参加了具有历史意义的授衔仪式。当时，中央特地派人前往新疆，为他和战友们量身定做礼服。两年后的十一国庆，他再次穿上这套礼服，见证了新中国第九次阅兵式。1958 年，为庆祝五一劳动节暨人民英雄纪念碑落成，秦玉萱第三次身着戎装，在中南海接受毛泽东主席的接见。

从粗布衣到灰军装，再到这套珍贵的少校礼服，衣着的变化是秦玉萱走上革命道路，并逐渐成长为坚定的无产阶级革命者的生动写照。这套礼服也成为他戎马生涯的最好纪念。

## 历尽千帆，初心不改

1977 年，52 岁的秦玉萱从部队转业，来到北京广播学院（今中国传媒大学）工作。在保卫处处长的岗位上，他兢兢业业，为学校的安全保驾护航。

军旅生涯的痕迹深深融入了秦玉萱的血液。离休后，他一如既往，生活作息十分规律，每天都要翻阅报纸，学习政策方针，了解国家大事。每到建党节、建军节、国庆节及抗战胜利纪念日等重要日子，秦玉萱都会与年轻人分享那个年代的故事。如今，他已是耄耋之年，聊起过往，依然精神饱满、激情昂扬："1939 年到 2019 年，我参军已经整整 80 年了。从入伍那天起，我就紧跟共产党，再苦再难，我们都胜利地走过来了。""我现在生活得很幸福，这离不开党和学校的关怀，我总想着为国家再做点什么……"

80 年间，秦玉萱见证并亲身参与了祖国的发展变迁。如今，他依旧初心不改：作为一名八路军战士，看到当年的理想一步步成为现实，他光荣而自豪。时光流逝，当年英气勃发的战士已经白发苍苍，曾经的历史情节或许会慢慢模糊，但他胸腔里燃烧着的爱国热情永远不会熄灭，肩上担负着的兴国责任永远不会卸下。

# 忆峥嵘岁月
## ——记中国政法大学退休教师王甫廷

采访人：中国政法大学刑事司法学院　吴秋爽　陈诺　周文轩
执笔人：中国政法大学刑事司法学院　陈诺

初见王甫廷老先生，这位朱颜鹤发、精神矍铄，温和而又儒雅的长者便和我脑海中那个老党员、老军人、老师的形象重合在了一起。今年虚岁 80 的他，没有一丝的老态龙钟。简单的寒暄几句后，他和善地笑笑，开始回忆起他之前走过的人生路。

## 投笔从戎，光荣入党

王甫廷老师出生在离昌平县城 40 里地的一座大山里。王老年少时家境拮据，来往县城不便，读书时吃了不少苦。但是王老并未因此停止求学的脚

110

步，正所谓"以中有足乐者，不知口体之奉不若人也"。

1962年，蒋介石叫嚣"反攻大陆"，空气中的火药味浓烈起来。当时在昌平一中读高中的王老，正是热血青年。不久，周恩来总理《告全国同胞书》发表，呼吁广大的爱国青年响应号召，投笔从戎，报效祖国。"捐躯赴国难，视死忽如归。"当时一腔少年激情的王甫廷老师便暂弃学业，应征入伍，开启了自己的军旅生涯。

1963年，全国上下轰轰烈烈地开展学雷锋运动。毛主席号召大家向雷锋同志学习，无私奉献，服务人民。王甫廷老师凭借自己的文化基础优势，靠着认真学习的劲头，成为学雷锋积极分子，并被组织推选成为党员。他说，知识文化对人生的重要性是不可替代的。

## 临危受命，马兰花开

马兰，一种在"死亡之海"罗布泊大漠中仍能扎根绽放的野花。坐落在罗布泊东边的核试验基地，就是以这种野花来命名的。平沙莽莽黄入天，王甫廷老师至今仍能记起自己当初刚下车时所见之处的荒凉。

1969年，王甫廷老师同七十余名干事被秘密送上专车。经历一路的忐忑不安和舟车劳顿之后，他们才得知即将参与国家核试验的相关工作，南疆的漫天黄沙无法掩盖他们脸上的激动和兴奋。肆虐的风沙能够改变戈壁滩的地貌，但是不能撼动共产党员的信念与理想。王甫廷老师和战友们义无反顾地走上了这条艰苦却无名的道路。

抵达马兰基地，艰苦的生活条件随之而来。漫天的黄沙缭绕，昼夜温差极大，各种铁皮罐头构成了他们的一日三餐——因为这是沙漠最容易保存的食物。沙漠条件艰苦，几乎没有一点新鲜蔬菜；气候的极度干旱导致了生活用水的匮乏，仅有的水源也呈强碱性。"用那种水洗头，就像用洗衣粉。"王老淡淡地说着，仿佛这些艰苦岁月波澜不起、平淡无奇。

和艰苦的生活条件比起来，更令人恐惧的就是危险的实验过程。对于王甫廷老师等坦克兵来讲，组织这次核试验的目的就是看原子弹、氢弹对坦克的杀伤半径。他们每隔 400 米布置一辆坦克，一直布置了几十公里，坦克下面就是人用来隐蔽躲避核攻击的地下掩体，人在稍远处，近处是用来实验的猴子和狗。而一旦出现意外，王甫廷老师等人的任务就是阻止危险事态的扩大。此外，他们还需要观测核爆炸所产生的冲击波、光辐射对坦克的杀伤力以及伽马射线对生物的杀伤力。当时，上级给王甫廷老师和他的战友们下发了一种测试辐射的钢笔，一旦靠近爆炸区就会响起警报，警报响起时他们就应该及时撤退。但是当警报响起，王甫廷老师和战友们仍然坚持测量完实验相关数据，再进入坦克下方的掩体。他说，当时顾及不了那么多了，光是爆炸成功、收集到相关数据就足以让他们欣喜若狂了。

当王甫廷老师被问到，原子弹到氢弹，美国用了 7 年，苏联用了 4 年，而我国只用了不到 3 年的时间，是什么力量指引着我国的科研工作者创造出了这样的奇迹？王甫廷老师毫不犹豫地说道，是对祖国不掺杂质的热爱与忠诚。他提到了"两弹一星"元勋钱学森先生。钱学森先生放弃美国安逸的环境，费尽心思、历经周折也要回到祖国工作，不就是满怀对祖国的热爱吗？

几千年的沧海桑田，无非是一瞬间的斗转星移。山河无恙，多少像王老一样隐姓埋名的中华儿女如同首都西北绵延不绝的长城，共同架起了中华人民共和国的脊梁。


## 但行好事，莫问前程


王甫廷老师认为毛主席的那句话是他终生的座右铭——一个人做点好事并不难，难的是一辈子做好事。正所谓但行好事，莫问前程。

他家中珍藏着许多奖状、证书，但他并不轻易示人，甚至有些连儿女也不知情。他笑着说："这些可不是个人功利呀，这其实也不能算得上荣誉，这只代表我实实在在做过了这些事，也算是对自己的交代吧。"

王甫廷老师来到中国政法大学之后，曾受到多次表彰，但是在王老看来，有一张奖状（第四届首都民族团结进步模范奖）意义非凡——王甫廷老师数年如一日地持续关心少数民族同学和经济有困难的同学。每当新年之时，他就接不能回家的学生来自己家中吃饺子、过年。爆竹声中，辞旧迎新，王老用自己的行动温暖着每一个不能回家的同学，让他们在中式的乡愁中找到了自己的归宿。

王甫廷老师认为，这就是一个共产党员应该肩负的责任。共产党员本身就是一种荣誉，所谓恨斗私心一闪念，共产党员就不能去做违法的事。他认为，共产党员要是为了自己的名利做事情，就会埋下犯罪的种子。只有无私奉献，才配得上共产党员的称号。

最后，王甫廷老师以自己写的一首诗词结束了我们的采访："我的人生，像水一样，以不变应万变，迎来一个又一个的考验。几十年来，牢记党的宗旨，不忘人民的信念。在部队当好兵，在高校带好学生，在基层带好头，才能有愉快健康的人生。"

# 大公至正　无愧一生坚韧

## ——北京师范大学刑事法律科学研究院高铭暄教授采访记

**受访人简介：**

高铭暄，男，浙江省台州市玉环县人。1951年从北京大学法律系（本科）毕业，1953年从中国人民大学法律系刑法研究生班毕业，现任北京师范大学刑事法律科学研究院名誉院长、博士研究生导师、中国人民大学法学院荣誉一级教授，兼任国家教育考试指导委员会委员、中国法学会学术委员会荣誉委员、中国法学会刑法学研究会名誉会长、国际刑法学协会名誉副主席暨中国分会名誉主席。

高铭暄是当代中国著名法学家和法学教育家，新中国刑法学的主要奠基者和开拓者，中国国际刑法研究开创者，中国刑法学专业第一位博士研究生导师。高铭暄教授与武汉大学人文社科资深教授马克昌教授被合称为中国刑法学界"北高南马"。

指导教师：北京师范大学关工委　刘咏梅

采访人、执笔人：北京师范大学法学院2018级硕士研究生　黄侃

"我们曾如此渴望命运的波澜，到最后才发现，人生最曼妙的风景，竟是内心的淡定与从容。"在访谈中，这种闲适自在，在高铭暄的身上得到了充分诠释。

如果不是亲眼所见，很难想象在长达两个半小时的讲述中，一位头发眉毛都已花白的91岁高龄老人，还能如此精神矍铄，甚至连身前的茶水都没有端起来喝过。而在他密密麻麻的笔记本记录上，全是日常的行程规划和安排。当我们询问到他能数十年始终如一热爱刑法事业的原因时，他铿锵有力地回答道："要把中国的刑法搞上去，跻身于世界民族之林。"

## 初入公法之门

当被问起为何选择刑法作为毕生奋斗的事业时，高先生清晰地回忆道，受到父亲是法官的影响，间接促进了自己学习法律的热情，也正是因为对法律有"感觉"，所以当初在读高中的时候便立志要学习法律。在当时分别招生的高考环境下，1947年，高铭暄选择进入浙江大学法律系学习。也正是那时的大学生涯，最终奠定了高铭暄进入刑法这扇"苦众生之苦，哀众生之哀"的大门的基础。所谓无巧不成书，高铭暄的恩师李浩培，当时作为以国际法著称的学者，却开讲了他人生的第一次刑法课程，而正是这次的刑法课程让高铭暄对刑法产生了巨大的兴趣，从此正式迈进"罪刑法定"的大门。1951年，高铭暄进入中国人民大学的刑法研究室就读研究生，这段学习经历将他逐步锻造成一个"工匠刑法人"。

# 二十五载时光换一纸芳华

1954 年 9 月，中华人民共和国第一部《宪法》刚刚通过。出于打击犯罪、保障国家和公共安全的需要，《刑法》的起草工作也早早被提上日程。

1954 年 10 月，高铭暄匆匆停下手头的教学工作，来到了当时的《刑法》起草小组办公。在这 20 多人的起草小组中，高铭暄是唯一真正出身刑法专业科班的，其他人虽都是各个部门的工作好手，可是却没有相关的立法经验，这让初出茅庐的高铭暄顿时感觉重任在肩。

"吾生也有涯，而知也无涯。"立法工作严苛，高铭暄一直在和有限的时间赛跑。每天早上 8 点，高铭暄都会准时来到办公室收集各种立法资料。在堆书成塔的资料里，每天低眉念法，把写尽的笔墨修了又改，这似乎成了高铭暄每天乐此不疲的工作，而书页也在时间的徜徉中一笔一画变得厚重起来。

在高强度工作几个月以后，《中华人民共和国刑法（草案）》的第一稿初步完成。1957 年 6 月，几经修改后，起草小组拿出了送审的第二十二稿。

眼看着经过 3 年的努力，他心中神圣的法律就要诞生，然而，新中国第一部刑法典的命运却随着政治环境的变化而变得多舛起来。直至 1978 年 10 月，高铭暄第三次进入重新成立的《刑法》草案修订组。而此时，当年那个 26 岁的小伙子已经成为两鬓零星添白的知天命之人。

可能岁月终究会青睐努力的人，历经 5 稿之后，在新中国成立 30 周年之际，1979 年 7 月 1 日下午 4 点，这个半生信仰在法律的学者，抬起自己坚实的手腕，记住了这个让他铭记一生的时刻。当时，他站在人民大会堂三楼，楼下会场因表决通过《刑法》草案而传来的掌声让他有了种难以言明的真实感。

"泱泱大国自此拥有了属于自己的刑事法典，刑事诉讼活动终于有法可依了。"颤巍之声从他的嘴边溢出。在此之前，在高铭暄的记忆中，犯罪案件的裁判，"绝大多数根据政策精神来判"。

"汤的味道越熬越浓，人的力量越熬越强。"一部刑法典的制定历经 25

年，已然耗去高铭暄人生的四分之一，可也将他熬成了唯一一位自始至终参与刑法典创制的学者。

往后的几十年，无论是1997年《刑法》出台，还是对各个《刑法》修正案的讨论，高铭暄都亲自参与见证。

## 老骥伏枥，鞠躬尽瘁

即使如今的高铭暄被世人尊为当代刑法学泰斗、著名法学家，但他最珍视、最喜欢的还是那三尺讲台。作为一名教书先生他可以尽情挥洒泼墨，践行他天下为公的寄托。"我选择了教书育人，就矢志不渝。"高铭暄略带笑意地说。

"锲而舍之，朽木不折；锲而不舍，金石可镂。"除了"文化大革命"时期，高铭暄从未远离教研岗位，教书育人成为他一直履行的使命。为了更好地教书育人，高铭暄借鉴自己在北京大学医学院工作时期看到的医学科研中所采取的文献综述方式，结合刑法学特点，改良文献综述的做法，最终成功在他的研究生课堂上践行，并迅速得到其他导师的推广。

"我年岁已大，但心不老，愿意继续工作。"在高铭暄心中仍壮志满怀，"只要我们的国家富强，有影响力，有吸引力，刑法学就会做大做强，不会矮人一截"。是啊，中国从古至今所办的刑事案件比国外任何一个国家都多，不用总是跟在别人后面亦步亦趋，刑法学应该成为一门显学！

回顾往昔，高铭暄接触法学已70多个年头，大大小小的点滴回顾并非仅是他个人的情感，还包含对新中国成立以来社会主义法治事业的全部热忱。"在这个光怪陆离的人间，没有谁可以将日子过得行云流水。"那些历经困境劫难仍初心不改的可爱的人们，在每一个起舞的日子里会变得更加生动和干净。和年轻人打了一辈子交道的高铭暄在谈到对在座年轻法律人的寄语时，郑重说出了自己的人生总结："不懈怠，不后悔。"

# 万里云天万里路　一重山水一重天

## ——北京中医药大学中医学院王琦教授采访记

受访人简介：

　　　　他是一位著名中医学家，也是一位成果丰硕的科学家。他首次发现并证实中国人的9种体质，编制我国第一部中医体质判定标准，率先进行大规模体质分类调查，创建了中医体质学这一新型学科。他创立的体质辨识法，第一次进入国家公共卫生服务规范，走进千家万户，惠及亿万民众。他，就是中医体质学创始人、北京中医药大学终身教授、国医大师王琦。

采访人、执笔人：北京中医药大学中医学院　　孙灵芝

北京中医药大学中医学院 2016 级本科生　　徐煌钰

　　"我们愿与您共同度过生命中的风寒暑湿热，与您共同创造——阳虚的温暖 / 阴虚的水源，气虚的强壮 / 血瘀的通畅，痰湿的清爽 / 湿热的畅扬，气郁的豁达 / 特禀的阳光，寄托平和的希望！"这是教师节时，学生们送给王琦教授的一首诗。诗里出现的"阳虚、阴虚、气虚"等字眼，正是王琦教授用来描述体质分类的名词术语。

## 立言开新，万里云天万里路

　　1976 年，中医经典《黄帝内经》中"阴阳二十五人"的描述吸引了年轻的王琦，他敏锐地意识到这里存在一个学术空白点，后来在读研究生时打定主意以中医体质学说作为自己的毕业论文。然而，由于发前人所未发，一

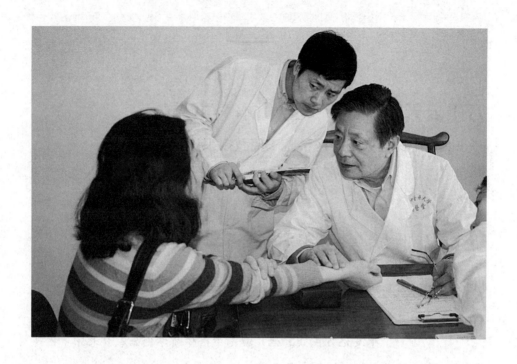

开始他就面临很多质疑。但从那时起，执拗的王琦不顾外界太多嘈杂的声音，依然坚持一路走下去。

在40多年的时间里，他一步一个脚印，开创了中医体质学，以2万多例流行病学调查数据为依据，把人的体质分为9种类型，根据体质差异进行个体化诊疗和医学干预，并将其确立为中医理论体系中一门独立的学说，成为国家中医药管理局重点学科、教育部批准高校自主设置的目录外二级学科。

## 大医精诚，一重山水一重天

"新疆来的一个小伙子请求加号，他说为了等我看病花了四天四夜。我心里很难受，眼泪就下来了，我们做医生的若不能给他看好病，那就对不起他。"这泪水里，折射着医者仁心发出的光亮。

王琦不断地去思考如何能够维护更多人的健康，他想将当代人群健康需求与中医体质学结合，"告诉老百姓，他们是什么体质、应该怎么管理身体，才能达到少生病的目的"。2005 年，王琦带领团队开发出《中医体质量表》；2013 年，王琦团队的中医体质辨识与健康管理被纳入国家基本公共卫生服务项目。如今，《中医体质量表》已被翻译成多种语言，使中医体质学原创成果实现了国际共享。

提及中医体质学的皇皇成绩，王琦教授感慨道："这就是说，我们中医体质学能够在现代健康管理水平上做出新的科学评测，也体现了新时代中医走进世界文化与文明的大格局。"

## 赤子初心，无限风光在险峰

杏林圣手王琦，也是中国医学走出国门的杰出代表。2016 年，在联合国总部会议中心，王琦代表中国中医界，宣读了中医长城宣言，让全世界都侧耳倾听中医的声音。

"大医精诚""赤子初心"，正是王琦教授一生的写照。"无限风光在险峰"，是他的追求和愿景。他这样教育青年中医学者："把自己永远当作一个求学者，为了中医学能够更好地造福更多的苍生，永远不懈地埋首耕耘。"

# 芒鞋不踏名利场　心不自缚与舟同
## ——记北京大学国际关系学院黄宗良教授

**受访人简介：**

黄宗良，男，1940 年生，广东潮州人。1960 年考入北京大学政治学系，北京大学国际关系学院教授，博士生导师。曾任北大国际关系学院世界社会主义研究所所长、北京大学社会科学学部副主任，北京大学俄罗斯研究中心常务副主任，中国东欧中亚学会常务理事，中国国际共产主义史学会副会长。曾为中共中央政治局集体学习讲解党的执政能力建设问题。

作　者：北京大学新闻与传播学院　白金星

伴随着战火硝烟出生，一出生就面临着饿肚子，眼前这位白发苍苍但精神矍铄的老人就是北京大学国际关系学院教授黄宗良。回忆过往，这位老人是这样满怀感恩，他说自己非常感谢那段岁月——与新中国共同成长的岁月，正是这些经历为自己理性地认识党性、理解社会主义奠定了坚实的基础。回顾自己研究政治学的一个甲子，他无怨无悔，他说："我 1960 年来到北大，2020 年就是到北大 60 年了。我进入政治学系以来，就再也没有离开过社会主义政治研究这个主题，60 年一甲子，可以说一辈子交给它了，确也无悔。"

新中国成立前的岁月，黄宗良回忆起来，印象最深的就是"饿肚子"。我们在政治和历史学习中常常学到那个时代中国的地主阶级对农民的剥削。黄老师亲身见证了这段历史，他小时候跟着大人去给地主交过地租。那时候，大家都吃不饱，甚至常常有弃婴。黄老师告诉我们，中国共产党为什么要推翻旧社会？因为在旧社会，广大工农群众生活在水深火热中，牛马不如，经历了就知道这么说不夸张。

1949 年中华人民共和国成立之时，黄宗良刚好 9 岁，他至今仍记得他们手举着纸做的小彩旗，跳着花鼓舞去韩江迎接南下的解放军。后来经历了土改，黄老师也分到了 8.8 分地。到了 10 岁，他参加抗美援朝游行，在割完的水稻干地里搭棚开全区大会，会上年幼的他学到了一个成语叫"唇亡齿寒"。再后来，他离开农村去汕头市上小学和初中。父亲也跟着他去了城市，组织起几十个人的合作社，做竹子编筐的手工业。进入高中，他们在汕头一中的操场上架起了高炉炼钢铁，大家挑灯夜战，夜里就睡在高炉旁。新中国成立初期的这些重大事件——土改、抗美援朝、三大改造、大炼钢铁，他都亲身参与了，这段经历对他后来的社会主义政治研究很有帮助。

1960年，20岁的黄宗良背着十几斤的棉被子，坐了几天的车从广东来到北京，进入北京大学政治学系。大学阶段，主要是他学习理论打基础的时期。虽然"纸上得来终觉浅"，但理论学习对黄老师的一生来说还是有着重要意义。他认真学习了艾思奇的哲学教材、于光远等主编的《政治经济学·资本主义部分》，还反复认真学习了《毛泽东选集》和《列宁选集》。1965年毕业后，他被分配留校任教。

　　20世纪70年代末中国开始改革开放，已近40岁的黄老师的研究和思考也进一步拓展。在教学和研究的过程中，他一直关注社会主义研究的重点、难点、热点是什么，也一直在思考苏联的模式与历史究竟应作何评判。50多岁时，苏联解体，对黄宗良来说，这真是一件意料之外的大事。那个时期，他相继到访苏联和东欧。此次游学归国之后，黄宗良开始将自己对于社会主义政治体制的思考写成系统性文章。60岁的时候，黄老师的观点比较定型了。1998年，外交部原副部长宫达非找国内研究苏联问题的专家，编写了《中国著名学者：苏联剧变新探》一书，里面黄老师写了一篇长文章，就是《苏联政治体制与苏联剧变》。后来他又陆续写作了《教条主义与苏联的解体》《共产党执政规律的历史启示》以及《一个主义，两种模式——从毛泽东到邓小平中国社会主义的飞跃》等文章，都是他将理论和中国实际结合进行社会主义政治研究的代表作。2004年6月29日下午，在中国共产党成立83周年前夕，中共中央政治局就加强党的执政能力建设问题进行集体学习，邀请黄老师走进中南海和国家领导人共同探讨这个问题。

　　回顾自己的研究历程，黄老师认为，光读书不走路，没有亲身经历，没有所闻所见，那就基本上停留在书本上，就是书生。他坚信读万卷书，行万里路，一定要把理论跟实际联系在一起去思考，这样才能真正搞明白研究的东西。

　　回首过往，黄宗良坦言，作为时代进程的亲历者，他见证了求索行程中的艰难坎坷，也见证了一路走来的辉煌成就。70年来，一代代共产党人正是在波澜壮阔的伟大实践和探索中，对社会主义的认识一步步加深并趋向接近真谛。正因如此，今天的中国才从未如此接近民族复兴之梦。正如习近平总书记所说，改革开放已走过千山万水，但仍须跋山涉水。

　　未来的复兴征程上，我们还会遇到不少困难，但是只要我们继承70年的宝贵经验，就一定能夺取伟大的胜利。

　　黄宗良很喜欢苏东坡的几句诗："芒鞋不踏利名场，一叶轻舟寄渺茫。"他认为，北大的传统就是忧国忧民，就是家国情怀，就是淡泊个人名利去追求真理，"芒鞋不踏利名场"，这才是北大人应该做的事；后一句，"一叶轻舟寄渺茫"，在黄老师的理解中，不是说四处漂泊之意，而是说人的思想应该像系的轻舟一样，海阔天空任自由。正如韦应物的一句诗："为报洛桥游宦侣，扁舟不系与心同。"扁舟不系，也不随风飘荡，而是在茫茫大海上探索航程。我在这里反其意而加用之："心不自缚与舟同"，不要因求名利而"作茧自缚"。思想自由，兼容并包，这也是北大的优良传统。

　　黄老师一直关注关心下一代工作，他担任北京大学关心下一代专家委员会委员，多次与青年学子座谈交流，一直心系青年的发展。他勉励我们，站在今天看世界，我们这个时代是英雄大有用武之地的时代，许多问题亟待回答和解决，我们所从事的事业——中国特色社会主义事业，是我们可以以身相许的、伟大的、崇高的事业。希望我们的年青一代，能够"芒鞋不踏利名场"，"心不自缚与舟同"，为中华民族的伟大复兴、为人类解放事业作出贡献。

# 躬耕教育六十载　问道建国七十年
## ——访清华大学林泰教授

**采访人、执笔人**：清华大学马克思主义学院博士研究生182党支部　魏丽

　　不论是颠沛流离，还是曲折离奇，老人们的迁徙史就是一部流动、鲜活

的中华人民共和国发展史。林泰教授祖籍福建，生于北京，在面对青年学生回忆起岁月尘封里的苦难和欢愉时，他有藏不住的感慨和希望。听着林泰教授对人生过往中闪光的人和事如数家珍、娓娓道来，仿佛一张波澜壮阔的新中国成长图卷在我们眼前徐徐展开。

## 一切贫穷和苦难，都将是人生的财富

出身于福建省封建大家庭的林泰教授，也没能在飘零的时代浪潮中逃脱家道中落的命运。5 岁多的小林泰，住在北京灵境胡同，目睹了日军入侵北平。日军高头大马地在北平街道上横行霸道，碾压了他幼小的心灵。不仅如此，幼年的他还得了胸骨结核病，1940 年脓包破裂，全身被脓浸流，大夫甚至劝其父母放弃治疗。此后，林泰一家迁居天津，林泰在一位犹太医生的诊治下被治愈，但至今在胸口处依然留下了一个偌大的伤疤。

在风雨飘摇的战争年代，当时的林泰虽然年龄很小，却已有强烈的求知欲，以及对国家前途命运的关切。林泰和他的哥哥在上小学的路上，谈起"中国会亡国吗"这样的问题，他就从内心涌起忧虑国家命运的情感。在腐败猖獗、治安混乱的国民党统治时期，虽然林泰的家庭也像一般中产家庭一样经历物价暴涨、买不起米面的窘境，但他依然潜心学习。经过自学和补课，林泰考入清华大学建筑系，还未毕业就被抽调去做第二批政治辅导员，自此开始了六十余年在思政教育领域的深耕求索。本以为与清华的结缘就是一段平稳生活的起点，但"文化大革命"就像一场暴风雨打破了林泰原有生活的平静。即便是在这样艰难的境遇里，林泰依然保持着乐观积极的生活态度。当他讲述起这一段故事，没有咬牙切齿，反而云淡风轻，甚至回忆里更多的竟是灰色岁月里的点滴趣事。仿佛苦难和不幸从来只是生活的点缀，而积极和进取才是生活的主旋律。

## 孰料初识共产党，竟是思想进步的起点

与当今青年党员的入党历程不同，林泰萌生共产主义信仰，加入中国共产党的故事多了更多偶然的色彩。他坦言，自己并不是天然的共产主义信仰者，在中学时期亲历了国民党统治下的社会动荡，警察犹如劫犯，亲人游行被打，此时的他对于政治并不怎么关心，思想也不够先进。直到有一天，共产党的部队出现在自家胡同里，他们即使夜宿街头也绝不扰民，不拿群众一针一线，新中国成立只一年多就稳定了物价，连林父林母这样的老人也对共产党十分信服。在学校里，优秀党员积极引领他参加各种政治活动，这让他有了加入党组织的强大动力。虽然因为身体的原因，成绩优异的林泰未能如愿参军，但他在听党课、长见识的过程中逐渐提高了觉悟。1950年9月，林泰终于成为一名光荣的共产党员。即便后期遭遇挫折，他仍在坚定信仰的道路上稳步向前。作为与中华人民共和国同龄的老党员，回顾起自己加入党

组织之初的心情，他仍然十分难忘、十分欣喜。用他自己的话说："与共产党的相识，就是我思想进步的起点。"

## 想要教育青年人，就要和青年人在一起

从"红色工程师"到思政课教师，林泰的人生转向也映射了清华人文社科学科茁壮成长的历程和我国高校思想政治教育从无到有、做专做强的历程。作为清华人文社科学科的开拓者之一，他在思政教育这个领域一干就是 60 多年。他开设了"社会思潮与青年教育"课程，总结多年来对社会思潮与青年教育的研究成果，出版了《问道：改革开放以来的社会思潮与青年思想政治教育研究》《社会思潮理论前沿求索》《唯物史观通论》等书。退休后，林教授依然孜孜不倦地在思政领域继续耕耘，给学生讲党课，参加学生课余面对面活动等。说起他对思政教育的认识以及他对社会思潮的理解，他自信笃定、侃侃而谈，一位资深研究者与深情教育者的形象与风骨愈发凸显。讲到有幸参与习近平总书记主持召开的学校思想政治理论课教师座谈会，并作为年龄最长的教师代表最先发言的经历时，林泰显得兴奋不已。座谈会后，在与习近平总书记握手交流时，总书记亲切地问他："身体还好吗？"他中气十足地回答道："多与青年学生接触，对身体有好处。"这正是林泰这些年坚持从事思政教育，坚持与青年人为伴的心得体会和生活写照。

古语云："道阻且长，行则将至。"与林泰老师的这次对话，让我们青年学子更明白了"问道"的含义——人生就是在不断的叩问和求索中找到正确前进道路的。林泰老师的"问道"之路，也是教育者的良心之路和中华人民共和国的成长之路。站在改革开放 40 周年和新中国成立 70 周年的新起点上，我们要谨记习近平总书记"船到中流浪更急、人到半山路更陡"的提醒，继续为坚持和发展中国特色社会主义矢志奋斗，上下求索！

# 赤子之心　家国情怀

## ——访北京语言大学石定果教授

**受访人简介：**

　　石定果，北京语言大学教授，研究方向为汉语史、文字学。曾任第十一、第十二届北京市人大代表，第十二届全国政协委员。

　　在北语，石定果老师的课是最受欢迎的课程之一。她的课虽然专业性很强，但是听者不觉枯燥，反觉收获满满。她旁征博引，底蕴深厚，关注现实，鼓励后辈。每次她的课都是座无虚席，很多不是本专业甚至外校的学生也都慕名前来。她的研究专业是语言学，并且学养深厚，特别是以社会现实为关注点和出发点，关注时事，引导学生关心社会。石定果老师是北京市人大代表和全国政协委员，是一位有着浓厚家国情怀和文化使命感的学者、教师。

**作　者：**北京语言大学学生记者　冯睿娜

## 梦想初心，坚守一生

　　从儿时看过的一部苏联电影《乡村女教师》开始，教师这一职业理想就在石定果老师心里播下了种子；出了多位大学教授的教师世家和无数恩师的熏陶不断浇灌着她心中最初的理想。

　　1964 年，石老师考入北京大学中文系学习，师承王力先生、朱德熙先生等著名学者。一代名师的渊博学识令石定果老师记忆深刻，也成为她的楷模。她依然清晰记得每隔两周的答疑课程：在一间较大的宿舍里，先生们两手空空而来，却应答如流、滔滔不绝。在武汉大学、北京师范大学求学期间，石定果老师又受到著名语言学家黄焯、陆宗达、许嘉璐、王宁先生的指教。此外，家人也对石老师有深刻影响。石定果和舅舅钱锺书先生、舅母杨绛先生感情深厚。钱锺书夫妇淡泊名利，潜心读书向学，从不羡慕外在的名利繁华，经常捐献稿费奖励学生却从不具名。在耳濡目染中，石定果老师继承了家族中的学者气质。在她的学术、教师生涯中，她不断丰富内涵，以渊博的学识培养青年学子。

博览群书、博闻强记使石定果老师的课程知识量、信息量极大。她读书不辍，坚持每天读书和看报，几十年如一日，坚持夏日四点半起床，冬日五点半起床，进行大量阅读。给同学上课，她"讲《淮阴侯列传》，可以从韩信、刘邦之间的恩怨纠葛，讲到第二次世界大战、讲到祁连山和单于的皇后阏氏、讲到我国的军校建立史、讲到非洲国家安格拉的独立、讲到马致远和门头沟、讲到贾岛和房山、讲到小篆和《说文解字》、讲到中国地名沿革，你实在不知道这个老师知道多少东西，你只能时时为她所呈现出来的才学而喟叹"（摘自黄雪嫚：《鹤发银丝映日月，丹心热血沃新花——记石定果老师》）。她深为自己国家的民族历史文化而骄傲。通过她的讲述，历史中的人物、事件不再仅仅是书中的文字，她让课堂变得鲜活，有温度、有厚度，而这一切都来自她的初衷：希望学生们自觉传承历史文化，讲好中国故事，弘扬中华传统文化。她的课程总是使学生们都感到收获满满。

她说，一个教师，要热爱自己的专业，要有激情，要热爱学生，要负责任。父母把自己的孩子送到这里，这就是学校最大的成就，中国要做人力资源大国，不是简单的人力大国，要把孩子们变成国家的资源。希望学生们珍惜机会，尽可能在年轻的时候打好基础，厚积薄发。

## 投身汉语国际教育事业

汉语国际教育是北京语言大学的主要课程任务。来到北语工作后，石定果老师积极参与创办对外汉语专业，为这门专业的建设和完善付出无数心血。她回忆，当时只有 4 个大学设置这个专业，全国只有对外汉语和核物理是控制设点专业，十分金贵。而在 4 个大学中，北语的课程是最好的，我们是最规范的搞对外汉语教学的学校。当时的培养方案还是五年制，我们语文系甚至有自己的外语教研室，专门给学生们单开外语课，有针对性地学习阿拉伯语、法语等小语种，学生们还会到阿拉伯国家去实习。后来，对外汉语专业逐步在各学校放开。厦门大学、首都师范大学、华南师范大学等多所学校的留学生教学都是由北语毕业的本科生们开辟的。

石老师对对外汉语专业的同学们予以谆谆教导，告诫青年学子不要只做一个教书匠，要提高个人修养，传播中华文化，利用好北语这个巨大的语言实验室，做一些针对各个学习群体的调查研究，为职业发展做好积淀。

## 致力研究汉语和中华文化

石老师是汉语史、文字学的优秀学者，推动了语言研究和汉语国际教育事业的蓬勃发展。这起源于石老师 1975 年的一个经历。当时，在周恩来总理的号召下，国家要编纂一部能够代表一部分国家文化特点的大型文化工具书，展示那一时期的文化建设成果。作为编纂者的一员，石老师为能参与这个一生都很难碰得到的庞大文化建设项目而感到幸运。在信息化不发达、没有电脑、庞大的数据完全靠人工构建的年代，这是个卷帙浩繁的巨大工程。要首先阅读文献，然后分类制作卡片。从古到今的著名典籍都需要做成各种各样的卡片，任务之艰巨可想而知。这一工作要求编纂者阅读文献捕捉知识点的能力、逻辑思维能力都要很强，工作人员经过不断琢磨才得以完成。编纂文献时，一点一滴的基础积累、扎实的功夫也促进了石老师专业能力的提升，养成了她比较清晰的专业思路，使她成为一名文献语言学的专业教师。

在汉语史、汉字学方面的研究造诣，使石老师对汉字在传承与发扬中华文明方面的重要作用有深刻理解。她谈到，汉字有两个唯一性，其一，汉字是唯一的古文字沿用至今的；其二，汉字是唯一的自源文字。这说明它是适应汉语和中国文化的存在，能够生存和发展，是我们研究汉语非常重要的一个依托。我们曾经走过弯路，舍弃了汉字，专门研究汉语语音、汉语词汇、汉语语法，特别对外汉语教学有一段时间特意回避汉字，就只讲词，但是发现走不通。汉字研究对对外汉语教学思路调整产生的影响是她一直特别关注的领域。

## 关注社会民生，履行使命责任

石老师常讲，知识分子要有情怀，有担当。作为北京市人大代表、全国政协委员，除了关注着本专业语言学的发展，她的视野还扩大至教育事业发展、社会民生等方方面面。她到基层了解情况，研究提案，经常在各种会议场合提出自己的建议。出于对语言学的深刻理解，她曾提出让语言学成为一级学科。她认为，文学、语言应该是并重的，语言学变成一级学科才好做下面的工作。培养语言研究、语言教育人才，它是和文学不一样的，要单独培养。2012年全国"两会"，她在教育部部长陈宝生参加教育界教育委员全体大会的时候谈到，用什么讲好中国故事？是要通过语言文字来讲好中国故事。石老师还谈到了汉字的特殊性、语言文字作为一个学科的科学性和语言文字编码对信息安全的重要性。"风声雨声读书声声声入耳，家事国事天下事事事关心"，对于国家前途、百姓命运的深刻关心，以及知识分子的使命感督促着石老师提出和多个领域相关的多个民生议案。

鹤发银丝映日月，丹心热血沃新花。石定果老师始终葆有着知识分子的家国情怀，把一颗赤子之心，扑在教育事业和服务社会上。她说，知识分子要关心国家命运前途的发展，她是一个共产党员，也受传统文化熏陶，要为人民做实事，回报社会。

# 矢志合金路　科研报国心

## ——记北京科技大学谢锡善教授

作　者：北京科技大学　姚志浩　苑惠婷　王景地

新中国成立不久，国家百废待兴，正值国家号召青年学习重工业之际，17 岁的谢锡善放弃了原本喜欢的化工专业，选择了北京钢铁学院就读重工业专业。满井苍苍，熔基锻梁。谢锡善教授与高温合金的这场战役，自此拉开了帷幕。六十载克勤业广，年华无悔付寒窗；四十年呕心治教，师韵若兰吐芬芳。

谢老的命运可谓始终与国家发展相连，每一段求学经历都有着深深的时代烙印。他始终将国家使命作为己任，勇于承担起国家与民族的使命，挺起中国制造的民族脊梁。在与铁素体型和奥氏体型耐热钢等国外高温材料的接触中，谢锡善教授内心一直回荡着一个声音，就是要研发出中国自己的合金，要具有中国自主知识产权，要实现"高温材料中国梦"。

1956 年的夏天，大学毕业之时，谢锡善积极响应国家"向科学进军"的号召，作为公派留学生前往捷克，攻读研究生学位。他带着一腔拳拳报国之心，坐上了开往欧洲各社会主义国家的留学生专列。在捷克的五年，谢老一直坚持在实践中学习。为了完成副博士学位论文，谢锡善在布拉格钢铁研究所埋头度过了很长的时间。中国作为一个缺少镍的国家，不少高温作业受到掣肘。在耐热钢的领域，只要研究所允许介入的课题，他都去参加研究工作。因为只有参与，才能获得核心知识。勤奋努力的研究工作，使他在这段时间里收集了不少有关耐热钢的研究报告。没有一次经历会白费，没有一声叹息不会留下回响。回国后，这些研究报告和资料都提供给了上海汽轮机锅炉研究所，供使用参考。而谢老也以优异成绩通过了论文答辩，捷克报刊也对此进行了头版报道。

改革开放前夕，在几位教授的大力支持下，谢锡善教授赴美进行了高温合金方面的专访，进修深造。在这期间，他不仅高质量地完成了课题，还与来自各国的高温合金研究人士有了交流与接触，这为他之后开展高温合金的国际交流做了一定的准备。1980年，他发表在第四届国际高温合金会议的《铁基高温合金中μ相和σ相引起的晶界脆化》论文，更是被评为大会唯一的最佳论文而获国际奖励。在改革开放之初，正是谢老们筚路蓝缕，用一代人的时间，让中华民族重拾伟大复兴的民族自信。在即将结束美国的学习和研究动身回国之时，谢锡善教授两次收到请他留在美国的邀请。对方承诺，会把他的家人都接到美国，会给他提供优厚的科研条件。面对这样巨大的诱惑，谢锡善却仍面容平静，"我还记得一句话，'科学没有国界，但科学家是有祖国的'。我的祖国在等着我回去"。

改革春风吹过中华大地，希望之光照亮历史斑驳的暗影。正是在国家的大力支持下，在要求技术创新的时代背景下，谢锡善教授和他的团队在教学科研中逐步向"高温材料中国梦"靠近。他们完成的多个课题获国家科技进步二等奖、三等奖和国家发明四等奖各一项，获原冶金部及原国家教委科技进步一等奖4项以及其他奖励共计21项。目前，谢老作为第一发明人发明的两个具有中国自主知识产权的专利"一种复合强化22/15铬镍型高强抗蚀奥氏体耐热钢"和"700℃等级超超临界燃煤电站用镍基高温合金及其制备"均已投入冶金工业生产，以备我国高效超超临界和先进超超临界电站使用。他说："再好的产品也应该投入实际应用，若是束之高阁，那也只是'阳春白雪'的点缀。"

目前，我国正是世界上少数几个建立了独立的高温合金材料体系的国家之一。而在数十年前，重工业落后的中国仍离不开苏联的帮助。就在谢锡善捷克学成回国之时，恰逢苏联撕毁与中国的友好条约，不提供给中国用于航空发动机的高温合金材料。为此，他与众高温合金技术专家感到重任在肩，共同进入当时基础相对薄弱的中国高温合金领域奋斗拼搏，他们做到了对国家负责。他们所取得的每个成就，都化作了一种力量，奠定了工业及国防军事工业中所需高温合金材料的根基。改革开放 40 年，谢老见证了中国高温合金材料的崛起，也见证了国家的伟大复兴之路。

除了是一位爱国科研工作者，谢锡善教授更是一名奋斗在教学工作第一线的师者。三尺讲台呕心沥血，种得桃李满誉天下，哺育学生英才辈出。多年来，谢锡善合著出版《高温合金学》《GH132 合金》《物理冶金进展评论》《中国工程硕士专业学位研究》等著作，在中外期刊上发表论文 300 余篇。"师者，所以传道受业解惑也。"这是他一贯的治学作风。谢锡善教授在解惑方面尤其注重对学生的引导，充分发挥学生的积极性，激发学生潜能，因此课堂上的谢锡善教授总会与学生形成高效的互动，百问不烦，为学生积极解答心中的疑问。自 1981 年以来，他指导了硕士研究生 25 名，博士研究生 22名，博士后 5 名。

莫道桑榆晚，为霞尚满天。如今，已过耄耋之年的谢锡善，退而不休，仍在高温合金事业里奋斗着，为培育学生、为科技研发、为促进国际学术交流而奔走忙碌。谢锡善说："我的'高温材料中国梦'尚未实现，只有中国自主知识产权的高温材料得到应用，那才是梦想成真之时。"

情怀筑梦，终身坚守一苇以航；科技强国，一生奉献无怨无悔。耳边隐约传来老人的声音："我们这一辈知识分子，就是想脚踏实地做好一件事，为国家作一点贡献。"

# 话时代精神　铸民族信仰
## ——记北京化工大学生命学院张丽叶教授

**采访人、执笔人**：北京化工大学生命学院本科生生物工程类第二党支部

2018年5月2日，习近平总书记在北京大学师生座谈会上的讲话中指出，爱国，是人世间最深层、最持久的情感，是一个人立德之源、立功之本。作为新时代青年，时值伟大祖国70周年的生日之时，青年的胸中也荡逸着稚嫩和热烈的爱国情怀。一代人有一代人的故事，一代人有一代人的传奇，在生命学院张丽叶老教授的娓娓讲述下，一个伟大而热血的时代在生命学院本科生生物工程类第二党支部的几位学生党员眼前缓缓铺展开来。

说到童年，张老师眼里充满怀念和欣慰之情。当时，党中央刚刚提出第一个五年计划，全国上下都在发展工业、发展经济。那个时候，全中国人民的干劲空前高涨，张老师就是在这种蓬勃向上的社会氛围中度过了孩童时代，艰苦奋斗的精神也因此在她的心中根深蒂固。"那是一个金色的时代。"我们从张老师的眼中，仿佛看到了当时百废待兴的新中国，仿佛看到了当时充满干劲的中华民族，仿佛看到了当时的北大荒精神、红旗渠精神、大庆精神。我们相信，精神是力量的源泉，信仰是前进的方向，这不仅是时代之精神，更是民族之脊梁。

张老师尤其强调了雷锋精神和王杰精神对她的影响。在学生时代，她在雷锋精神中学到了助人为乐，学到了"勿以恶小而为之，勿以善小而不为"的道理，在王杰精神中学到了"一不怕苦，二不怕死"的品格。忠于共产主义和社会主义事业，毫不利己专门利人，全心全意为人民服务，这就是时代精神的集中体现！就是这样的时代精神，促成了张老师强烈和迫切的入党动机，也为张老师后来加入中国共产党，为国家发展奉献一生奠定了基础。

1969年，年仅17岁的张老师跟随着两万多人的知青队伍来到陕北，开启了长达数年的知青岁月。虽然每年只发两百斤的原粮，却能在田里顶着烈日辛勤劳作；虽然下乡时只是一个小姑娘，却可以在修坝时背起百余斤的巨石。对于我们这些出生在21世纪的青年，张老师总是和蔼地提醒我们，要发扬不怕苦、不放弃的精神，然而如知青下乡那样的艰苦经历，恐怕只存在于故事和像张老师这样的长辈的回忆中了吧。提起那段记忆犹新的时光，张老师仍然感慨当时条件的艰苦。在那段时间，张老师把艰苦奋斗的革命精神当成了自己的精神支柱，张老师一直坚信：人要有积极向上的精神支柱，才能有不懈奋斗的动力。

张老师还特别提到："要想知道梨子的滋味，就要亲口尝一尝。"张老师以身作则，鼓励同学们在实践中学习理论知识，在实践中增长才干。2019年是新中国成立70周年，也是纪念五四运动100周年。她建议新时代青年去参观北大红楼，在真实的氛围中感受历史，深入体会先烈们的革命精神，用心体会在时代的不断进步和历史的滚滚浪潮中，革命先辈们留下的奋斗故事和不朽传奇。张老师教导我们：身为党员，要起到标杆的作用，问题要说清楚，事情要看明白。她说新时代的青年要把握好机会，利用好资源，继承和发扬革命传统和模范人物精神，人要有积极向上的精神支柱，有追求才能有干劲。同时，青年更应该将奋斗的目标放在国家的发展上，从小我上升到大我，为国家的繁荣富强努力奋斗。

张老师对北京化工大学有着无比深厚的感情。1972年，张老师在乡亲们的推荐下，通过考试，来到了北京化工大学读书。谈起读书和科研之路，张老师很怀念，也很自豪。经历了艰苦的知青岁月，她特别珍惜这来之不易的学习机会。她和我们提到了"钉钉子"精神，就是利用一切时间学习，挤时间丰富自己。在张老师的讲述中，我们了解到那时的科研条件也是非常艰苦的，当时的通信条件和设备不是很发达，如果想要和国内外的企业和科研单位沟通，需要晚上下班后去西单的电报大楼排队打电话；每次购买实验原料，还要亲自坐火车去上海的化工厂购买，手提肩扛地带回学校。虽然科研条件很艰苦，但是那时的学者们依然斗志昂扬，大家心往一处想，劲往一处使，全身心地投入到科研中。张老师的奋斗历程紧紧伴随着国家的发展和学校的发展，在长达几十年的科研探索中，张老师见证了一代代化大人为了学校的建设和发展辛勤工作和默默奉献，同时也主持了多项国家科研项目，攻关了许多重大科技成果。张老师还回忆了当时参与学校新专业建立的过程，跟随老师到各大高校做调研，奔波于全国各地，不断整理、总结、讨论。张老师在之后的教育和管理工作中，一直秉持着带领着一个团队、一个集体，就要做出水平、做出高度这样的信念。这种拼搏向上的精神，不正是一代代化大人求真务实、博学创新的奋斗精神吗？不正是中华民族复兴道路上伟大精神力量的缩影吗？

我们不断回味和思考着张老师的奋斗历程和谆谆教诲，张老师的故事和经历象征着那个艰苦奋斗、蓬勃向上的年代，也正是那一代人的奋进拼搏才有了今天强大的中国。一代人有一代人的长征，老一辈们用一生奠定了中国发展的基础，青年人肩负着实现中华民族伟大复兴的使命。时代在进步，但艰苦奋斗和顽强拼搏的精神是永恒的，革命传统和模范精神的光辉是闪耀的。青年要把这些不断向上的精神当成支柱，才能为国家的繁荣富强奋斗终生！

# 正行之苟有恒　久久自芬芳

## ——记北京交通大学计算机学院阮秋琦教授

**受访人简介：**

> 阮秋琦教授，国家级突出贡献专家，曾任国务院学科评议组成员。1969 年毕业于北方交通大学（今北京交通大学）并留校任教，1981 年于北方交通大学研究生毕业并获工学硕士学位。1987 年 1 月至 1990 年 5 月赴美国匹兹堡大学及辛辛那提大学访问进修，主修图像处理和计算机视觉科学。1994 年、1996 年、1997 年，多次赴美国任客座教授。阮秋琦现为教授、博士生导师，信息科学研究所所长，部级重点实验室主任。曾任通信与控制工程系主任、电子信息工程学院院长、计算机与信息技术学院院长。

**指导教师：** 北京交通大学计算机与信息技术学院 2018 级本科生辅导员　贺征

**执笔人：** 北京交通大学计算机与信息技术学院计算机科学与技术专业 2017 级本科生　栗佩然

"同学，这个计算机坏了，你能帮忙修一修吗?"一位美国的大学教授问一位中国留学生。然而，这位中国留学生并不是计算机系的。而在20世纪80年代——计算机刚刚出现的年代，他除了使用过DJS-121数字电子计算机，其他的台式机都没有用过。但他还是接受了这个挑战，为此，他借来了示波器，但是却遭到了美国人的质疑："这个示波器你会用吗?""我不但会用，我还会修呢!"这位中国留学生自信地说道。这时有两位美国老师来劝他："你别接这个手，已经有五位博士借用示波器来尝试修理，但都没有修好，你别修了，修不好的。"他说："我已经答应了，就试试吧。"于是，他使用示波器，一点一点地检查，最终发现是一个集成电路片出现了故障，在更换之后，这台计算机就恢复了正常。这个过程仅仅用了不到一个星期。因此，和他一起共事的美国老师和同学都称他为"computer expert"（计算机专家）! 这个令美国人纷纷称赞的中国留学生就是阮秋琦教授。

　　谈及过去，阮秋琦教授回忆了当时他在美国参加的一个科研项目，在一家机翼公司中进行的关于使用图像处理办法检测飞机发动机叶片的研究。在整个研究过程中，美国学校一次次地挽留阮教授，最终预定的一年出国科研期限被延长为四年。阮教授告诉我们：有基本的能力，再没见过的东西基本原理也有相同的地方，操作系统或许都是大同小异；在尝试新的事物时，别说自己不行，抱着"试一试"的心态，或许新的事物并不那么陌生。

　　阮教授还说，他在学校中的动手能力是很强的。中学时，他还学习了木工，这一技能在日后也派上了用场：在大地震需要搭建地震盘、其他的老师都束手无策时，阮秋琦教授用之前学习的木工技术，完成了地震盘的搭建。"文化大革命"时期，阮教授被派去看管交大的武器库，武器库前有几辆破摩托车，阮教授在空闲时间便尝试去修理它们，最终成功修好了摩托车，并学会了驾驶摩托车，考到了机动车驾照。

　　"凡事都要有兴趣，光会读书也不行。"阮教授不仅学术搞得好，而且生活经验丰富，对什么事都有兴趣。有一次，大家要做饭但是不会垒灶台，他说："我会! 我都做过，我给你们垒!"阮教授最后不仅垒好了灶台，还给大家烙了馅饼吃。

阮秋琦教授通过他的故事告诉我们，在学习中，靠的是经验，若是没有那么多实践动手的经验，就只能是两眼一抹黑，不知道从哪入手，他提醒我们，当代的大学生一定要打好基础，提升自己的动手能力和实践能力。另外，任何学习的资源都不要放过和拒绝，要带着浓厚的兴趣去学习。阮教授叮嘱道："我们同学一定要牢牢掌握好基础知识，有了基础，才能以不变应万变，还要拥有自学能力，在学校的时间总是短的，也不可能什么都学到，将来这社会变化多快呀！"

正行之苟有恒，久久自芬芳。阮秋琦教授为国家和学校工作了50多年，见证了中国和北交大的发展。他至今仍坚守三尺讲台为本科生讲授多门基础课及专业课。多年来，他不仅承担着大量科研和行政工作，还将科研成果融入教学，积极推进学科建设，倡导推行"研究性"教学法，致力于培养创新型人才。他多年来的勤奋努力，受到了师生们的一致好评。国家规定，院士70岁退休，而他身为高级专家一直干到了71岁，希望能多给国家作出一点贡献。阮教授的努力和付出也得到了回报，在这些年里，他先后获得了从国家级到校级的70多项荣誉。

采访的最后，阮教授对我们说出了他对我们的寄语，他告诉我们首先要学做人，希望我们在成才的路上做一个高尚和诚实的人；其次是认真做事。做人要先于做事，或是做人和做事并重。

与阮秋琦教授的交流中，我们感受到了教授巨大的人格魅力。他身在高处，却平易近人。阮教授多年来上下求索，致力科研。而在繁忙的科研工作之外，他积极投身教育事业，桃李满园，培育了一代又一代北交大青年。

青春逐梦，不负韶华。我们生活在最好的年代，不必为生活担忧，还拥有最好的学习条件。既然生逢其时，便更要勇担时代重任。作为新时代大学生，我们是祖国未来的中流砥柱，要抓住每个学习机会，用知识武装自己。我们定当不负众望，以青春之我，创青春之国家！

# 扬鞭奋蹄　起于动力

## ——记中国地质大学（北京）杨起院士

指导教师：中国地质大学（北京）　杨光坤

作　者：中国地质大学（北京）能源学院 2018 级硕士研究生　杨师宇

　　人的一生，有时就像一匹马，从出生到蹒跚学步，再到扬蹄驰骋，经过一个漫长的过程。过程中会有许多预知或未知的经历相随，有坦途，也会有险滩，更会有意想不到的窘境在等待着我们。

我在阅读学习中认识了一个人，他就是一匹不用扬鞭自奋蹄的马，是一匹骏马，一匹令我仰慕的骏马！即使在他成为一匹老马的时候，依然"老骥伏枥，志在千里"。

说起这位豪杰，如果以我就读的学校和专业来说，可以称之为"校友"，但这位"校友"绝对是"太爷"辈儿的，他就是中国科学院资深院士、煤地质学家、地质教育家、中国煤地质学教育事业的奠基人和开拓者——杨起。

2019年5月17日是杨起先生的百年诞辰。在参与学校组织的系列纪念活动中读懂杨起，作为一名中国地质大学与杨起先生同专业的学生，我收获颇丰。杨起先生出身"名门望族"，其父杨振声是著名的教育家和文学家、新文化运动的先驱者之一。然而，先生却没有步其父之路，走吟诗作赋之道，却选择了与大地紧密相连并为之奋斗了终生的煤地质事业，取得了世人瞩目的成就。在解读先生不同寻常的经历和取得的不菲成就中，我感觉到始终有一种动力在支撑和鞭策着他，读着读着，有激动，有感动，更是在扪心自问：我们从中领悟到了什么？

在读杨先生的过程中，有一句话深深地打动了我。当有人问先生："是什么原因使您对科学产生了兴趣？"先生的答复只有四个字："爱国热情。"由此可见，先生的一切努力和因之获得的一切成果，都是爱国所致，是爱国的情怀让他辛勤耕耘，奋斗终身！这就是其动力所在。

我们这一代，现在用"幸福"二字就基本可以诠释。然而谈到爱国，有少数人认为不出卖祖国、不当叛徒、不泄露国家机密就算爱国了，其实这非常片面和狭隘。诚然，我们不是出生和生活在斗争尖锐的白色恐怖时代和战争岁月，也没有接受艰苦条件和严酷考验的时代环境和历史背景，但是，和平时期的我们特别是身处改革开放这样一个前所未有的新时代，"爱国情结"更应该上升到一个新的认识层面去面对。作为学生，特别是一名大学生，首先一定要学好自己选择的专业，让自己所学为中华民族伟大复兴贡献一己之力，而不完全是作为谋生的手段和跳板，我想这才是向杨起先生学习的内涵所在。

杨起先生的爱国情结表现在他有理想、有信仰、有追求、有抱负，同时，他有行动、有耕耘、有努力、有付出。他的理想就是报效国家，让国家强大。而青年杨起所处的时代，可谓"国之不国，家之不家"。他目睹外国军舰在我国领海耀武扬威，曾立志要学习造船，憧憬着用他造的大军舰把侵略者赶走。因不甘沦为亡国奴，他设法逃离了敌占区北平，后来进入西南联大。在父亲挚友李四光教授的影响下改学了地质，立志为祖国多找地下宝藏，从此与地质事业结下了不解之缘，开始了其一生的不懈努力与追求。无论是 1944 年他自愿西征、不畏当时地质工作条件之恶劣参与筹建新疆地质调查所，成为我国早期涉足准噶尔盆地的地质研究者之一；还是 20 世纪 50 年代末到 60 年代初，为探讨我国煤炭资源的赋存前景，带领大家开展缺煤省份的区域性聚煤规律调查；乃至耄耋之年仍为我国煤地质事业的发展而操劳：他的研究工作总是根据国家的需要来安排。祖国的需要，就是他奋斗的目标，祖国的荣辱兴衰，时刻牵动着他的情怀。他的一生就像他毕生研究的煤一样，努力燃烧自己，为周围的世界送去温暖和光明。

其实，今天的我们也都怀有理想，重温杨起先生的经历，我有这样的感受：有理想是应该的，为理想努力奋斗才是最应该的！试想，如果先生不是经过千百次乃至数万次的努力实践，哪能成为后来的大家！成就后来令人仰慕的成果！扪心自问，我们有像杨先生那样付出吗？有过杨先生那样的辛勤吗？是的，我们有理想，甚至可以说我们的理想或抱负还很伟大，而有理想仅仅是起步，实现理想还要从辛勤的努力开始、从服从国家需要开始。这也让我们在谈理想时不能不想起他来。

一个人的努力不单单看过程，过程只是记录一个人的行为起始而已，过程的结果是要检验其人在过程中产生的效益。杨起先生的努力过程其结果是令人瞩目的。这也让我想到，我们要努力，也必须要有一个结果，无论这个结果是微小还是丰硕，都不能用"不看结果，只看过程"来搪塞。细读杨起先生，他的家国情怀、献身地质教育和科学研究的崇高品质，他对自己所从事事业的高度责任感和无限热爱，他的一言一行、一举一动，给我的感悟太多太大。

太多的是，他身上的亮点光芒四射——胸怀大我，扬鞭奋蹄！

太大的是，他思想的内涵广阔无边——不忘初心，起于动力！
这种动力也传递于我！


# 身出津门处国难　克艰弄潮筑油魂

## ——中国石油大学（北京）华泽澎教授采访记


**受访人简介：**

　　华泽澎，字润寰，天津市人，生于 1929 年，中国石油大学教授。1952 年毕业于北洋大学（今天津大学）采矿系，1952—1954 年在中国人民大学研究生班进修工业经济管理专业。历任华东石油学院副院长、党委书记，1988 年学校更名为石油大学后，任石油大学（华东）校长、党委书记，1992 年任石油大学（北京）党委书记，1995 年退休。曾任华东区域能源研究会副主任，中国石油教育学会副理事长，山东省东营市书法学会副会长等职。长期从事石油工业经济和能源经济的教学和研究工作。主编《能源经济学》《能源经济词典》等著作。

**采访人：**中国石油大学（北京）经济管理学院 2018 级本科生　李杰妮
**执笔人：**中国石油大学（北京）经济管理学院 2018 级本科生　江宁


　　"保天下者，匹夫之贱与有责焉耳矣。"新中国成立 70 多年，无数人用自己的青春建设新中国，用自己的行动奉献祖国。他们将自己的命运与国家的命运相结合，造就了这 70 多年极其不平凡的伟大成就。

　　华泽澎老师是 1929 年出生的，他生命中的大半与中国石油大学同行，与国家发展同向，为国家培养了数不尽的石油行业领军人才。年幼时，华老师经历"七七事变"，天津沦陷，从小就尝到了做亡国奴的滋味，深受日寇的凌辱与压榨，这些促使华老师心中埋下了雪耻强国的种子。已过而立之年的华老师随校东迁，在土坯房和盐碱地间工作、劳动、学习，这些经历促使华老师思考："办一所大学，特别是有较高水平的大学，需要具备什么条件？"耄耋之年的华老师，是精神富有者，他心系国家，老有所为，老有所乐。

## "九仞为山争一篑，同仇敢与亿民期"

华老师的童年是在天津度过的，"七七事变"不久，日寇侵犯华北，天津不久也沦陷。天津城内，日军暴虐横行。有一次，华老师走过一个桥头，迎面走来一个摇摇晃晃的老头，突然间呕吐起来，守桥的日寇走近一看，地上的呕吐之物有白有青。日寇不问青红皂白，上来就给老头一个大耳光，面目狰狞地对他说："大米的，是你们中国人吃的吗?！这是我们皇军吃的。"桥上的众人与日寇怒目相对。身为学生的华老师，当时也深受日寇迫害，华老师和他的同学们被日寇要求无偿干活，美其名曰"勤劳奉侍"。

童年记忆下的日寇铁蹄，给华老师的内心留下了刻骨铭心的伤痛。从那时起，华老师深知没有一个强大的祖国，就没有办法维护最广大人民的根本利益，更没有办法实现中华民族的伟大复兴。当今时代下，青年学子们更应该树鸿鹄志、展爱国情，将自身的命运与国家发展前途相结合，实现国家复兴、民族富强，从而更好实现自身的抱负和梦想。

## "弄潮儿向涛头立，手把红旗旗不湿"

1969年的四九城下，华老师带着孩子、妻子和70多岁的老母登上东行的火车，一行人来到山东东营校区，放眼望去除了几所低矮、破旧的土坯房外，就都是黄土地，下起雨来格外泥泞难行。教职工住在离校区

142

30 里外的地方，每天乘着大卡车上下班，冷风直刮脸，十分熬人。当时的东营是个穷、苦、小的城市，城里没有红砖来建教学楼，就用土和草来盖楼，这叫干打垒。20 世纪 70 年代的教室、宿舍和办公楼都是这样一点一滴垒起来的，垒起了石大的风骨、石大的精神。改革开放后，华老师回首建校的 40 年，提出了"发挥优良传统，迎接第三次创业"的理念："石油大学这 40 年里，经历 3 次创业、3 次建校，要不断改革，抓住历史机遇，要有历史责任感和使命感，去迎接第三次创业。我们石油大学是从盐碱地里一点一点建起来的，也是从多次石油大会战中建立起来的，'风骨锋磨砺，克艰筑油魂'，石大的风骨'实事求是，艰苦奋斗'，就是这样形成的，并将是新一轮改革创新中，中国石油大学的底气所在、根基所在。"

3 次创业、3 次建校，中国石油大学一直与国家同呼吸、共命运。改革开放以来，国家的综合实力不断增强、国际地位不断提高，中国石油大学也在改革开放中，享受国家发展红利：建设新教学楼、办公楼，美化校园环境，对学生公寓进行改扩建，与世界其他知名大学开展合作交流，等等。这些都是改革开放中的中国带给石大的。习近平总书记指出，教育是民族振兴、社会进步的重要基石，是功在当代、利在千秋的德政工程，对提高人民综合素质、促进人的全面发展、增强中华民族创新创造活力、实现中华民族伟大复兴具有决定性意义。在时代的新形势下，在改革开放和社会主义现代化建设进入新阶段的情况下，中国石油大学（北京）紧跟中央的政策布局，抓住机遇，迎接挑战，向"中国特色，世界一流"迈进，服务于国家能源战略转型与能源安全需要，为实现中国梦贡献石大力量。

华泽澎老师作为一名人民教师，他"不是一名物质富有者，而是一名精神富有者"。他的一生都奉献给了国家和学校，为石大叫响石油界的黄埔军校之声名。正如华老师所言："青年人朝气蓬勃，是祖国的未来和希望。如果一个人在一生中想做点事，想在事业上有所成就，就应该把个人的前途与国家的命运结合起来，就会在不同的岗位上作出各自的贡献！"

# 开保险之先河　续保险之华章

## ——记中央财经大学李继熊教授

**受访人简介：**

> 李继熊教授，男，江苏省苏州市人，1931 年 11 月生，1956 年
> 毕业于中央财政干部学校保险专修班，先后在中央财政干部学校、
> 中央财政金融干部学校和中央财政金融学院从事教学、科研和管理
> 工作，有着丰富的教学经验和诸多科研成果，是新中国保险业的开
> 拓者和奠基人。

**采访人、执笔人：**中央财经大学保险学院劳动与社会保障系学生　黄可轶

中央财经大学保险学院精算系学生　杨熠飞

2019 年 3 月 30 日，我们拜访了李继熊教授。虽近耄耋之年，老教授仍精神矍铄，眼中透着睿智的光芒，柔和而不耀眼，流露出岁月打磨后的从容与淡然。

寒暄过后，我们听李教授把曾经岁月的光辉与不易慢慢道来。

"师者，所以传道受业解惑也。"李继熊教授从事保险教育教学工作将近 35 年，经历了许许多多的辛酸与坎坷。20 世纪 50 年代初，国内保险人才极其匮乏，保险事业处于初步发展阶段，且保险专业人才地区分布极不均衡。作为当时为数不多的保险专业人士，李教授有着在全国范围内发展保险业的强烈使命感。那时，他白天做业务，晚上在保险学习班授课。1955 年，李教授进入中央财政干部学校（中央财经大学前身之一）学习深造。其间，他作为农业保险师资班中的一分子，前往广东进行农业调研，回京后参与编制相关教材，以期实现在全国范围内推广农业保险的目标。由于能力突出，学

校视其为可塑之材并在任务结束后极力挽留，李教授留校作为一名老师正式任教。

"中国保险业的起步与发展都是十分艰辛的。"李教授说。1958年，"大跃进"和人民公社化运动导致保险业停办。而李教授认真踏实、一丝不苟的精神，使得学校方面对其十分器重："就算没有了保险，我们也需要你留下！"于是，他暂时脱离保险，开始了近十年的图书管理工作和教务行政工作。

1978年，党的十一届三中全会召开，保险业迎来了复兴的曙光。在保险业前辈们的呼吁下，也为了更好地落实改革开放政策，中央决定恢复国际保险。接着，在1980年，学校率先恢复对保险专业的招生。李继熊教授再次成为学校保险系的负责人，可谓一人担任，任重道远。至此，保险业终结了停办期间的发展态势，进入了"横向拓宽，纵向深入"的新阶段。1986年，中央财政金融学院（中央财经大学前身之一）正式成立保险系，并任命李继熊教授为系主任，此时的李教授，已经年过半百。

保险系的正式成立，意味着更艰巨的挑战。完善保险学科设置，配备更加庞大的师资力量，都成了迫在眉睫的问题。"我在 1987 年到美国去交流学习，发现他们有一个叫作'风险管理'的学科。我一想，国内不能没有啊！然后我就把风险管理带了回来。"李教授自豪地说，脸上洋溢着丰收般的喜悦。随后，李教授又在前往英国学习的过程中，引进了"精算"这一学科，可谓"开保险之先河，续保险之华章"！李教授把他的教学生涯全部奉献给了保险，奉献给了保险业的人才培养。1996 年，到了本该退休的年纪，李教授仍身体力行，做着研究生导师。"作为一位教师，我想尽量多地把我所了解的内容传授给学生。"这样一句简单的话语，饱含着的，是他身为人师的高尚品德！一直到 2008 年，由于身体情况，李教授才正式告别了保险教学——他一生倾心的事业。

"保险业是随着新中国一起成长起来的，而我也是和它一起长大的。"李教授说道，"初期的动荡与现在的踏实有着鲜明的对比，国家强大起来，也就有了更多的教育资源，更好的学习氛围，我很知足。"

李继熊教授在其教学生涯中，参与编写教材十余部，多次获得优秀教学成果奖，于 2009 年被评为"新中国 60 年保险业 60 人"。为表彰其在金融保险理论研究、保险学科专业建设、金融保险人才培养和推动保险事业发展等方面作出的卓越贡献，鸿儒金融教育基金会授予其"中国金融学科终身成就奖"。获此殊荣，李教授谦逊地说："荣誉归于学校，我个人只是学校的一分子。"

提起教学，李教授仍十分怀念站在讲台上的感觉。那些求知若渴的眼神，是他一辈子怎么看也看不够的风景。作为"扶持中国保险业长大"的先驱，李教授感慨道："保险仍是一个需要发展的事业，它现在已经有了一定的广度，而深度仍需要进一步加强，重任就落在当代青年人身上了！"回顾自己对保险事业的坚持，李教授又说："见证保险事业得以发展到现在的状态，我感到很欣慰。希望当代保险业青年能够坚定道路，继续把保险学深、学精！"

最后，谈及其执教近五十年的中财 2019 年迎来建校 70 周年，李教授颇为动容。一晃白驹过隙，这位与中财一起挺过种种风雨的老教授感慨道："我与中财，只一个字——'情'。我十分热爱我的工作。中财对我来说，是成长的根基。没有中财，就没有我国现在蒸蒸日上的保险事业，就没有我。我是在中财的培养下成长、成熟的，我永远感激她！"

一个上午的时光很快过去了，我们久久沉浸在这精彩的故事中。李继熊教授，在其执教生涯中，以他的生命质量，撑起了"老师"这两个字的沉重分量；以他自己的生命光亮，重新点亮"老师"这两个字的生命光华。他用自己的艰苦奋斗，带领新中国保险事业走向繁荣。"我只是一个老师，我没有什么伟大的地方，我只想要把我知道的传授下去。"何谓万世师表？在李教授身上，我们看到了最好的答案。


# 陪伴中国会计学走过漫漫长路

## ——记中央财经大学魏振雄教授

**受访人简介：**

　　魏振雄，男，汉族，中共党员，1931 年 12 月 7 日出生于福建省惠安县，我国著名的会计学家，国务院政府特殊津贴获得者。

**采访人、执笔人：**中央财经大学会计学院学生　岳杨


### 坎坷岁月中的机遇

魏振雄老师的青年时代，是一段坎坷岁月。魏振雄老师 1931 年出生于福建省惠安县，因为家庭困难，魏老师初中二年级便辍学了，此后他当过商店的学徒，做过中学的职员……生活的故事看似要波澜不惊地发展下去时，

1948年，第一个机遇出现了，魏老师加入了党的地下组织，成为解放战线的地下工作者，在此期间，魏老师又加入了共青团。

高中毕业后，在参与土地改革时，魏老师迎来了第二个机遇：辽宁财经学院（现为东北财经大学）到福建招生。由于家庭条件困难，辽宁财经学院提供的条件对生活有很大的改善，抱着试一试的态度，魏老师参加了考试，最终被会计专业录取。

进入大学后，魏老师不仅刻苦学习，还积极参与班级、院系和社会活动，成了一名活跃分子，优异的成绩和实践履历为他带来了出国留学的机会。

没有任何预期和设想，在这段坎坷的岁月里，魏老师因为历史的机遇和会计结缘，中国会计的发展道路上，多了一位踏实坚定的同行者。

## 艰苦条件下的火种

1957年，魏老师从苏联莫斯科财政学院会计专业毕业，旋即回国，被分配到财政部工作。

刚回国的十几年里，对魏老师而言、对中国会计的发展而言，条件都十分艰苦。

1957—1961年是会计制度大破大立的时代。当时，财政部参与工作的学者还不多，刚刚参与工作的魏老师积极向老同志学习，开展实践调研，为"文化大革命"前全国统一会计制度的制定出了一份力，更打下了未来会计制度发展的基础。

1971年，魏老师被调到东北财经学院。这段日子里，外部环境动荡，大大小小的运动紧锣密鼓地开展着。好在东北财经学院还有一些学生，也有教学科研的条件。这段时间里，魏老师和同事们依然在开展教学科研活动。我国会计研究的火种，在东北财经学院顽强而静默地燃烧着。

1978年，改革春风吹遍大地，魏老师从东北来到了中央财政学院会计系担任教师。当时的会计系刚刚成立，讲师只有十几人，而全校都需要开设会计专业的课程，于是这寥寥十几人便在建设会计系的同时担起了全校会计课程的讲授任务。上课场地有限制，就在操场搭起活动板房作为教室，冬天寒潮侵袭，只能生一个火炉取暖。师资力量不足，物质条件艰苦，魏老师和同事们依然克服困难，培养出了几代优秀的会计人。更令人欣慰的是，会计系每年都有学生留校成为讲师。会计系作为早期中国会计人才成长的摇篮，最初是在魏老师等人的努力下先哺育自身，才壮大了起来。

## 一路同行中的实践

1988年，会计系顺应时代发展趋势，创办了中惠会计师事务所，魏老师担任主任会计师兼董事长。事务所中的注册会计师都由会计系教师兼任，教学、实务两手抓。经过几年尽心尽力的经营，中惠会计师事务所因为业务能力突出打响了名声，在上海、江苏苏州、辽宁鞍山等地拥有了众多分支并且发展壮大，更是取得上市公司资产评估的资格，站在了同行的前列。

20世纪90年代，魏老师担任了中国会计学会常务理事，积极参与会计学科学科组的组建，努力促进会计教育的学科交流；参与了注册会计师考试和会计技术职称考试的命题工作；参与编写了大量会计学教材和参考书目，出版了一些学术专著，获得了国务院政府特殊津贴。

在此期间，魏老师又参与组织了北京会计专修学院，致力于会计的职业教育，为高考落榜生参加专修考试提供了教育平台。魏老师还热心于社会公益，20多年前，他出资80万元为家乡的小学修建了一栋四层教学楼，被命名为"振雄楼"。这种关怀，正是魏教授关注社会，对生活心怀感恩的体现。

这段日子，魏老师的目光从书本中拓展开去，日渐关注会计在社会中的角色，注重自己对社会的贡献付出。正是这种视角和考量，使得魏老师为会计学的推广和革新作出了一些贡献。

这些实践，为会计学科提供了开展实务的平台，更为会计学科的发展和推广提供了动力，是中国会计发展史上的重要历程。

魏老师同我讲："我读了 6 年大学，没有花自己一分钱，甚至物质条件比较充裕，这是国家给我的帮助；我从事的制度设定、教学科研和社会实践工作，也离不开同事们的协作；参与工作这么多年，我最自豪的就是培养了一批优秀的会计人才，他们现在在各个岗位上作贡献。"

当我问起魏老师对新一代的期许和寄语时，魏老师回答："你们是希望的一代。"我恍然明白魏老师多年来捐款助学的心意。"希望的一代"正是魏老师对后辈的期待。他不愿讲长篇大论的嘱托，却一直在以默默关注的方式助力后辈的成长。

面对这样一位感恩和谦逊的学者，我只能感叹中国会计有这样一位同行者是何其有幸！魏老师在中国会计发展道路上留下的脚印，将是我们因循前行的最好轨迹！

# 七十载难凉热血　千帆过不忘初心
## ——记中央财经大学徐秋英教授

**受访人简介：**

> 徐秋英，女，1940 年生，中央财经大学应用语言学教授。1965 年毕业于北京师范大学中文系，1982 年进入中央财经大学任教。多年来致力于应用语言研究，长期讲授口语表达艺术、公关语言学、汉语修辞、应用写作学、中国传统文化等课程，并有多部专著、教材出版。

**采访人：** 中央财经大学文化与传媒学院　郭焕敏
中央财经大学文化与传媒学院新闻学专业（财经新闻方向）学生
佘惠灵

执笔人：中央财经大学文化与传媒学院新闻学专业（财经新闻方向）学生
佘惠灵

## 积土而为山，积水而为海

随着 1949 年天安门城楼上的庄严宣告，9 岁的徐秋英从此开启了她的崭新人生。新中国成立后，她从小学到大学都受到了正规的教育，不仅学到了系统的专业知识，也受到了革命传统教育。至今，徐秋英教授仍然深刻地记得中学时贺龙元帅、陈毅元帅、李贞将军等老一辈革命家来到学校作报告，记得他们讲述的关于长征、抗日的英雄故事。"那是一段激情燃烧的岁月，我的一生都受到了革命教育的影响。"即使如今已过古稀之年，徐教授依旧怀揣一颗赤子之心，为社会传递积极能量。

1960 年，徐教授进入北京师范大学中文系读书。"那时候北师大在师范院校里很突出，中文系的一些老师是全国有名的教授，能听到他们的课，实在是一种享受啊。"直到现在，回忆起 60 年前的大学时光，徐教授仍是心向往之，并立志以此为榜样，为成为一名优秀的教师而不断努力着。不仅如此，老师们教学的态度、做学问的方法、思想上的启迪与引导也为徐教授多年后的教育之路打下了坚实的基础。"师者，所以传道受业解惑也。"这五年的大学生涯不仅让她接触了许多名师，也让"师道"潜移默化地影响了她的一生。

## 累土创新亭，润物细无声

1965 年毕业后，徐教授就一直从事教育工作，1982 年进入中央财经大学任教。那时的中财刚刚复校，百废待兴；而那时的徐教授四十出头，也正是踌躇满志的年纪。

复校之初的中财只有财政、金融、会计等支柱专业。而作为一个有立学之志的院校，怎能没有多元学科建设的长远目标？同样的，徐教授也从来不是守成之人，同系里其他老师一道，不断开拓进取。财经院校要办人文社科，他们取"财经"的长处，在学科设置上，体现了创新精神，于是"财经文秘""财经新闻"应运而生，20年间不断培养着专业领域的优秀人才。

叶圣陶先生曾在《作文要道》中这样说："大学毕业生不一定要能写小说、诗歌，但一定要能写工作和生活中实用的文章。"徐教授在应用语言研究中颇有造诣。在进行应用文写作的教学中，她努力进行一些创新尝试。如讲应用文写作时引入逻辑学，并出版专著《公文写作与逻辑》，使该学科的研究视野更为开阔，内涵更为丰富。应用文是一种"古已有之"的文体，但在学生眼中一直是枯燥、呆板的存在，如何去寻找、挖掘该学科更适宜的传授方式，成为一个重要的问题。从生动案例的切入，到历史中脍炙人口、传颂千古的名篇赏析，徐教授开启了应用文写作教学的创新之门，让这门课在学生中颇受欢迎。

为了适应学校不断发展的要求，也为满足学生的需求，徐教授也开了不少新的课程，如增设选修课"公关口语"。公关即公共关系，话语在其中发挥着重要作用。将公关与话语结合，突出其实用性，也体现其创新性。作为一门课程，"公关口语"有其自身的发展规律和培养方式。边学边干，不断钻研，徐教授在教学过程中丰富了自己的教学内容，并出版了《公关口语》《现代广告修辞》等专著，其中有不少独到见解。

## 莫道桑榆晚，为霞尚满天

就这样，徐教授在中财的教学生涯走过了18个春秋。2000年，徐教授退休了，但这并不意味着她与教书育人的缘分也就此终结。退休后，徐教授受邀参与了校关工委工作，继续关心教育下一代。

徐教授时常强调，个人的成长与价值的实现是建立在工作生活的环境与国家的培养之上的，要感恩父母、感恩党组织、感恩国家、感恩母校、感恩师长、感恩帮助过甚至为难过自己的每一个人。十几年光阴荏苒，徐教授参加了多次毕业生党员代表座谈会，为他们上好大学的最后一课。于她而言，这份感恩融在了一路走来的七十余载岁月之中，让她依然满怀着热血，去教育青年，引导青年，做青年的引路人。

徐教授对信念与理想有着独到的坚持："我欣赏钱学森式的学成归来、报效祖国。"她鼓励培养的优秀人才去国外汲取知识，回来建设国家；她承认现在的中国存在许多的问题，也相信在一代又一代人的努力下，我们的美好愿景终将实现。但她也对青年学生中的问题与缺点表示忧虑，于是便有了座谈会中的殷切叮嘱："大学之道，在明明德，在亲民，在止于至善。"方寸讲台承载着知识的重量，但大学的使命不仅仅是对学生进行专业教育，徐教授还不断传递着她对大学的理解、对责任的理解、对这个新时代的理解，这是传承的力量。

弹指一挥间，徐教授已经见证了新中国七十载的岁月变迁。这一代人，有着对沧桑巨变的深刻感悟，便愈发对这片土地爱得深沉。徐教授在语言研究、教书育人和学校的建设发展上作出了贡献，但她却谦虚地说："把每一件简单的事做好就是不简单，把每一件平凡的事做好就是不平凡。我这一辈子没有什么丰功伟绩，但求无愧于心。"

# 教育报国青春梦　改革开放立新功
## ——对外经济贸易大学原校长孙维炎教授采访记

**受访人简介：**

孙维炎，男，1937 年生，浙江慈溪人，中共党员，1999 年退休。对外经济贸易大学原校长兼党委书记，曾获加拿大圣玛丽大学名誉博士。中国共产党第十二届和第十三届全国代表大会代表。退休后曾任北京教育系统关工委委员、校关工委主任等职。

指导教师：对外经济贸易大学关心下一代工作委员会副主任　王桂林
采访人：对外经济贸易大学公共管理学院2016级海关管理专业学生　苏怡萍
执笔人：对外经济贸易大学公共管理学院2016级海关管理专业学生　杜美欣

## 教育报国青春梦

　　81岁高龄的孙维炎校长精神矍铄，神采奕奕。孙校长出生在浙江省一个贫苦农民家庭，日寇侵略和国民党统治时期的战乱使他童年时代的中国民不聊生。是共产党和新中国，使他全家摆脱了贫穷，让他读完了初中、高中，并考上大学。他感恩党和国家对他的培养和造就。于是，他立下"教育报国"之志，决心当一辈子教师，为国家富强、民族复兴培养人才。

　　功夫不负有心人。他如愿以偿地考入原北京对外贸易学院，于1962年毕业留校。在知名老教师的指导下，孙维炎成长为优秀骨干教师，并得到赴英国留学的宝贵机会。"文化大革命"时期，他下放到四川基层锻炼，1973年被调回母校再执教鞭，从此开启了他教育报国的新征程。1994年，他在《人民日报》上发表《我爱教师这一职业》的征文并获奖，表达了他的终身夙愿。

## 临危上任显身手

回到母校不久，恰逢国家沿海城市改革开放。学校面临扩大招生和为国家部委和沿海城市培训干部的双重任务。当年，英语系教师人手不足，为"本科生""干训生"及全校开设的"公共英语"排课有困难，时常发生各方"争教师"的问题。

在1975年困难时期，孙校长被提拔到英语系副主任的岗位。为培养学生"又红又专"，孙校长组织他们去外贸基地实习，去农村参加"三夏"劳动，在校内每天出早操。在英语教学中，坚持"听说领先、写读跟上"的教学方法，使学生德智体得到全面发展。他还大胆作出两项改革：一是抽调部分老教师组建独立的"干训机构"，各司其职；二是按年级成立教学组，为全校"公共英语"授课，保证了"干训班"和"公共英语"课的教学质量与管理。

## 改革开放作贡献

1981年初，孙维炎被任命为北京对外贸易学院副院长，1984年升任为对外经贸大学校长（1988年兼任校党委书记），成为学校的第一"掌门人"。可是，当年办学条件极差，师资、教材、经费、校舍严重匮乏，校舍只有"摄影棚""大仓库"等几栋平房和一栋新建的教学楼和宿舍楼。

20世纪80年代，国家全面改革开放，对外经贸战线急需人才的情况与学校办学条件滞后的矛盾十分突出。如何克服困难，把学校办成国内外一流大学，是孙校长面临的历史使命。

学校发展靠什么？清华老校长梅贻琦曾说："所谓大学者，非谓有大楼之谓也，有大师之谓也。"孙校长坚信，要办好一流大学，不是靠大楼有多少，而是靠一支一流的教职工队伍。

1982年，孙校长光荣地出席了中国共产党第十二届全国代表大会，亲自聆听了邓小平同志关于扩大改革开放的报告，更加坚定了他服务国家大局，在改革开放中建设好学校的信心。通过国内外考察和多次研讨，孙校长抓住有利时机，决定首先实行人才发展战略。

他坚持"又红又专"的治校理念，对全校教师提出"两点要求"：一要践行教书育人的责任，二要每天晚上为学生辅导两小时。当年，虽然教师待遇很低，又没有加班补贴，但是教师们教书育人的热情很高。

1984年，他积极利用中外人文交流项目，先后与加拿大、法国、德国、意大利合作创办了"中加""中法""中德""中意"四个语言培训中心，为国家大中型企业培训了大批对外经贸干部。同时，他积极支持外贸系走出校门，为深圳、珠海、厦门等城市举办多期"外贸干部培训班"。由于学校国际影响力不断扩大，1985年，美国前总统尼克松访问学校并发表演讲，促进了中美文化交流。

学校"人才战略"实施了"三部曲"方案，即：一是建立"老教师带新徒弟"的机制；二是举办"教师进修班"，提高教师外语加外贸的综合知识；三是扩大对外学术交流，多渠道派教师出国进修经贸专业。孙校长深知，出国学习关系到哪些学科要重点发展，哪些骨干教师要重点培养。为此，在他的努力下，学校扩大了与国外知名院校的校际交流关系，增加了派出学习名额和来华讲学的外教名额，选派了一批骨干教师学习重点专业课程。这些教师主修经济、管理和法律等重点专业，回国后用外语开设一门至两门专业课，加速了我校重点学科建设和与国际一流大学的对接。

1985—1986年，参照国际财经热点学科，孙校长对学校学科作出重大调整，将原有的3个系、10多个专业拓展为8个系、近20个专业。这是"文化大革命"复校以来绘制的第一张发展"蓝图"，对学校的发展产生了重大影响。

1994年，孙校长主持制定了"博学、诚信、求索、笃行"八字校训，为学校的转型发展和师生的行为操守指明了方向。

1999年退休时，孙校长已在校长岗位辛勤耕耘了18年。他"不忘初心、砥砺前行"，一步步把学校的发展"蓝图"变成了现实，为服务国家对外经贸事业和学校的发展作出了杰出贡献。在他退休时，学校人才建设和教材建设已硕果累累，校园里已高楼林立，绿树成荫，旧貌换新颜。此外，学校已成为国家"211 工程"重点院校，教学规模翻了几番，已建成 6 个学院、3 个直属系、20 余个专业，为实现崛起与腾飞奠定了坚实基础。

**学习前辈砥砺行**

采访结束，我们内心受到震撼而久久不能平静。毫无疑问，孙校长是时代的先锋，他代表了奋斗的一代、成功的一代。问题是，在那物质匮乏、待遇较低的年代，他的内心动力是什么？是他对党和国家的感恩之心，是他爱党爱国的家国情怀，更是他教育报国的崇高理想。总之，是由于他胸怀大志与脚踏实地的奋斗精神，是他树立了正确的世界观、人生观、价值观，使他成长为一个有理想、有道德、有作为的好老师、好领导。我们当代大学生，应学习孙维炎校长这种家国情怀和报效祖国的理想，学习他脚踏实地、持之以恒的奋斗精神。

当前，建设中国特色社会主义、实现中华民族伟大复兴的历史任务落在了我们青年一代肩上。我们应该向孙校长等老一辈同志学习，听党话、跟党走，牢固树立努力学习、报效祖国的崇高理想，坚持"四个自信"，在实现"两个一百年"奋斗目标中贡献我们的青春和力量！

# 党旗飘扬映初心　红心向党育桃李
## ——访华北电力大学离退休教师雷柏青

作　者：华北电力大学法政系本科生　马乐　李彦　郭宇和　周静漪　钟亦洁

初见雷柏青老人，是在她简单朴素的小屋里。雷柏青老人作为一名优秀而

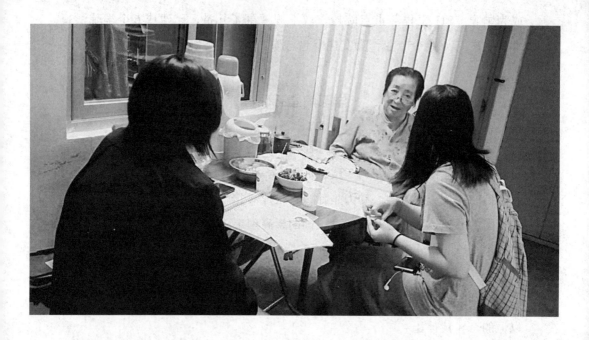

　　默默无闻的共产党员，用长辈特有的和蔼、善良、循循善诱，轻缓地向我们讲述。几缕细碎阳光透过窗帘带来阵阵暖意，伴随着老人历经时代打磨的温柔语调，我们跟随雷柏青老人在时间的长河里漫游，逐渐体悟祖国的发展与荣光。

## 铮铮铁骨铸党魂

　　出生于贫农家庭的雷柏青，儿时生活环境十分艰苦，在学校上学时便开始织毛衣以补贴家用。然而就是在这样的条件下，她仍然没有放弃学习。从初中二年级起，她便开始陆续自学马列主义社会发展史，逐步了解社会历史发展规律。雷柏青还于《大众哲学》中一点点探索看待、解决问题的思想方法，以此渐渐树立起正确的人生观、世界观、价值观。她自幼被母亲教导"人穷志不短""要有志气地靠自己的双手"，自强自立的思想在她的心中根深蒂固，所以雷柏青一生以助人为乐，以奉献为乐。

　　"文化大革命"时，雷柏青家中发生了重大变故，但她没有萎靡不振、怨天尤人。她依靠牢不可破的自强精神，将每月 70 元的工资细心分配，把生活安排得井井有条，独立将 4 个孩子抚养长大，在有余力的时候还积极帮助身边的人。用雷柏青的话来说："共产党讲的是奉献不是索取。"助人，在她身上似乎已经成为一种习惯。

雷柏青担任幼儿园的园长时，校园初建，从北京定做的桌椅还未运来，她便利用废弃铁路留下的枕木，自己动手做了 10 多个小板凳。"那个时候，我带着我的 4 个小孩一起做板凳，院子里经常有我们'叮叮咣咣'的声音，可热闹了。"幼儿园短短一年时间就扩大了规模，离不开她刚毅坚忍的共产党员精神。

现在的雷柏青年已近百，生活规律且仍十分节俭。所有力所能及的事情，她都尽量自己解决，不给别人添麻烦，这种执着与从前没有丝毫差别。雷柏青的一生都受到共产党员使命的感召，坚定不移地体现着共产党员的担当。几十年的时间冲刷改变了社会，却无法改变雷柏青的嶙嶙傲骨；抹不去她坚强的思想意志，动摇不了她永存的党员灵魂。

## 耿耿忠心效家国

雷柏青给我们讲述了自己从四川到西藏的部队生活。她曾亲眼看见在艰辛处境中，中国人民的不屈与奋斗，也目睹过共产党、解放军给西藏人民带来的翻天覆地的变化。那段时光不仅饱含她充满欢笑与泪水的难忘历程，更记录了新中国成立后的巨大社会变革，记录了中国共产党举足轻重的作用及影响。

1950 年是雷柏青人生中的重要转折点：这一年，她加入了中国人民解放军，修建西藏机场。西藏高山融化的冰雪汇聚成河，河水即使在盛夏也寒冷刺骨。雷柏青和战友们就是在这样的河流中打捞石头，建设机场。奋斗历程中，虽多艰苦，但更具精神，她缓慢而深沉地回忆着她和战友们的故事：见不得部队所驻村庄的百姓受苦挨饿，大家便每天少吃一碗饭，留着粮食送给老乡们，渐渐地得到了老乡们的认可和信任。"共产党的队伍到哪儿都是为了人民"，她总结道，眼眸闪烁着坚毅骄傲的微光。

从部队保卫科到法庭审判员，雷柏青因廉正而当选，更因判决公平赢得尊敬。没有任何法律基础的她，在工作之余勤勉学习，独凭一腔为人民服务的公正热血成了一名合格的法律工作者。当雷柏青谈论自己长达 8 年的审判工作，提及的并非劳累，而是单纯的释然："奉献使人感到愉快。"作为一名合格的共产党员，自己的所作所为就是应该"立好公平的杆，为人民服务"。在雷柏青过去的生活里，响亮的审判声伴随着来自新中国的阵阵清风，吹向遥远的边疆地区，为边疆人民带去了正义与安宁。

## 谆谆教诲育青年

"年轻的朋友们不能失去为人民服务的信念。永远要奉献，要服务，这是共产党员的基本要求。"这是雷柏青在访谈中从始至终都在强调的一点。组织上评选她为优秀党员，她却觉得自己做的还远远不够；人们都夸奖她谦逊，她却摆摆手，说自己只是做了共产党员应该做的工作。在她的人生观念里，共产党人更应当严格要求自己。即使工作能力暂时不足，也应该第一时间请求帮助，绝不可以丢弃信念。党性，是雷柏青身上不可磨灭的坚持。

雷柏青为改革开放以来中国社会的巨大发展变化而感叹。虽然已经退休了，她仍不忘服务与奉献。雷柏青从退休工资中拿出相当一部分来帮助需要的人，从学校里的家庭困难学生到社区中的重大疾病患儿，至今已坚持了 4 年，累计资助 10 万余元。"从人民来的要返回人民"，在这样深刻的认识中，雷柏青继续践行着她的信念。

## 尾声

在反复的请求下，我们才看到了她这些年来获得的种种荣誉和表彰，或是优秀党员，或是有关捐献与资助的证明，这些证书、奖状都被她珍藏在一个抽屉里。一个合格的共产党员固然与荣誉相伴，但荣誉并不需要四处张扬。那些静静躺在抽屉深处的诸多表彰，虽然在时间中渐渐沉默，却以其默然品格感染着越来越多的人。

青年大学生应当向优秀榜样学习，学习先进模范，为新时代奉献自己的青春之力，在新时代建功立业。

# 殚精竭虑兴基业　一腔热血报航空
## ——北京航空航天大学航空科学与工程学院高镇同院士采访记

**受访人简介：**

高镇同，男，1928 年生，北京航空航天大学航空科学与工程学院教授，1991 年当选为中国科学院院士。我国著名结构疲劳专家、教育家，被称作"永不疲倦的结构疲劳专家"。

他创立了"疲劳统计学"分支学科，提出了中国专有的飞机结构寿命预测理论，建立了结构疲劳寿命可靠性评定的专家系统。取得重大科研成果近 20 项，其中国家科技进步一、二、三等奖共 4 项，国家技术发明二等奖 2 项，部级奖励及何梁何利基金科学与技术进步奖 11 项。

他传道授业，桃李满园，从教六十余年，学生逾千人，多名学生现已晋升为研究员、教授、博士生导师，5 名学生当选为院士。1989 年，其教学研究成果荣获国家优秀教学成果奖，本人被授予"全国教育系统劳动模范"称号。

他坚持以教育强国为己任，不让一个学生因贫困而失学，早在 20 世纪 80 年代末他就开始资助贫困学生，并逐渐扩展到其他领域，从个人积蓄中拿出一部分助力国家扶贫攻坚。高镇同院士获得"首都道德模范"和首届"感动北航人物"等称号，2007 年获中华慈善事业突出贡献奖，并被授予"中华慈善人物"称号。

高先生数十年如一日传道授业，既是教授学生学识、能力、素养的好老师，更是塑造学生品格、品行、品位的"大先生"。为此，2017 年 10 月，北航为高镇同院士颁发了学校最高荣誉奖——立德树人成就奖，奖金 100 万元。

**采访人：**北京航空航天大学航空科学与工程学院辅导员　饶章恒

　　　　北京航空航天大学航空科学与工程学院 2018 级硕士研究生　王前

**执笔人：**北京航空航天大学航空科学与工程学院 2018 级硕士研究生　王前

## 国之不盛家何在，发愤图强意志昂

　　高镇同院士 1928 年生于北平，他自小亲历民国时期的丧权辱国之苦，为逃避战火流离失所，饮恨悲歌。从那时起，他幼小的心灵蒙受了亡国的屈辱，同时也激发出励志报国的决心：他盼望有朝一日中国用自己生产的飞机利炮抵御外敌，他盼望人民不再流离失所，国家不受战乱摧残，他盼望中国能够强盛起来，不再受外强欺辱。他在人生漫漫长路上不断求索，践行航空救国、航空报国的伟大目标。

1952 年，24 岁的高镇同随清华大学航空系来到建校伊始的北京航空航天大学，成为北航首批创建者之一，从此在这里开始了飞机结构定寿延寿的研究。他深知实际操作对于理论探究的重要性。短短两年间，他开创了"材料力学"全部实验课程，千里跋涉从洋行采购进口的试验设备。1954 年，自行设计制造出国产第一台光弹性仪，研制出第一枚电阻应变片，他组建的北航材料力学实验室在当时堪称全国一流。60 年过去了，实验室不断更新完善，服务着一代又一代北航学子！

1959 年，频发的坠机事故将疲劳问题引入力学界视野，更引起了高镇同的注意，他组织研究人员首次开展机身疲劳试验研究，因缺乏经验且试件不佳，初试失败。此后，他虚心学习，攻读相关书籍，组织翻译新中国系统疲劳研究的巨作《疲劳译文集》，为新中国发展疲劳统计学奠定了坚实基础。他提出了中国专有的飞机结构寿命预测理论，建立了结构疲劳寿命可靠性评定的专家系统，参与指导我国歼击机、轰炸运输机、直升机等二十余个机型数千架飞机结构的定寿和延寿，经济效益达数百亿元，获得多项国家科技奖励。


## 校园耕耘六十载，学术交流万象新


高先生不仅科研硕果累累，对教学更有独到见解。

"治学是在没有耕耘过的学苑开垦荒地，每迈一步都是新的。治学是在创新不断积累的过程中，站在科学发展前沿，沿着没有先验的思路探索，推出新体系，开辟新领域。"高院士如是说。高先生一直强调，治学能力是每一位研究人员之必备，科研路上要学会不断获取新知识。知识和能力相辅相成，知识有助于能力的增强，能力能扩大知识领域，还要勤于实践、敏于思考、勇于创新，做到知识和能力相互转化。

高先生在航空教育事业中勤勤恳恳，成就斐然。他敬业奉献，治学严谨，师德垂范当代。面对初涉疲劳统计学的学生，他耐心细心指引他们掌握知识，孜孜不倦鼓励他们勇于突破。为给国家培养出拔尖人才，他引经据典鼓励学生超越自己，他常对学生说："弟子不必不如师，师不必贤于弟子。一代胜过一代，国家才能兴旺发达，民族才能繁荣昌盛！"他的学生傅惠民回忆学生时代，最难以忘怀"老师的小屋"，这间小屋是高先生传道授业、教书育人、进行科研创新、解决我国飞机研制和使用中一系列难题的重要场所，高先生经常在这间小屋里和学生一起讨论学术问题，一起推导公式，甚至一起讨论国家发展和人生追求。

他带领学生解决国际难题，指导学生突破疲劳寿命和疲劳强度之间分布式关系的研究禁区，面对学生得出的异常结论，他逐字逐句推敲，多方法数学推导，严谨的学术态度为学生树立了榜样。正是他补充的概率模型，启发了学生傅惠民，其发表的论文一度在疲劳可靠性学术领域引起震动。概率模型这一成果，不仅提出了一种新的看待疲劳问题的角度，更实实在在解决了许多国内外长期悬而未决的疲劳强度分布问题，攻克了飞机精准定寿的难题，达到了巧妙延寿的目的，由此创造了巨大的经济效益。

## 大爱无疆天地阔，为善最乐且自得

熟悉他的人都知道，除了科学家、教育家的身份，高院士还是一位爱生如子、视民为亲、爱国如家的慈祥老人。

20 世纪 80 年代末，有一名叫王洋的学生引起高先生注意，高先生总见他面色苍白，一副营养不良的样子。正值考期，先生去买了两袋奶粉送他补养身体。在那时，奶粉不仅短缺，且价格不菲，学生十分感动。不仅如此，他还经常从自己区区几百元的收入中，拿出少则三五十元，多则几百元来资助贫困学子，甚至一天内资助三四个学生，以致多年后经常有学生回来探望，表达谢意。

从爱生如子、视民为亲，到爱国如家，高先生把慈爱事业从身边延展到全国。自 20 世纪 90 年代至今，高先生先后为江西宜春陆豪外国语实验学校捐款设立奖学金；为中华慈善总会、"宏鹰助学金"、"希望书库"、印度洋海啸、汶川大地震等捐款，总额达百万元。2018年11月，在先生90寿辰前夕，他再次捐款90万元，在北航航空学院成立了"高镇同基金"，用于奖励学习优秀的学生以及贫困生，鼓励他们成为空天报国的合格建设者和可靠接班人；奖励在教学科研一线作出突出贡献的青年教师，鼓励他们坚持立德树人，勇攀学术高峰。

然而高先生自己生活却十分俭朴，至今住在建筑面积不足85平方米的居室里，学校多次提出给高先生迁移宽敞舒适的新居，却被先生婉拒，他一直坚持"愿得此生长报国，何须名利绕吾身"。他喜欢把慈善称为一种文化，慈善涵盖治国安邦、文史、艺术、教育、哲理等内容，所以称之为文化。走进慈善文化天地，能心灵净化、共享人间大爱。

风风雨雨六十载，疲劳佳话永相传。少时经历的丧权辱国之痛，点燃了一位少年发愤图强、航空报国的决心；流离失所之苦，激发了一位青年苦心孤诣、振兴中华的担当；机毁人亡之殇，指明了一位学者潜心研究、勇于创新的方向。作为学者，他脚踏实地，刻苦钻研，致力于祖国的飞机疲劳可靠性事业；作为教师，他关爱学生，倾其所有，助力祖国航空人才的培养。"殚精竭虑兴基业，一腔热血报航空。双手托起栋梁材，绚丽多彩慰生平"正是高镇同先生从教60余年的写照。

# 一步一脚印　走过艰难初创期
## ——访北京服装学院老教师何建华

受访人简介：

此次接受我们访谈的是到北京服装学院工作的第一批青年教师

之一——何建华老师。现年已经88岁高龄的何老师冒雨返校接受了记者的采访，讲述了当年亲身经历的北服及共和国的故事。

1931年，何建华老师出生在江苏省江阴县，给他取名为"建华"，是因为身为小学教师的父亲希望他长大后建设中华。对于幼年时就目睹日本侵略者的残忍暴行，且跟随家人躲避战乱的何老师来说，父亲的言传身教让他走上了教书育人、为国家培养人才的道路。

**采访人：**北京服装学院艺术设计学院　上官弋渤　蒋明君
**编　辑：**北京服装学院服装艺术与工程学院　高鹤

1960年8月20日，作为第一批青年教师来北京纺织工学院（北京服装学院前身）报到时，何建华老师还清楚地记得，出现在他眼前的两个大水泥柱子就是学校校门，临马路一栋三层高的家属楼便是学校的教学楼、宿舍楼兼食堂，而这栋楼还是学校向纺织工业部借来的。就这样，何老师搬进了学校安排的单身宿舍，30平方米的房间里摆放了10多张上下铺，所有单身教师都住在里面。何老师告诉我们，入职的第一天晚上睡的木板床让他筋骨痛了一周，后来才慢慢适应。彼时，位于北京东郊的北京纺织工学院新校舍正在兴建当中。

在"没有条件，创造条件也要上"的思想指导下，当时的纺织工业部决定在北京也办一个纺织工学院（那时只有上海的华东纺织工学院）。于是，在还没有自己校门的时候，北京纺织工学院就迎来了它的第一批师生。何老师也因此与北京服装学院结下了一段不解之缘。

建校初期招收的学生分两类，大部分是自己填志愿考取的，一小部分是保送生，也就是以前常说的"调干生"。"调干生"都是在工作单位表现好的工人，可以带薪上学。学校第一届招收了3个班，共198名学生，由何老师给他们上"画法几何与机械制图"基础课。何老师对当年上课的情形还记忆犹新："我上第一堂课的时候，也是学生们进学校的第一堂课，大家都很兴奋，还有学生来问我要照片作纪念哩！"在当时，互留照片是很时髦的做法，师生间彼此留存的照片也成了这段回忆永远的定格。

同年，学校招收的第二届8个班学生和全校教职工一起搬到了定福庄新校区上课。说是新校区，其实操场、暖气管道、锅炉房等基础设施都尚未动工，学校看上去还是一片工地景象，大风一刮，校园里便尘土飞扬了。但令师生们高兴的是，学校终于有了属于自己的教学楼、宿舍楼，还有了专门的食堂。

来到新校区，困难接踵而至。何老师告诉记者，第一大困难就是吃不饱，粮食和蔬菜供应紧张。刚入冬时，学校食堂主管就开车拉着一大群师生去农村菜地里捡农户们剩下的白菜帮子。当时粮食也短缺，主食要定量，经过学校领导集体商议，秉持不能让学生饿着肚子上课的原则，学校规定学生的定量不能低于每月35斤，这比何老师当时的定量还要多7斤。

除了吃不饱，建校时面临的第二个困难是入冬后没有暖气。何老师回忆当时给3个班上大课时，为了取暖就在教室前面摆了一个一米半高的大煤炉。一节课下来，教室里已是烟雾缭绕，气味呛人，坐在后排的同学还是不免要冻手冻脚。宿舍的每层楼道里也摆着大煤炉，但收效甚微。在如此艰苦的条件下，全校师生没有一个人生出退却之心。教师认真教，学生认真学，一起携手度过了学校初创时最困难的几年。

1961年，学校还面临教学任务调整的难题。为满足化学纤维工业发展的需要，纺织工业部决定把学校性质转变为以化学合成纤维生产加工专业为主，专门培养化学纤维、纺织化学工程技术人才的院校，学校也因此更名为北京化学纤维工学院。这一变动给学校的教学系统造成了不小的冲击，也给同学们的学业增加了难度。但这种种困难并未浇灭全校师生的学习热情，他们都积极调整授课和学习的重点，一心只想为国家的化纤事业贡献力量。"也没有气馁，反而觉得充满希望"，何老师忆起当年时仍然壮心不已。

何老师还细心地为我们画出了1964年时的校园布局图。在建校五年之后，一个有400米操场跑道，可以容纳800名学生的北京化学纤维工学院终于建成，而关于北服的故事才刚刚开始。"文化大革命"期间，何老师服从学校安排，前往江西农村教课。但等到1970年再返校时，"学校没了，学生也没了，当时就像个无家可归的孩子"。回忆起那段混沌的岁月，何老师仍有些哽咽。

此后，学校又经历了与北京化工学院合并办学、复校招生等多个时期。直到1982年，学校教学秩序步入正轨，校领导几经周折才征下一片芦苇坑和菜地，开始兴建如今位于朝阳区樱花东街的新校区。当时已是机电系主任的何老师，还参与修建了学校机电楼。

就像新校建成时，何老师在校门口亲手种下的雪松一样，北京服装学院在几十年的风雨洗礼中终成参天大树，如今已是一片郁郁葱葱。

对于今天的青年学子，何建华老师深情寄语："你们处在一个幸福的时代，也面临着一个竞争的时代。不要偏离方向，要正当向上地竞争。要注意提高思想素质，提高辨别是非的能力，千万不能人云亦云。"

听着何建华老师的讲述，我们仿佛回到了那个年代，那个一无所有但又满怀理想与行动的年代，那个每个人都为了祖国去奋斗去拼搏的时代。如今，我们再也不用去捡菜叶子吃，再也不用冬天在教室里烧煤炉子取暖，但我们青年学生不能没有了像何老师这样吃苦耐劳、艰苦奋斗的精神。我们要以实际行动表达我们对祖国母亲的热爱，对母校的热爱。我们坚信，再大的困难也可以战胜！

# 导航人生

## ——北京工商大学雷渊超教授访谈记

**受访人简介：**

    雷渊超，1926年生，湖南蓝山人。1950年毕业于清华大学电机工程系，毕业后在大连海军学校任教。1954年调入哈尔滨军事工程学院海军工程系任导航教研室主任。1958年，雷渊超开始研究核潜艇长期水下导航问题，是我国舰载惯性导航系统的开拓者和最早研制者之一。1970年，哈尔滨军事工程学院的海军工程系改建为哈尔滨船舶工程学院，他任导航教研室主任、自动控制系副主任。1982年，在中国船舶工业总公司系统工程部工作。1983年，调入北京轻工业学院（现为北京工商大学）任自动化工程系主任。1996年退休。

**组织人：**北京工商大学关工委　北京工商大学艺术与传媒学院

**指导教师：**北京工商大学关工委　马廷钧　徐晓聆

**采访人：**北京工商大学艺术与传媒学院2017级本科生　李昕澍　杨睿清

        北京工商大学艺术与传媒学院2016级本科生　陈帅

        北京工商大学艺术与传媒学院2015级本科生　解国强

**执笔人：**北京工商大学艺术与传媒学院2017级本科生　李昕澍

    党龄已经66年的雷渊超教授虽然已经93岁高龄，仍然精神矍铄，侃侃而谈。在新中国成立70周年前夕，我们采访了这位我国舰载惯性导航系统的开拓者和最早研制者。他的一生是任劳任怨、图强报国的一生，他的经历给我们留下了非常深刻的印象。

## 立志报国，始于开国大典

1949 年 10 月 1 日，即将从清华大学电机工程系毕业的雷渊超亲历了在天安门前举行的开国大典。如今回想起来，他依然激动万分，一再提到，那天下午 3 点，毛主席在天安门城楼上向全世界郑重宣告"中华人民共和国成立了"时，广场内外欢呼的场景仍然历历在目。从那一刻起，他下定决心把自己的一生奉献给祖国，奉献给即将投入的工作。

## 结缘导航，发端大连海校

1950 年 1 月，正当雷渊超迎来毕业的时刻，海军派人来清华大学物色人才。非常幸运，雷渊超等 8 人被选中。来不及等到毕业证书到手，雷渊超就踏上了去大连海军学校的路程。在大连海校，雷教授不仅光荣地成为海军的一名战士，还当上了海校的教员，被分配的教学任务正是"导航技术"。起初，他自己也完全不懂，于是边教边学，从电航仪开始，很快掌握了导航的最基本理论知识。由于教授的是舰船导航技术，雷渊超经常需要登上舰船在大海上做试验。初期下海晕船是家常便饭，这中间吃的苦只有他自己最清楚。然而，正是在大连海校的教学工作为雷渊超积累了宝贵的实践经验，为日后从事的科研教学打下了扎实的基础。

## 大展宏图，在哈军工奋发

1953 年，中央决定由陈赓大将出面组建我国第一所军事高等学府——哈尔滨军事工程学院。不出雷渊超的期待，他收到了陈赓院长发来的聘书，成为哈军工的第一批教员。1954 年 11 月，他担任了海军工程系导航教研室主任。1961 年他被提升为少校、副教授。由于是刚建校，一切从零起步。为了教学，他加班加点编写教材，起早贪黑筹建实验室，使导航专业短时间内初步具备了教学条件，试验装备也初步可以运行。记得当时许多南方调来的教员非常不适应哈尔滨的气候，但是大家都满怀一腔热血，无怨无悔准备大干一场。

海军工程系在创建初期连学制都在探索之中。学生从各地调来，大学生继续学习两年，高中生学习三年。学习气氛非常浓厚，大家都憋着一股劲儿，想尽快学到本事，为我国的海军发展作贡献。

在哈军工的 29 年中，除了教学，他主持和参加了许多科研项目。但是由于是军工，所有有关科研的文字都不可以发表。可以说，在那里是真正的默默奉献。

20 世纪末，我国开始发展核潜艇，导航系统是必不可少的四大关键技术之一。潜水艇一次下水就在水下逗留 3 个月之久，因此，对导航系统提出了更高的要求，上级提出的要求是：第一，要保证核潜艇的安全；第二，要保障导弹和鱼雷的正常发射。必须满足足够的精度，还必须随时可以校准；必须适合长时间独立运行，还需要可靠性极高。当时，他们提出了一系列方案，但是还必须解决体积、重量等现实问题，难度之大可想而知。1960 年国庆节前夕，他们与 707 所等部门联合，终于拿出了样机。

20 世纪 50 年代末，苏联专家的撤走给他们的科研工作造成了巨大困难。在极为困难的条件下，雷渊超带领他们的团队研究出适合潜艇的惯性导航系统及其辅助设备，为我国的核潜艇事业建立了不可磨灭的功勋。

1970 年，哈军工海军工程系更名为"哈尔滨船舶工程学院"，从哈军工独立出来，雷渊超任导航教研室主任、自动控制系副主任。

由于工作需要，雷渊超夫人调到北京，他们开始了长达 4 年的两地分居。但他为了工作，毫无怨言。

他于 1979 年晋升为正教授，是改革开放后的第一批正教授。算起来，他的正教授龄都已经整整 40 年了！


## 不忘初心，献身教育事业


1983 年，雷渊超作为高级人才调入北京轻工业学院（1999 年与北京商学院、北京机械工业管理干部学院合校后，取名北京工商大学）。来校后，他即任自动化工程系主任。在这个岗位上，他再创辉煌。长期的军工科研和教学使雷渊超打下了良好的理论和实践基础，在自动化过程技术领域得心应手。他先后主持多项科研课题，发表多篇相关文章，带出硕士研究生三十余人，为我国的国防事业、轻工业发展培养了众多宝贵的人才。

访谈结束的时候，他一再重复的一句话："希望寄托在你们年轻人的身上！"

他一生获奖无数，最珍视的荣誉有 3 个：国务院政府特殊津贴获得者、黑龙江科技战线先进工作者、陈赓大将署名的聘书。

回顾一生，雷渊超教授感言——与时俱进，喜看未来。他导航了核潜艇，导航了自己，也导航了莘莘学子。

# "一凡"老师不平凡
## ——记北京印刷学院退休教授李一凡

作　者：北京印刷学院新媒体学院 2015 级学生　严心宁

初识李一凡老师，是在一个暮春下午的一节艺术概论课上。

"同学们，下午上理论课大家容易犯困，我先给大家唱一段京剧样板戏《智取威虎山》提提神。如果我唱得好，男同学要大声叫好，女同学要热烈鼓掌啊！"

"穿林海——当当当当嘀嘀当当当当嘀——跨雪原……"李老师站在讲台中间，中气十足地自伴自唱，两只手从容地比画着动作，一对浓眉和那两撇像鲁迅先生一样的八字胡随着面部表情的变化一上一下地跳动着。李老师一唱罢，同学们叫好的叫好，鼓掌的鼓掌，一个个都来了精神，课堂气氛活跃了，李老师又开始笑盈盈地讲课了。

今年66岁的李一凡是一位颇有建树、具有艺术家气质又深受学生喜爱的老师。北京印刷学院为迎接新中国成立70周年，组织师生开展"我和我的祖国"征文活动，我作为在校生，被安排采写几年前退休后又被北京印刷学院返聘的李一凡老师。

李老师并没有因为我是一个"学生记者"而有一丝怠慢，他用了一个上午的时间给我们讲述了他和祖国、和北印一起成长的故事。

说起自己的成长经历，李老师先给我们讲起了他人生中的第一个大物件。

李一凡从小擅长画画，后来又喜欢上了版画、宣传画。一个偶然的机会，他发现照相机拍出来的东西比画的更真实、更快捷，有喜欢的画面拍下来洗成照片"定格"后还可以再照着慢慢画。"要有一台属于自己的相机！"这是李一凡当时最大的梦想。

在吉林农村插过3年队，李一凡体验了农民种粮的种种辛苦，所以他吃饭从不剩一粒米，为此还得了个"不剩饭"的绰号。1971年初，他的知青生活结束，回城在吉林通化钢铁厂当了工人。当时每个月只有18元的工资，可他省吃俭用一年多，愣是用攒下的187元钱买了一台上海牌4型双镜头反光照相机。在那个年代，这台洋气的家伙可是百货商店里价格最贵的商品。很多人不理解，生活并不富裕的李一凡为何要如此不切合实际地"高消费"。只有李一凡清楚，他要圆心中的一个艺术梦。

买回照相机后，李一凡就忙得不可开交：装胶卷、调快门、调光圈、对焦、取景……半夜里在家学习冲洗胶卷。有一天下班了，李一凡挎着相机喜滋滋地去厂里拍炼钢、炼铁的场景。当他眯着眼睛聚精会神对焦、取景时，却被警惕性很高的厂保卫人员发现了，他们不知道这个人怀里抱个东西"鬼鬼祟祟"地在干什么，硬是不由分说地把他当成"特务"带到了保卫处。

"有个拍照片的工人被当成特务啦！"这个笑话很快在厂里传开，厂宣传部的领导了解了真实情况后把李一凡要到新闻报道科做摄影工作，后来他还成了《吉林日报》的驻厂记者。

"机会总是留给有准备的人的,任何时候都不能放弃学习新知识!"回忆起自己从工人变为记者的经历,李一凡感慨万千。后来,中国市场上的数码相机一款新过一款,机械胶片相机再无用武之地,但李一凡却一直珍藏着那台上海牌4型双镜头反光照相机。在他眼里,这台相机改变了他的人生轨迹,也见证了祖国经济的快速发展。

李一凡做梦也没有想到,自己后来会成为一名高校教师。

1978年恢复高考后,李一凡以过硬的美术功底考取了吉林艺术学院,并留校任美术系教师。在一次校际交流活动中,他接触到了多媒体传播,从此又开始研究多媒体艺术,并尝试着将其引入课堂教学中。

2001年,李一凡被调到北京印刷学院,他敏锐地意识到这所文化艺术气息很浓的院校,如果能通过多媒体方式呈现艺术品,一定会大大提升传播效果。于是,他和志同道合的同事们积极行动起来,筹备成立设计艺术学院并任负责人。

"那个时候多媒体可是个新鲜事物,人们都不能相信静态的艺术作品还能动起来,全方位地传播和呈现。"李一凡清楚地记得,成立典礼上他邀请了10多所艺术院校的同行,结果只有一个兄弟院校的代表出席。"当时我们在设计艺术方面还没有能吸引人的东西!"

10多年过去了,如今的北京印刷学院设计艺术学院在国内名气响当当,师生团队先后承担了2008年北京奥运会景观和国庆60周年台湾彩车等国家重大项目的设计任务;学生设计的"砳砳"作品被选为2014年南京青奥会吉祥物、"蓝嘟嘟"作品被选为青海湖的吉祥物。2018年韩国平昌冬奥会闭幕式上"北京8分钟"多媒体策划设计工作,也是这个学院毕业生王志鸥带领团队完成的;2022年北京冬奥会和残奥会会徽的设计者林存真也是这个学院的优秀毕业生。

从筹备成立设计艺术学院,再到北印以艺术设计独领风骚,作为设计艺术学院最早期的负责人之一,李一凡为这个学院的成长感到自豪与欣慰。

"一部优秀的多媒体作品不可能一蹴而就,从创意到成品需要精雕细琢、反复修改。"这些年，李一凡和师生们一道努力、一起成长。2004 年，他和学生们一道完成的多媒体作品《中国风筝》参加国际莫比斯大赛并获奖；2009 年，李一凡创作的作品《寻觅皇城》获得第五届世界多媒体与互联网峰会新媒体艺术展创意奖；2010 年，他带领的多媒体艺术教学团队被评为教育部国家级教学团队。

2019 年是祖国母亲 70 华诞，李一凡用多媒体方式讲述中国文化在都城与国家之间龙脉传承的故事。他说他要加倍努力，把自己多年来积累的经验全都呈现在"都城国脉"这部作品中，打造一个优秀的多媒体作品回报祖国的培育之恩。

从知青到工人，从普通教师到学科带头人，从吉林到北京，从过去到现在……李一凡侃侃而谈。虽年过花甲，但他依旧潜心创作新媒体作品，依旧奔波忙碌传播文化，依旧默默坚守三尺讲台。和祖国一道成长的过程中，李一凡老师收获了很多荣誉和尊敬，但他始终强调自己的人生就像"一凡"这个名字一样平凡，自己也不过是一个平凡的人而已。但在我们学生眼里："一凡"老师不平凡。

# 执着专业　投身教学四十年
——北京石油化工学院曾建唐教授访谈记

**受访人简介：**

　　曾建唐，河北唐山人，教授，北京市教学名师，1946 年 2 月出生，1970 年 7 月参加工作，2009 年 2 月退休。北京石油化工学院电工电子教学与实验中心学科带头人、校教学督导组组长，北京市高教学会电工学研究会副理事长。

1970—1983 年，在陕西机械学院（现西安理工大学）主讲电工学、电机拖动、模拟、数学电子技术等课程；1983—1992 年，转至华北石油职工大学主讲电工、电子技术；之后在北京石油化工学院主讲电工学、电路分析、模拟电子技术、半导体变流技术等课程。1998 年，曾教授兼任实验室主任，主持电工电子实验室参加北京市教委的基础实验室合格评估工作，获得北京市教委颁发的"合格实验室"铜牌。2000 年，主持创建电工实习基地，并参加北京市 10 个重点基地之一——光机电一体化人才培养和产学研基地的筹建工作。随后，他又主持了中国高等教育学会全国高等教育科学"十五"规划重点课题——《"十五"时期一般理工科院校电工电子基础实践教学综合配套改革的探索与研究》，于 2005 年 11 月通过专家组鉴定并结题。主编的《电工电子基础实践教程》，2002 年被评为"十五"国家级规划教材，2004 年被评为北京市精品教材。

曾教授还积极推动 EDA、现代电子设计与创新等新课程的建设和大学生课外科技活动。他多次主持学校电子设计竞赛，组织、培训参加全国或北京市大学生电子设计竞赛的选手，使竞赛成绩逐年提高。

采访人、执笔人：北京石油化工学院信息工程学院 2017 级学生　王煜　王凌宇

## 治学严谨获好评

关于"电"的情缘，要从曾建唐教授上学时期说起。那时，他几乎天天听广播，听国家大事，当时便对朗诵和无线电技术产生了兴趣。他觉得通过小小的一台收音机就能知道那么多的重要事件，实属神奇。后来，他靠着自己打工挣来的钱买了一台二手收音机，就开始研究收音机的内部构造，这也为之后的理论学习打下了实践基础。

酷爱"电"的曾教授在大学期间阴错阳差主修了工程经济。但由于对电的兴趣颇大，他在西安交大和理工大重新学习了与电有关的自动化专业，投

入教学事业至今。

回顾 40 年教学时光，曾建唐教授以治学严谨而著称，他幽默的教学方法及严肃的教学纪律得到了学生的好评。"教学是与学生交流的舞台。"在这个舞台上，他扮演的角色是严师。

做过教学督导员的曾教授，对于课堂纪律很重视。当他听说某班的纪律很差，迟到、旷课、早退的人不少，就亲自到教室听课，他的威严使班上纪律好转很多。对于上课随意说话之人，曾教授说肯定不可能从根剔除，但可以通过提问等方式让学生集中精力听课。

虽然教学严厉，但他却始终以温和的态度来引导学生的学习。无论课上课下，只要学生有问题向曾教授询问，都会得到满意的答复。正因为如此，一般老师在下班之后很少在办公室，而他却是晚上 6 点前很少回家。他坦言，因为辅导学生、组织电子设计竞赛，他和信息工程学院的几位老师连续几年没有过一个完整的暑假。

在课堂上严格要求学生的他对自己的要求同样高。在电工方面教学 40 多年的他从来没有不备课就去给学生上课的经历。他认为这是对学生的负责，同时也是一个老师责任心的重要表现。严于律己、以身作则是他成功的重要原因。他说："凡事先要求自己，只有自己好了，才能严格要求别人。"

在编写 70 万字的教材和制作课件时，他还在学习计算机应用上下了很大功夫，现在曾教授很自豪地说："我的电脑应用水平不比别人差。"

## 培育青年正当时

曾建唐教授是学校青年教师基本功大赛的评委。任教 40 载，按他老人家的话说就是从来不打无准备之仗，没有一次上课空手而去，更不会放弃任何一个学生。曾教授感慨道："我们现在的年轻教师学历水平越来越高，但是他们大多没有学习过如何教课，对着 PPT 念内容，我管这叫对屏宣科，这和以前的照本宣科是一样的，学生通过你的课想要得到的是你自己独特的感悟和秘诀，而不是带着他们读一遍就行，这就是学校举办教师基本功竞赛的原因。"

曾教授在给年轻老师的寄语中说道:"严师出高徒,严格要求学生的前提是教师首先严格要求自己。'以学生为中心,以教师为主导'的教学理念不是空话,站在学生的角度想,什么样的老师才是学生欢迎的;站在老师的角度想,怎样才能对得起学生。熟能生巧,只要用心和投入,过教学关就不在话下。祝青年朋友进步向上!"

退休后的曾教授始终心系教师工作和学生学习情况。曾教授坦言,退休之后他有更多的时间用在有价值的教学研究上,用在他喜欢的"电"上。中国特色社会主义进入新时代,古稀之年的曾教授仍坚持用新思想武装头脑,带着新问题去思考,用他自己的话说就是"国家在进步,我们这些老同志也不能落后。国家在强起来,我们老一辈更应该追求进步。年轻人正处在蓬勃的上升期,要心系国家,勇于担当,努力充实自己,不断超越自己"。

# 新时代的奉献榜样
## ——访北京信息科技大学退休教师张凤兰

作　者:北京信息科技大学信息与通信工程学院研 1802 班　　王鹏

每天都会舞太极扇、做操、定点投篮球、健步走;有众多爱好,例如太极拳、乒乓球、门球、游泳、健身舞;坚持参加学校活动,关爱大学生生活的点点滴滴;经常参加社会公益活动,参加社区、街道组织的各项活动……在听到这么多的活动后,我们很难想象这是 86 岁的张凤兰老师的日常生活。

　　第一次见到张老师是在离退休教师的活动室，她身边围绕着几个大学生。张老师虽满头银发，但却精神矍铄地给同学们解决生活中遇到的问题。张老师就是这样一位乐于助人的人。她常常说："我是一名老党员，要牢记党的教导——活到老，学习到老，为人民服务到老。"

　　泰戈尔有一句名言："我们必须奉献于生命，才能获得生命。"奉献是中华民族的传统美德，也是全人类共同的价值追求。我校健翔桥校区有一个叫"吉祥独居老人互助之家"的组织，这里的老人年纪最大的89岁，最年轻的60岁。这个"互助之家"的发起人就是张凤兰老师。十几年前，张老师看见很多退休的孤寡教师生活上多有不便、缺乏关心，她对此心急如焚。于是，她牵头和几位老教师成立了"互助组"，这也是"互助之家"的雏形。她常常组织大家出来聊天、参观博物馆、与学生座谈、做体育运动等。如果大家有什么事需要她帮助的，她总是一个电话就到。在"互助组"成立的第一年，张老师就打了7000多个电话。伴随着张老师的倾情付出和良苦用心，"互助组"慢慢壮大，成长为几十人的大群体。张老师还经常探查北京各地的养老院，在被问到为什么要花费大量的时间亲自去查看时，她动情地说道："我们'互助之家'这些老人最终还是要去养老院的，我非常担心他们的养老问题，所以我要提前帮他们找找归宿，做做规划。""互助之家"在帮助离退休空巢老人互相帮扶的同时实现老有所为，在弘扬互助道德文化方面发挥了积极作用，营造了校园内尊老、敬老、爱老的互助温暖氛围。从张老师身上我们可以体会到，常怀奉献之心的人真正懂得人生的快乐，心拥奉献之念的人真正懂得人生的真谛。

张老师不仅关爱老年人，她也善于做青年人的好朋友、知心人。她经常说："走到年轻人中间，我感觉自己也变年轻了。"在一次党日活动中，我们邀请了张老师给支部学生党员和积极分子分享改革开放40年来我们国家发生的巨大变化。张老师从自身出发，回顾这40年来的发展，认为中国从封闭落后到开放文明富强，这是历史创造性的40年。结合通信工程方面的专业知识，张老师回顾了移动通信的发展，从大哥大手机到如今已实现的5G技术，用大量翔实的例子充分说明了我国发展速度之快、变化之大。通过张老师的分享，我们既能体会到我们国家发生的沧桑巨变，也能感受到她时刻更新自己的知识储备，只为能给年轻人更好的帮助和指导。她常常会走到年轻人中间，询问大家的学业计划、人生规划，如果大家在生活中遇到了难事或迷茫的问题，她也总是会给大家一些非常中肯的建议。

已是耄耋之年的张老师，总是把别人的安危冷暖挂在心上，常常忽略了自己也是一位年近九十岁高龄的老人。她向我们诠释了一位人民教师、一位共产党员的崇高精神品质，她为他人服务的品质和意志让人肃然起敬。一个人要实现价值与幸福，不能缺少奉献精神；一个组织要取得成功与赞誉，也不能缺少奉献精神；一个国家要完成发展与繁荣，更不能缺少奉献精神。正像张老师所说："为别人服务，做其他人的知心朋友，是我的选择。以身作则、践行誓言，也是我追求的所在。"作为国家的接班人，当上一代人完成了他们的历史使命，我们这一代人需要做的、能做的就是传承，或继承其衣钵，或传承其精神，因为我们这个国家、民族还有更美好的明天，正等待着我们穷尽我们的生命去开创。

习近平总书记在纪念五四运动100周年大会上的讲话中指出，新时代中国青年要听党话、跟党走，胸怀忧国忧民之心、爱国爱民之情，不断奉献祖国、奉献人民，以一生的真情投入、一辈子的顽强奋斗来体现爱国主义情怀，让爱国主义的伟大旗帜始终在心中高高飘扬！我们应当牢记习近平总书记的殷切嘱托，珍惜韶华、不负青春，在学习中增长知识、锤炼品格，在工作中增长才干、练就本领，以真才实学服务人民，以创新创造贡献国家。

作为新时代的青年，我们是朝气蓬勃、富有创新精神的社会群体，也是推动社会进步的新生力量。我们人生的成长轨迹和党提出的"两个一百年"奋斗目标的轨迹是完全吻合的，这是我们的幸运，也应该是我们为之奋斗一生的目标。我们应当以天下为己任，把个人价值的实现与国家民族的命运紧密相连，把自己的理想与实现中国梦紧密相连，用全部的青春和热血为实现中华民族伟大复兴的中国梦作出自己的贡献！

# 信仰永驻　初心无改

——北京物资学院张声书教授采访记

受访人简介：

张声书，男，1938年5月出生于四川省自贡市，中国物资经济学奠基人之一，中国物流学会顾问，部级突出贡献中青年专家，国务院政府特殊津贴专家。1983 年起，先后兼任中国物资经济学会副秘书长、中国物资经济理论研究委员会副主任、全国煤炭物资经济协会副会长、中国物资流通协会常务理事、中国社会科学院项目评估与战略研究咨询中心理事、中国物流与采购联合会常务理事、北京物资流通协会副会长、全国物资类教材编审委员会副主任等职。1986 年起，任北京物资学院副院长、院长，学术、学位委员会主任。

**采访人、执笔人**：北京物资学院商学院 2017 级本科生　李重霄

北京物资学院信息学院 2017 级本科生　赵欣宇

张声书教授，经历了北京物资学院从筹备建设到改革发展的全过程。他是一位为国家科研教育事业孜孜不倦奋斗的老教授；一位坚持 24 年申请入党、退休后坚持 10 年为大学生讲党课的老党员。他是中国物资流通经济研究的先驱者，同时也是一位奋斗在教育事业最前线的老教授，他在时代的大潮中奋勇向前，引领学界潮流。他在北京物资学院任副院长、院长 14 年，为北京物资学院的发展作出了卓越贡献。

## 为了中国梦　奋斗不停步

当被问到为什么会走上研究物资经济这条道路，并在物资流通经济教育领域奋斗了一辈子时，张声书教授笑着答道："我都是听党的召唤，听国家的安排啊！"

张教授的成长与治学之路，用"砥砺前行"来形容毫不为过。1955 年初中毕业后，他被分配到市建筑工程局计划科当计划统计员。1956 年，响应国家"向科学进军"的号召，党委书记动员他上学去，他当年就考上了高中。1959 年，张声书又考上了四川财经学院（现西南财经大学），攻读工业经济专业。1963 年大学毕业，张声书被分配到了北京经济学院物资管理系任助教，教授物资经济管理课程，自此，开启了他的治学之路。

1963 年，在他毕业分配的时候，著名工业经济管理学家、系主任吴世经教授告知他，将分配他到北京经济学院教书。他告别了 4 年同窗的校友，告别了含辛茹苦培养他的老师和母校，从成都奔赴北京经济学院物资管理系报到上岗。

北京经济学院物资管理系，是 1963 年我国建立的第一个培养物资经济管理（生产资料流通经济管理）专业高等人才的基地。在 20 世纪 60 年代初期，我国正处在国民经济困难时期，物资流通管理比较混乱，采购人员满天飞。每年在北京召开的全国订货会，会里会外两三万人，大小宾馆、饭店都人满为患。当时，周恩来总理看到这种情况，深有感触地说："这种骡马大会，必须改变。"物资管理系正是在这种背景下应运而生的。国家物资局遵照时任国家主席刘少奇的指示，把北京劳动学院改建成北京经济学院组建物资管理系，并于 1963 年招生。当时，物资管理系的教师绝大多数都是从全国有关高校毕业生当中选调来的。物资管理系先后调进 70 多名教职工，教师分配在物资经济管理、材料产品管理、机电产品管理教研室及机电、材料实验室。当时，物资管理系只设机电产品管理和材料产品管理 2 个专业，由于是新建系，教员年轻，没有专业教材，没有教学经验，还要新建实验室。物资管理系的筹建工作和适应物资经济管理、产品管理专业的几十本教材的调研、编写任务相当繁重。几百名学生已经入校，在上完基础课之后就必须要有教材上课。这时，全系进入紧张的筹建和调查研究编写教材工作当中，压力很大。物资经济教研室全体教师在留学苏联的博士李京文老师的领导下，到国家物资部门、物资公司、储运仓库实习、调查、搜集资料，为编写教材打好基础。经过近两年的调查研究和编写，终于在 1965 年编写出《物资经济（初稿）》的油印教材。张声书教授说："物资经济研究是李京文老师开创的，后来我继往开来。我走上研究物资经济理论研究这条路，李京文老师是我的引路人。"

1966 年，受"文化大革命"影响，物资经济的教学与研究被迫全部停止。直至"文化大革命"结束后，物资经济的研究和教学与时俱进，从学科、专业、教材、教学质量、办学规模，都得到很大的改进和提高。在 1978 年全国社会科学三年、五年规划会上，张声书教授提议设立物资经济学科的建议意见被采纳并正式纳入规划。这为全国高校设立物资经济专业、发展物资经济理论、开拓物资经济本科和研究生教育及继续教育、创新教材奠定了基础。1978 年，张声书教授与中国社会科学院财贸所研究员高涤陈副所长在中国社会科学院主编的《经济学动态》第 7 期上发表了题为《必须迅速建立我国的社会主义物资经济学》的文章，其中建议成立培养物资经济管理高等专门人才学院。1978 年 12 月，党的十一届三中全会提出了改革开放的政策，理论界提出生产资料流通必须按市场经济来运作，不然我国的经济体制改革就没有瞄准目标。国家物资总局也提出物资管理要按市场经济规律来运行，改变按计划经济的运作方式。为适应这种形势的变化，物资系统的管理思想、制度、办法必须有根本的改革，当时，适应这种改革的人才极为短缺。国家物资部和北京市政府共同向国务院提出以北京经济学院物资管理系为基础建立北京物资学院的报告，以培养国家物资人才，培训在职人员。1980年 3 月，国务院批准建立北京物资学院。

张声书教授从 1979 年开始受原国家物资部和原国家教委的委托，按照市场经济规律，编著或主编出版了一系列物资经济类教材、物流的研究成果著作：《物资经济概论》(1981 年)、《中国社会主义物资经济管理》(1982年)、《物资经济学》（1983 年）、《物资经济学》（1986 年修订版）、《物资经济学》（1993 年全国统编版）、《配送研究》（1993 年）、《中国通货膨胀》（1995 年）、《中国现代物流研究》（中、日合作，1998 年）和《流通产业经济学》（1999 年）等，其中多项成果获国家部级一、二、三等科技进步奖。

这些教材和著作及研究成果，为全国物资系统几十万人员的培训和本专科教育及研究生教育，特别是物资经济与管理类教育开创了先河；也为发展我国的物资经济管理和物流管理作出了贡献。著名经济学家万典武在《光明日报》发表评论说："由张声书主编的《流通产业经济学》在一些重要理论上，突破了传统的观念。"此书也被一些学校作为硕、博士生的指定参考书。

"砥砺前行"的核心是坚持。这一坚持，张声书教授就坚持了半个多世纪。他始终走在物资经济与物流研究这条道路上，这条路虽然崎岖不平，但他却越走越远。他在教学一线奋斗了56年，靠的就是"坚持"这两个字。

## 小学校亦有大志气

1986年起，张声书教授历任北京物资学院副院长、院长，兼任学术、学位委员会主任之时，正是学校的初创发展期。谈起北京物资学院的发展，张教授充分强调了创新的重要性。他说，创立初期的北京物资学院，不仅是一个新学校，还是一个小学校，怎样发展？向哪儿发展？在高校林立的北京想办法发展起来，是当时全校师生的共同愿望。首先找到自己的特色，"人无我有，人有我精"，"要敢为人先"是学校能发展起来的重要原因之一。"小学校也要有大志气"，张教授靠着这句话，和大家一起豪情满怀地投身到实践建校大计中。

北京物资学院期货专业的成功建立就是张教授引以为傲的事业之一。中国的期货事业发展始于20世纪90年代初期。1992年，中国大多数人连期货是何物都不知道，全国在计划经济转到市场经济的大潮中，期货经纪公司不断成立开业，但这方面的人才相当稀缺。物资学院抓住了这个机遇，与中国国际期货公司合作，举办了3期国际期货经纪人培训班，受到国内外一致好评。在此基础上，"1993年在北京物资学院开办了期货专业，当时那个难啊！没有任何借鉴，只能摸着石头过河，缺人、缺钱、缺物。"这是张教授的原话。但事实上，那个时候的他们抓住机遇，从和中国国际期货公司合作开办"国际期货人认证班"开始，一直艰苦奋斗，砥砺前行。那种困难现在回想起来，参与的同志们都唏嘘不已，张教授常讲，"小学校也要有大志气"。

"风雨之后见彩虹"，第一期的国际期货经纪人培训班大获成功，考试通过率达到了90%，同国外机构30%左右的通过率相比，影响无疑是巨大的。

培训班在美国期货界影响很大，当时连美国纽约的一家报纸都刊登了北京物资学院与中国国际期货公司合办培训班的好消息。之后连续办了多期，中国期货界的"黄埔精英"大多是从这里走出来的，许多期货界的经理人都是物资学院的校友。随着学校在全国影响的逐步扩大，在庆祝期货专业开办 20周年时，《中国科技报》发表文章称"北京物资学院是期货的黄埔大学"。北京物资学院进一步建立了期货实验室，加强了期货专业学生的实际操盘能力，被原国家教委作为面向全国推广的期货实验室。

张教授对物资学院的贡献不仅仅在于期货专业的开设，他还强调，要抓住学科办学指导思想，进一步完善学科建设和学科体系。他认为，学校的办学指导思想和学科体系，需要有明确的目标，应该不断完善和修改。

"我们学校要办出特色，特色才能立校。"这是张教授的办学理念。"坚持学术、立足流通、促进发展"是张教授一贯坚持的学术立场。张教授表示，光物流不行，应该把大的流通作为我们学校基础性学科建设的重点。所以如今我们学校的学科建设把流通作为特色基础和重点，物流是流通的一个重要组成部门。物流、商流、信息流三流合一，形成一个全新的流通概念。他还表示，在建校之初的 1983 年，以理工科为主，学校是立足物资部门；1993年之后随着物资行业的发展，逐步转为以财经管理为主，立足全国；1998 年随国家教育体制的变化，学校由原国内贸易部管理改由北京市政府管理，这时学校则改为立足北京、面向全国。他提出的这些办学理念一直影响着我们学校的发展和壮大。

如今，年过古稀的张教授依然关注着中国流通经济的发展。他曾担任中国流通经济杂志社的社长。2007 年，《中国流通经济》创刊 20 周年，他还亲自撰文表示庆祝。


## 向党初心永不改


张教授从 1958 年第一次向党组织递交入党申请书开始，到 1982 年加入中国共产党，历经 24 年坚守，革命信念始终没有动摇过。24 年风风雨雨，无论是 1958 年"大炼钢铁"、1959 年"反右倾"、1959—1961 年"三年困难时期"、1963—1966 年"四清"，还是 1966—1976 年的"文化大革命"、1969—1973 年到"五七干校"，去农村劳动"接受贫下中农再教育"等，时代的风云变幻磨砺了他，张声书经受住了从精神到身体的考验。24 年的坚持、288 个月的执着、8760 天的努力和永不放弃的入党誓言，终于使张教授实现了有一天可以迈进党组织大门的愿望。

张教授一颗红心向着党，退休后始终放不下他的教学，放不下他的学生们。他思考，还能为北京物资学院、为学生们做些什么呢？终于，从 2009 年开始，他为大学生们义务讲党课，这一讲就是 10 年。8000 多名学生从听他的党课开始，将加入党组织作为自己的人生目标之一。

在这次对话之中，他对学生最大的期望是：希望大学生不断努力进取，努力提高素质，包括思想素质、业务素质，特别是心理素质；要成为一个对国家、对学校、对家庭、对自己负责的人，希望同学们在时代的大潮中勇往直前，成为国家的优秀人才。

# 我爱吾师　可亲可敬的舞蹈界泰斗

## ——北京舞蹈学院潘志涛教授采访记

受访人简介：

　　潘志涛，著名舞蹈教育家，北京舞蹈学院学术委员会副主任，硕士研究生导师。他于 1956 年考入北京舞蹈学校，在完成 7 年的学业后以优秀成绩毕业，并于同年 8 月留校任中国民间舞教员；1978 年在北京舞蹈学院担任讲师，授课方向为中国民间舞；1987—1997 年担任民间舞系主任，并于 1995—2000 年被借聘至广东舞蹈学校，担任校长。他曾担任学院中国民间舞教材编写组副组长，参加教材编写工作。主编《中国民间舞教材与教法》，获原国家教委颁发的高等教育教学成果二等奖、北京市教学成果一等奖；主编《中国民族民间舞教学法》，获得北京高等教育精品教材证书。

自1976年至今，潘志涛教授已经创作或参与创作了若干部舞剧以及舞蹈专场晚会。其参与创作的舞剧《红岩青松》《卖火柴的小女孩》《文成公主》《紫禁城的公主》在公演时受到观众及专家的热烈好评；组织创作的舞蹈专场晚会《乡舞乡情》《献给俺爹娘》《小白鹭民间舞专场晚会》显示了"出人才、出作品"的好成绩。另外，他还组织了包括"奥运会开幕式仪式前表演""新中国成立60周年《复兴之路》"等多场大型活动，获得了巨大的成功。他于1985—2001年间在《舞蹈》等知名舞蹈类刊物上发表了多篇优秀文章，包括《"桃李杯"赛后谈》《贵在"乡舞乡情"演出之后》《元素教学——从自然模仿到理性运用》等，涉及了舞蹈的许多方面。另外，他曾担任多届CCTV电视舞蹈大赛、"荷花奖"舞蹈比赛及"桃李杯"舞蹈比赛的评委或点评专家。值得一提的是，"桃李杯"舞蹈比赛正是潘老师创意并主持举办的。

作　者：北京舞蹈学院硕士研究生　章梦雅

## 教学法的集成者

提及潘志涛老师，不得不想到中国民族民间舞系的两本重要教学书——《中国民间舞教材与教法》与《中国民族民间舞教学法》。这两本书是他担任学院中国民间舞教材编写组副组长时，带领民间舞系一批集实践教学经验与专业理论素养于一身的教师编撰而成。《中国民间舞教材与教法》整部教材在"民俗—民间—民族—典范"的总体思路指导下，按照汉族、藏族、蒙古族、维吾尔族、朝鲜族5个民族、8个舞种、16个细目的框架结构组成全书。

该教材通过对民间舞本体的舞种价值的再认识，成功地使"元素教学法"成为整个舞蹈教学中最具冲击力的彪炳之举。《中国民族民间舞教学法》一书则对教学方法、组合编排具有实操性的指导。它与《中国民间舞教材与教法》一同成为每届民间舞学生的必修课程，也成为我们日后从事教学的重要理论指导。

## 严谨治学　深扎民间

"民俗—民间—民族—典范"这一民间舞的发展道路是潘老师从自己的体会和经历中探寻出来的。他常常对我们说："获得知识和能力最重要的来源，就是必须到民间去汲取养料，寻找素材，并把它们变成教材，然后教会学生，让他们跳得更好，也让他们亲身去体验一下民间血肉给予的温度。所以，要想做好民族民间舞的工作，必须有家、有民族、有人民给予你的真情实感，才会从生疏到熟悉，从跟他们有距离到更加亲切。因为有了这样的联系，你便成长为一个有血有肉的、有情感的民间舞人。那些你在都市里成长所养成的毛病将会得到修正和完善，甚至在人格上都有了升华的时候，你会觉得采风是不能不去的，否则就好像是早已没有一滴水的枯井，而你这个依赖水存活的植物将会枯萎，没有生命力。我觉得'民间'和'舞台'便是这样的关系。"

即便退休后，潘老师常常能够如数家珍地与我们提及有关过去采风的经历。其中既有与羌族人民共舞喝咂酒的经历，也有青海高原上百姓带来的感动。正是因为他几十年深扎民间的研究，才会有大系教材中几百个丰富的民间舞组合集成，这些组合鲜活真实地反映出了当地民族的风采，也让民间到教室、再到舞台的教学脉络更加清晰且富有意义。

## 情系世界的教学大家

多年来，潘老师心系中国民族民间舞系的学科发展，积极参与系里组织的各项实践、理论研究以及师生活动。

手机日历上记录着他的行程安排，潘老师一个月中大部分时间都在外地和路途中度过。有时，一周的时间，他会去四五个地方进行讲座，就像充满活力的"空中飞人"。朋友圈里常会看到他所抒写的长篇"所思所感"，记录着全国各地的活动见闻。但即便他再忙碌，即便飞机晚点到凌晨才回到北京，只要学校里有课程安排，第二天他都会精神抖擞地出现在教室中给北京舞蹈学院的孩子们授课。

过去科技不发达的时候，潘志涛老师就带领教师们每周参与教学研讨、模拟教学、认真记录教学笔记，总结教学经验。这些笔头下的辛勤付出见证着他对教育事业的真挚情怀。年过七旬的他，始终坚持奋斗在教学第一线。我们的中国民族民间舞蹈概论、教学法、传统组合等课堂上，都能够看到他炯炯有神的眼睛、兢兢业业的身影，听到他幽默风趣的话语。和他在一起的日子里，我们不仅了解了民间舞学科的历史、中国民族民间舞的教学方法等，更重要的是学会了自理、包容、欣赏别人的道德品质，以及与同学、与老师、与他人融洽合作的社交能力。这对我们来说，是一笔取之不竭、用之不尽、源源而来的动力与财富。

## 步履不停的舞蹈传播者

潘志涛老师对于舞蹈身体力行的传播已经有几十年，在他身上看不到一丝岁月的痕迹。他对待舞蹈的满腔热情，不仅通过课堂教学讲授给学生，更通过发起比赛、电视点评、组织华侨舞蹈爱好者等更多方式传播给他人，让更多舞蹈人参与和研究舞蹈，让更多大众认识和喜爱舞蹈，让海外侨胞通过舞蹈凝聚爱国之心。

我们初学舞蹈时便知道舞蹈界的"奥斯卡"——"桃李杯"，获得"桃李杯"的殊荣也是对舞者水准的最高认可。从1985年到现在，跨越了几代舞者的年华，它几乎成为舞蹈人才的"梦工厂"，为舞界输送了一批又一批优秀的舞者，对中国舞蹈教育及整个中国舞蹈艺术发展发挥了无可替代的巨大作用。而我也未曾想到许多年过去，当年发起"桃李杯"的人成了我的导师。

在更多普通观众的眼中，潘老师是活跃在银屏中的"电视达人"：他曾是舞蹈《千手观音》的顾问，还担任了 2008 年北京奥运会开幕式仪式前表演的总导演，参与录制《天天向上》《舞蹈世界》等综艺节目，连续担任 5 届 CCTV 电视舞蹈大赛的特邀点评专家。其诙谐生动的语言和对舞蹈艺术传承的执着，感染并激励着所有喜爱舞蹈的观众朋友。通过银屏，他让更多观众认识了舞蹈，爱上了舞蹈，为舞蹈产业的传播与推广作出了身体力行的贡献。

退休 5 年之后的潘老师，在女儿潘琪儿启发下，与老伴许文绮老师又一次筹划了"泛美中国舞蹈爱好者联盟"平台。一方面，利用寒暑假的适当时间请几位北京的中国舞前沿老师前往美国洛杉矶教授中国舞蹈；另一方面，每年暑假发起"海外桃李杯"舞蹈比赛，面向国际舞蹈爱好者。"海外桃李杯"的主张是美育和普及，以培养对中国舞的兴趣为出发点，力求让每个有舞蹈理想的孩子都能够在舞台亮相，让境外的中国舞爱好者们通过肢体实现圆中国梦的理想，实现了一次国际拓展与飞跃。


## 生活中的心灵导师


做潘老师的研究生是很幸福的，因为出生上海的潘志涛老师，有着多年走南闯北的丰富阅历，有着堪比御膳房的好厨艺，常邀研究生们来家中聚餐，让大家大快朵颐。如他所言："饮食中体味民间文化，油盐中品读百家真情。"带领学生采风时，他首先便是带大家品尝当地美食。

前些日子刚过完 74 岁生日的潘老师依然像个"老顽童"，热衷于开拓和尝试新鲜事物。平日里，他为我们讲述学术理念、教学思考、生活所闻，我们也将疑惑和烦恼与他诉说。"家有一老，如有一宝"，面对这样家长似的心灵导师，我们对学习、对事业、对生活都有了更多期待和正能量。

豁达纯粹、自在愉悦，潘老师身上所散发出的返璞归真的生活智慧，深刻影响着我们对待生活的态度。

# 忆往昔峥嵘岁月稠　做踏实奋进科研人
——访北京工业大学陈建新教授

受访人简介：

陈建新，曾任北京工业大学电子信息与控制工程学院党委书记、院长，教授，博士生导师。

作　者：北京工业大学信息学部 2017 级　张浩智　覃莹薇
　　　　北京工业大学信息学部 2015 级　史李茹

育人是学校的中心工作，离退休老教授是学校的宝贵财富。如何充分发挥离退休老教授在育人中的独特优势，从而促进学生健康成长，这样的活动探索无疑有着特别积极的意义。学生成长过程中总会遇到这样那样的问题，需要有人帮他们指路导航；同学们有活跃的思想，也有服务社会的义务，如何将学生的志愿服务热情、能力展现在实际行动中，同老教授的需求契合起来，对于老教授和青年学生则有着双赢的价值实现期待。

当我们怀着好奇与激动的心情向陈建新教授问出，老一代科研人是如何在改革中进行学习与探索时，老教授以平静的语气向我们讲述了那段不平凡的过往……

## "文化大革命"时期——奋进的一代人

20 世纪 60 年代末，那是陈建新教授进入大学的第一年。"记得当初大街小巷里到处都是'红卫兵'，学校的正常秩序已经无法维护，"陈教授说道，"当时我们正在农村军训，所以也就顺势下乡工作了。"

"文化大革命"使那一代人辍学，但并不能击垮他们奋进的精神与坚定学习的信念。陈建新一边工作一边学习，早晨四点起床，骑车两小时到工作的地方，晚上要拖着疲惫的身躯学到学不动了再睡下。终于，功夫不负有心人，十年栽树一朝花开，奋进的他们迎来了那一代人通往科学大道的末班车——硕士进修班。

"当时，我们学校都下迁到了安徽，我就自学了本科四年的知识，最后又到中央办的进修班学习。"陈教授娓娓道来，"正是有了这段艰苦学习的经历，才有了此后的科研以及教学的生涯，在如此艰难的环境下学习、进步，所以说我们这代人是努力的一代人，是拼搏的一代人，是奋进的一代人。"

奋进的精神支撑着他们疲惫的身躯，让他们上可飞跃"六龙回日之高标"，下可勇渡"冲波逆折之回川"，在"猿猱欲度愁攀援"的"蜀道"

上健步如飞。"千磨万击还坚劲，任尔东西南北风"，奋进让他们在困境面前无往而不利，而困境将他们淬炼得坚韧不拔，才让前方的路变得坦坦荡荡。

## 留学之路——诚信与规则，踏实肯干才是硬道理

"在德国物理所的经历让我懂得要做一个守规则、讲诚信的人"，陈教授说道，"我更是从德国人身上学到了踏实肯干的工作精神。"

"当年在德国物理所的时候，我使用了氢氟酸（一种强挥发性酸，挥发气体对人体有害且污染环境）清理试管，这样会让试管更加干净，但是在德国禁止使用对环境有严重污染的氢氟酸，"无规矩不成方圆，德国更是一个充满着契约精神的国家，"是我错了，我作为一个外聘教授却坏了规矩，所以在被发现后我主动坦白了事实，"陈教授说道，"物理所的主管对我进行了严厉的批评，可谓劈头盖脸，我也因为此事而感到难受，但直到后来，我与那位主管成为了至交好友，我才知道，因为我的坦白，等待我的才是一顿批评，而不是一份解聘书，此事让我感触颇深。"

守规矩，讲诚信，即使迎面吹来的是逆风也会成为一股助你矫正方向、平稳速度的正确力量；相反，失信逾矩，即使平步青云，前程似锦也只是加速灭亡的助推器罢了。

"在某一次实验里，我不小心在一种极其贵重的材料用量申请表上多填了一位数，"陈教授继续讲述着，"负责取材料的德国小姑娘注意到了这点，但她并没有急躁地质疑我，而是找到了物理所的大主管，向他争取同意。主管也没有冒昧地质问我，而是让小姑娘礼貌地再找我核对一遍数量。这样既保证了材料不浪费，又保全了我的面子，这样踏实而又细致肯干的工作精神着实打动了我。"

陈建新教授这发自肺腑的感叹令人动容的同时也发人深省：快节奏的生活让我们迷乱、繁忙，也让我们无时无刻不处于"心如汤煮"的急躁之中，

194

导致我们做事越来越"不求最好，但求最快"。不说沉淀、反思，就是踏踏实实做一件事的时间都已没有，而许多的烦恼与失败却也恰恰累积自这一点一滴的毛躁与粗糙之中。所以，放慢节奏、且思且行，养成踏实肯干的工作精神才能完成自我超越。

## 教学生涯——基础与创新，机会留给做好准备的人

"要从教出多少人才判断一个学校的水平，而不是有多少科研成果，"谈起自己的教学生涯，陈教授可谓是滔滔不绝，"我将大半辈子都奉献给了咱们北工大，陪伴着咱们学校走过了风风雨雨，有过科研成果，有过荣誉奖项，还是建立咱们自己的光电子实验室的元老之一，"老教授自豪地讲道，"但我从来都记得，教书育人才是本分。"说罢，陈建新教授向我询问起我们以及身边同学们的学习情况。"你们要趁现在，趁年轻，努力学习，打好坚实的基础，要有探索精神，不懂就问，那种刨根问底的执拗劲是最难能可贵的，"陈教授向我们谆谆地教导着，"当年我教书的时候就老是告诉我的学生，坚实的基础知识很重要，是你们未来抓住机遇、迎接挑战的一把万能钥匙。"

"创新，创新，你们年轻人总说着要创新，但是如果没有坚实的基础作为保障，你的创新之路将会寸步难行。"陈教授又给我们讲了他当年面试研究生的时候，基础差的人，即使再聪明、再会表达自己，他也不会收，就是因为没有良好的基础知识，一切创新与发展都无从谈起。

在成为一名优秀的科研人之前，机遇与准备、奋斗与方向、基础与创新、诚信与规则，缺一不可。少了诚信是竭泽而渔，缺了规则是肆意妄为；少了基础是空中楼阁，缺了创新是墨守成规；少了奋斗是自甘堕落，丢了方向是逆水行舟；少了机遇是怀才不遇，缺了准备只剩望洋兴叹。所以，奋发图强、坚持拼搏、保持原则、时刻准备、等得机会、踏实奋进，才能成为一名优秀的科研人！

# 七十年风雨兼程　我与祖国共成长

## ——访北京建筑大学土木与交通工程学院材料系陈家珑教授

采访人：北京建筑大学学生　李俊廷　过建军　孙婧然　张宇彤　高文婧
执笔人：北京建筑大学离退休工作办公室　赵京明

　　和共和国一同成长起来的陈家珑教授，其性格深深铭刻着时代的烙印，朴实、执着、勤奋、任劳任怨，这些都影响着陈教授一生的生活、工作、专业和成就。陈家珑教授在学校主讲课程是土木工程材料实验，研究方向有竹模板应用、新型骨料与混凝土、人工砂与建筑垃圾再生应用等。经过多年不懈的努力，陈教授在多个科研项目中作出突出贡献，并获得众多奖项，于2011年和2018年两次获得国家科技进步二等奖。

## 梅花香自苦寒来——见证历史、共同发展

　　与中华人民共和国同岁就意味着一生都走在了建设祖国的路上，陈家珑教授说，他们这代人，跟随着祖国的发展而一起成长，经历过磨难和改革，承受过挫折也见证了成就，所有这些交织在一起，成为这代人的宝贵精神财富。

　　"我在哪里都不甘寂寞，不管把我放在哪儿，条件再好也好，再差也好，都不会向命运低头，总想着如何为国家、为社会做一点有益的事情。"陈家珑是这样想的也是这样做的。前30年，陈家珑经历了20世纪50年代的"反右"、60年代的"三年自然灾害"和"文化大革命"，但这都没能影响到一个充满热情的年轻人去努力奋斗、发奋学习、踏实工作与无私奉献。

20 世纪 60 年代末，陈家珑随着"上山下乡"的洪流来到山西插队，因为在插队时帮助地方搞科研、搞气象、修复废弃气象设施、协助气象部门预测天气预报等，他成了地区先进知识青年，《人民日报》报道了陈家珑的先进事迹。最终，陈家珑成为知识青年中的幸运儿，被推荐上大学，成为当年15 万工农兵学员大学生中的一员，他的人生轨迹从此发生了变化，进入到全面提速发展时期。求学、工作、科研，陈家珑在祖国的怀抱中见证了每一件大大小小的事件，见证了祖国几十年的风风雨雨，也见证了改革开放 40 年来的辉煌，他在"建筑垃圾利用"方面的研究成果终获国家科技进步二等奖。

## 博观而约取，厚积而薄发——求知若渴、勤奋钻研

去了南京林产工业学院后，他一头扎进了图书馆，求知若渴、勤奋钻研，从书中汲取各类营养。在当时的环境下，书籍、知识就是年轻的陈家珑的精神食粮。读书可以改变人一生的命运，是千古不变的真理。陈教授一生崇拜毛泽东，作为开国领袖的毛泽东一生博览群书。毛主席每天日理万机，晚年在病床上仍然坚持读书，这让陈教授佩服不已。陈教授说："书对人的文化影响十分之大，我们现在的条件好了，能接触的书比当时不知多了多少倍，我们应当珍惜这种环境，把握条件，丰富自己的头脑，以书为阶梯开阔自己的眼界，让自己储备更多的知识。"陈教授认为，学什么专业并不重要，重要的是学习的能力和解决问题的能力，我们要掌握好这两个能力，它们是我们作为当代青年人的基础和根基。当我们拥有解决困难的能力时，面对什么样的难题都能从容面对，也有着将其克服的决心、勇气。

正是有了这样的决心和储备，他为建筑材料的研究、教学与管理奋斗了30 多个春秋，成为固体资源化研究与应用领域的一面旗帜，同时将自己的研究成果服务于教学、科研，服务于社会。他的建筑垃圾资源化技术已经应用在汶川等地区震后重建和首都建设中。他的研究成果为学校科研发展、培养实践型人才作出了突出贡献。

## 愿得此身长报国——肩负重任、以身作则

有责任感是新中国成立初期那代人的特点。毕业后，陈教授放弃了到中国林业科学研究院木材工业研究所工作的机会，留在了当时工作环境相对恶劣的山西雁北，刻苦钻研，研制出利用榨油机生产的木材刨花板，受到了山西省科技局的表彰。成绩的取得是长期积累和努力的结果，陈教授在插队的时候，就曾在林场研制出挖树机，大大提高了林场的工作效率……所以，"位卑未敢忘忧国""天下兴亡，匹夫有责"并不简简单单是几句口号，我们要真正把自己当作国家的主人，尽自己所能去做事，把国家的事当作自己的事，不为报酬，不图名利，不争职称、职务，执着专注，不在意外部环境的变化，踏踏实实地把事做完整。这听起来简单但做起来并不简单，"善始者实繁，克终者盖寡"说的也正是这个道理。怀揣着信念做事，扎扎实实工作，无怨无悔坚持，必然能取得辉煌成果，无限风光在险峰。

参与科研工作后，陈教授认为丰富知识、长期积累、确立方向、不惧挫折、不懈努力是科研工作者的基础，正是有了这个基础，才有了坚持的动力。对每一个实验他都亲力亲为，对每一组数据他都亲自复核，所以所有的实验和数据都有过硬的支撑，底气也正是从此而来。有了这股底气，在面对别人的怀疑和否定时才能转变他们的态度，改变他们原有的对待新事物片面的想法。

陈教授结合自身的实践和体会，谈了对新时代年轻人的期许与愿望。他认为，年轻人要不怕苦、多培养自己的动手能力、应当做事有毅力、多经历。希望我们青年人能够多读书，人生短暂，读书可以用别人的经历丰富自己的经验；也希望我们能够多走多看，"纸上得来终觉浅，绝知此事要躬行"，希望我们不要被眼前的得失蒙蔽。对陈老先生的谆谆教诲，北京建筑大学学子应当铭记于心。

在经历了和祖国同行 70 年的发展历程后，陈教授对我们青年人说："中国的发展前途决定于年青一代，我们再怎么和祖国同龄，再怎么和祖国同行，都会慢慢地老去，被社会淘汰。所以说祖国未来发展是什么样还得看你

们这一代年轻人。"

社会的发展、祖国的强大，是一代又一代有志之士奋斗的结果。国家正是有着像陈家珑教授一样的奋斗人，才使我们的祖国能以更昂扬、更繁荣的姿态迎来自己的七十华诞。生于世纪之交的我辈，自当接过前辈的精神火炬，在建设祖国的过程中实现人生价值。

# 托起新中国妇幼康泰的守护天使

## ——记首都医科大学中医药学院原院长方生

**受访人简介：**

方生，女，1929年生，中共党员。1962年毕业于北京医科大学卫生系，是一名有着70多年党龄的老党员。新中国成立前在北京辅仁女中、中法大学学习，同时从事地下革命活动；新中国成立初期在西城分局、海淀区委、区政府工作，任干部科长；1958—1962年在北京医科大学学习，毕业后先后在北京医科大学、北京市卫生局和北京联合大学中医药学院（后与首都医科大学合并）工作并在1984年任北京联合大学中医药学院副院长、院长；1990年离休。

离休后，方生同志参与筹建北京性病艾滋病防治协会，先后担任副秘书长、副会长和中华预防医学会北京分会副会长。在担任副会长期间，为促进原卫生部关于在非预防专业加强预防医学教育的精神在本市的落实，组织各医学院校教学主管人员参加编写了《社会医学讲义》，获中医药学院教学成果奖；任《北京卫生志》编委期间，主编《北京卫生史料——医学教育篇》一书，共21万字；编写《北京卫生志》一书中的医学教育篇，共7万多字。

方生同志在退休前和退休后多次被评为"优秀共产党员",并在 2009 年入选"首都教育 60 年人物"。

采访人、执笔人：首都医科大学关心下一代工作委员会秘书处　李亚莉　黄京燕

方生院长在 1947 年上高中时加入中国共产党,是当时众多决心为共产主义壮丽事业奉献一生乃至生命的热血青年之一。1949 年 4 月,北京市委分配方生到海淀区委工作。1952 年起,她担任海淀区卫生建设科科长,负责主持开创全区卫生工作,妇幼卫生是其中的重要内容之一。

新中国刚刚成立时的海淀区,妇幼卫生力量很薄弱,除海淀镇及成府街有极少数产妇可得到新法接生外,全区绝大部分产妇依然靠旧产婆或自家老人接生。不少人下铺沙土、上盖旧棉絮,致使产褥热和新生儿破伤风,夺去不少母婴的生命。

方生院长刚到任,市里就派来了第一批卫生技术人员,她们是市卫生局输送来的两位助产士——张淑文和朱孕先。当时,方院长看到来了这么两位外表白白嫩嫩的城市姑娘还心存疑虑,担心她们无法胜任农村的妇幼卫生工作。但后来的事实证明,她们不但完全胜任,而且她们简直就是将新生命一个个平平安安地迎接到我们新生共和国大地上的小天使!

张淑文和朱孕先到来之后,首先在全区推广新法接生,要求各村初步选出新法接生员培训对象(平均每 100—150 户一名,条件是较好的旧接生婆或略有文化的热心妇女)以及安排培训地点等。方生作为区政府干部,时常陪同她们前往各村开展工作,后来又来了两位助产姑娘。大约两年多的时间,他们就将全区 48 个行政村(含海淀镇及北下关等 6 个街镇,相当于村的行政建制)跑了好几圈。每到一村,首先做回顾性调查,摸清上一年产妇及新生儿死亡情况,并调查现有旧产婆情况。随后,他们将几个村预选的接生员集中到一个适当地点开展培训,培训内容有消毒灭菌基本知识、产前检查、新法接生、产后访视等,对文化水平稍高的接生员还会教新生儿接种牛痘、卡介苗的方法。培训班一般 7—10 天一期。培训后,发给消毒产包、盆、手刷、酒精等。后来,市卫生局还统一下发了《接生员手册》。每

当一个培训班结束时，都立即在当地建立接生站，并组织接生员共同讨论建立"小组公约"。在这些工作的基础上，从1953年初，着手建立专门机构。到1954年底，先后在全区建立了东北旺、北安河等7个妇幼保健站，每个站负责一个乡范围的工作。每站配备3—4名助产士或妇幼保健员，负责周围约5公里、2万—4万人口的妇幼卫生工作。每个保健站管理3—4个接生站，全区共有26个接生站。这样就形成了一个以区卫生院妇幼科为中心站、各乡妇幼保健站为支柱、村接生站为基层的妇幼保健网。这张网对以后海淀区妇幼卫生工作的逐步提高起了十分重要的作用。每个妇幼保健站建立的当天，都召开本片几个村的村干部、妇联干部和妇女代表大会，由方生院长代表区政府做动员宣传。各保健站还在适当地点设巡回检查站，使孕妇就近得到更为准确的产前检查，并有利于对接生员的带教；每月召开接生站工作汇报、学习会，使接生员水平不断提高，进而又开展了经期保健、新法育儿以及建立农忙托儿所等工作。

经过不断的努力，在20世纪50年代中期，海淀区新法接生率已达到95%以上，已极少发生产褥热死亡和新生儿破伤风死亡了。每当方院长看到一个个小生命在助产士姑娘或经她们培训的新法接生员手中平安地来到人间，看到妇女们不再因生育而过生死关，方院长对这些城里来的姑娘可真是心悦诚服了。当地农民也从起初对年轻姑娘来管生儿育女之事都很不理解，到后来看到这些姑娘以及由她们培训的接生员接生的新生儿，果然像她们承诺的那样，"接一个，活一个；活一个，壮一个"，因而对她们十分信任。当她们每到一村巡诊，许多妇女都会围上来抢着问长问短。

方生院长那时20多岁，和那些姑娘们是同龄人，几年间多次一起下乡，几个人一块儿，或蹬着自行车"驰骋"在石渣公路上，或推着车步行在泥泞的乡间小路上，大家边走边聊，在谈工作之余，也谈生活、谈理想，人人都为建设繁荣富强的新中国豪情满怀！

如今的海淀区妇幼保健机构早已今非昔比。海淀区妇幼保健院是一座漂亮的淡粉色的大楼，矗立在中关村西区一条大道旁。对如今的人来说，所谓"旧产婆""新法接生"等，已经是十分陌生而遥远的词汇了。每次途经这座楼，方院长便不由自主地想起 60 多年前一起共事的那些助产士姑娘，她们是永远不该被忘记的人。

方生院长深情地说道："这些姑娘不仅是我接受医学教育的启蒙人，正是与她们以及那些做防疫消毒等工作的年轻人的数年合作，使我 28 岁时又重新上学，改学公共卫生专业，并使我一生丢不掉对预防医学的热爱！"最后，方生院长说出了她祝福祖国的心里话："我爱我的祖国，祖国深植在我的心中。不见高山，不显平川，不经历风雨怎能见彩虹？我的成长因祖国的发展而绚丽多彩，祖国的发展陪伴我走过青葱岁月。祝福你，我的祖国，永远坚强，永远蓬勃！"

# 亦精亦诚　济世人生
## ——记首都医科大学原副校长、名老中医王道瑞教授

采访人：首都医科大学燕京医学院医学信息专业 2018 级学生　李经纬
　　　　首都医科大学燕京医学院临床医学室专业 2018 级学生　果红满
　　　　李云飞　王佳禹
执笔人：首都医科大学燕京医学院教师　崔群颖
　　　　首都医科大学燕京医学院医学信息专业 2018 级学生　李经纬

人生路漫漫，几十年转瞬即逝，几十年沧海桑田。在祖国的长期建设中，有这样一位杰出的优秀共产党员，年轻时支援边疆，年老后服务家乡，他就是首都医科大学原副校长、名老中医王道瑞教授。我们十分有幸能够拜访到老先生，由于我们的到访，先生也翻开了他的记忆相册。

"嘭嘭嘭"，随着急促的敲门声，思绪回到 50 年前的一个雨夜：还在睡梦

中的年轻的王道瑞医生急忙起身，还没看见人，就听见焦急的呼喊声："王医生救命啊，家里媳妇要自杀，趁我们不注意刚偷喝了'敌敌畏'，现在躺在火炕上没动静了！"王教授一听，抓起草帽，背上药箱，光着脚就往老乡家里跑。

跑过一路泥泞后，进屋一看，患者呼吸心跳都还在，此时药箱里只有尼可刹米能够兴奋呼吸中枢，暂时缓解患者症状，于是王教授赶紧给患者打了一针。当时的条件艰苦，药箱里只有几支尼可刹米、一根导尿管、一支5毫升的注射器和一支3毫升的注射器，根据扎实的中医基础知识，王医生的脑子里快速组合出一个办法——盐汤探吐，也就是孙思邈的《备急千金要方》中提及的。时间不等人，王教授扫了一眼旁边，看到一口大锅，急忙吩咐家里人把盐融化在锅里煮沸，待冷却后他赶紧拿出一根导尿管顺着患者鼻子插进去，再拿出一支5毫升的注射器一下一下地把盐水推进去。凭着一根导尿管和一支注射器把这个人救活了，临走前也不忘叮嘱家人："把蚕豆打碎，放在锅里熬水喝，这样能让她好得快一些。"

在一旁的我们发出不断的惊叹之声，一下把王教授拉回现实。这些事情在老先生看来已经不值一提："这些都是当年响应毛主席号召，面向三个地方——面向农村、面向边疆、面向基层，我们毕业之后，从山西到新疆，北京一个不留。"看着王教授一脸坚定，我们问道："青海那么艰苦，您为什么选择去青海呢？"王教授笑了："青海因为海拔原因，大家都不想去，当时我在学校是学生干部、支部书记，看到大家都不想去，我就提出去这里。"

虽然王教授说得很轻松，但我们还是为他主动要求去艰苦地方的决心表示敬佩，因为我们知道，这一去就是20年。面对没吃过的青稞，酸酸的味道开始难以接受；面对寸草难生的高寒地带，只有单调的土豆、包心菜；面对吃肉艰难的偏远地区，只有过年过节时生产队才按照人头给每家略分一点。这20年来，他都未曾叫苦叫累，难咽的青稞他慢慢习惯；咸咸的腌菜他表示满足；甚至生产队分给邻居牧民家的一点肉，他们也会收好等着他回来吃。想到这里，老先生轻轻闭上眼睛点点头，一头银发熠熠闪光，脸上洋溢出感动的神情："青海人啊，真的非常淳朴善良。"

王教授也曾骑过"宝马"，翻过雪山，只为完成当时的任务——办合作医疗。任务之紧急、路途之遥远，外加高原空气稀薄，王道瑞整整走了8个小时。把马匹累趴下，王教授也只是稍作休息便继续上路。对于这些艰苦的回忆，王教授幽默地说道："在当时这种环境，观赏沿途的风景也是个乐……"

妙手回春的王教授救了许多条生命，也治好了当地无数人的病，百姓都十分爱戴他、舍不得他，但由于国家卫生建设需要，上级还是将他从基层调到西宁市。1980年，由于青海医学院中医系缺少师资，王教授调入了青海医学院。国家恢复高考后，当年需要培训三年制的工农兵学员，总共50人，光是分配给王教授的就有25个学生。后来，他的学生都大有一番作为。1984年，青海医学院在新生招生时，缺少讲"古医文"的老师，在学校主教毕业年级"瘟病"课程的王教授便担此重任。这一教就是中医的4门课，尽管教学任务重，他依然一丝不苟，每一门课都予以重视。同年，他在青海医学院任学系党支部副书记兼系副主任，可是学校并没有安排主任。一心教书的他找到了校领导，领导说："你就一边上课一边干，我看看你有多大本事，我不能给你配人。"在一旁的我们替王教授打抱不平，王教授也笑了："后来我才知道，他的意思是怕我跑了。这样我就两三门课照上，系里的工作照干。"

王教授在他热爱的青海医学院任职8年。为了给学生足够的发展空间，又恰逢北京医学高等专科学校建校，王教授回到了北京，投身于首都医疗卫生事业建设。初进学校的王道瑞教授当起了班主任。当时，条件艰苦，刚刚建校，上课还没有教材。在青海就开始做主编的王道瑞教授，凭借多年的教学经验和写作能力，很快编出了学校的第一本教材——《中医学》。"因为咱们不是一家用，我就联系全国的专科院校联合编中医教材，一共7家，在中国中医药出版社作为正式教材出版，全国都用这个。"他骄傲地向我们介绍，也拿出了已经出版的书向我们展示。看着他编写的一本本教材，我们也看到了王教授对中医事业的热爱，对传承发扬中医学的决心和信心。

后来，王老先生历任北京医专教务处长、副校长、党委书记，直至任职首都医科大学副校长。王道瑞教授多年投身医学教育事业，带领教学团队成功申请了许多有利于医疗学事业发展需要的专业，为国家的医学发展作出了杰出的贡献。

2003年，王教授从领导岗位退休。王教授退休至今十几年从未间断在中医临床岗位继续服务百姓，诊治帮助无数患者；他整理著名老中医医案讲稿成书，举办中医讲座，授徒带教，并成立了自己的中医工作室，退而不休，孜孜不倦。此外，每周一他都会回到自己的老家——北京顺义张喜庄卫生院出诊，以最低挂号费为当地百姓看病，常常半天要接诊五六十名患者，午饭经常推迟到下午一两点钟。他受到了当地老百姓的爱戴，很多患者从河北、山东等地慕名远道赶来求治，王教授不顾年高，只要患者有求，必尽全力。

我们一行人临走前，王教授坚定地说："是党和国家培养了我们，我在青海工作20年，我无怨无悔。当年我们班一共50人，我们立志要为国家奋斗50年！"如今，虽然他在医疗卫生和医学教育岗位上服务已超过50年，但近八十岁高龄的老先生每天早晨坚持长跑，锻炼身体，他说："我要把掌握的这点知识传承下去，要让中医发扬光大，帮助更多患者。"

几十年兢兢业业，二十年扎根边疆。王道瑞教授肯于吃苦，全神贯注，为中国医学的传承与发展作出巨大贡献，潮白河畔留下了他大公无私的身影，他受到百姓的爱戴。"党和人民培养我、信任我，我才有一身本领。"王老怀揣大医精诚之心服务百姓，教书育人，悬壶济世，与共和国共成长！

# 从一个穷孩子到博士生导师
## ——记首都经济贸易大学靳向兰教授

**受访人简介：**

靳向兰，女，1937年12月出生于天津芦台，1959年毕业于北京师范大学数学系，1963年调入北京经济学院（现首都经济贸易大学），1993年被评为正教授，1998年被评为博士生导师，2003年退休。

作　者：首都经济贸易大学宣传部　杨俊

首都经济贸易大学城市学院公共管理专业 2017 级学生　林振羽

## 怀揣五角钱上大学

1945 年，靳向兰还不到 8 岁，父亲因病去世，家庭生活极其困难，几经辍学，是校长、老师帮助她渡过难关，完成学业。

1948 年家乡解放，当时 11 岁的靳向兰兴高采烈，扭着秧歌，唱着"解放区的天是晴朗的天……"迎接全国解放。上中学期间，她每月都会领到国家给予的 20 斤小米补助。1955 年高中毕业后，靳向兰想赚钱养家，就没有打算报名高考。直到报名截止前一天，在老师的多番劝导下，她才报考了北京师范大学数学系，因为读师范不交学费，还管饭。接到录取通知书时，靳向兰哭了，不是因为高兴，而是因为没路费（火车票 3.84 元），去不了北京。老师、同学都帮助她想办法："可以去镇政府申请补助啊。"于是，靳向兰去了镇政府说明情况后，镇政府资助了她 5 元钱作为上学的路费。这 5 元钱除了买火车票以外，靳向兰还买了牙粉、牙刷等日用品，最后剩下 5 角钱。怀揣着这宝贵的 5 角钱，她踏上了开往北京的火车。

坐了近七小时的绿皮慢车到了北京后，靳向兰坐上了北京师范大学接新生的汽车，来到了地处北太平庄的学校。回忆起大学生活，最让她记忆犹新的是在北师大吃的第一顿饭——大米饭、白菜、肉炖豆腐。"真香啊！比现在的山珍海味都香！"靳向兰说，"因为在家总吃馇馇就小葱，夏天几乎吃不到热菜，所以白菜豆腐这样的普通饭食在当时的我看来，都十分美味。"此后，由于生活的改善，一年后，她长个了，体壮了。大学优美的环境、充实的学习生活让她感到无比的幸福。

大学四年，靳向兰经历了向科学进军、"反右"、大炼钢铁、修十三陵水库等等大事件，终于在 1959 年毕业了。当时的大学生都"一颗红心，两手准备"，时刻准备着"到农村去！到边疆去！到祖国最需要的地方去！"靳向兰服从组织分配，留校当了助教。1963 年，她调入北京经济学院任教，做了一辈子的人民教师。

## 当好第一个博士点的第一批博士生导师

1973 年，北京经济学院从河南干校搬回北京，开始了建校筹备工作，当时的基础课主任高瞻远瞩，提出了要建立经济数学系。而经济数学是经济、数学与计算机"三位一体"的学科，是在宏观、微观方面用数学模型来研究经济问题，而当时的老师虽然大多数是从名牌大学毕业的，但对经济与计算机很少知晓。怎么办？需要"走出去，请进来"，要请专家学者来校讲课，要求现有教师克服一切困难外出学习，要去社科院、中科院、中国人民大学、国家统计局等单位学习、取经。靳向兰当时被派往国家计委统计局，与中科院、中国人民大学、统计局等单位的老师一起编制我国第一张实物型投入产出表，并学会了使用 DJS-6 计算机，收获极大。这些都为她日后带本科生、硕士生及博士生奠定了基础。

1978 年，经过几年的筹备，经济数学系招收了第一批学生，他们大多是经过几年"上山下乡"锻炼、渴求知识的学子。在系里硬件设备不足、人才短缺、资料贫乏的情况下，师生们无怨无悔，同努力、共拼搏，终于培养出了一批合格的本科生。1979 年，经济数学系又招收了硕士生。经过 20 多年的奋斗，1997 年，首都经济贸易大学数量经济学位博士点获批，这也是学校第一个博士点。经过层层遴选，靳向兰被评为第一批博士生导师（共 3 人，3 个方向），研究方向是投入产出。2001 年，靳向兰穿上博士生导师服与第一个博士合影之时，心中无比激动。她告诉我们："一个穷孩子，在党的多年培养下，如今也能培养出博士生，我要珍惜这个机会，在有生之年为国家培养更多人才，报效国家，报效社会。"直至 2003 年，靳向兰年满 65 岁，共培养了 3 批 4 位博士，从此正式退休。

## 贺国庆 难忘人生第一次作曲

唱歌是靳向兰的最爱。退休后，她积极参加了校老龄艺术合唱团，还当了 15 年的团长。该团在 2017 年首都经济贸易大学优秀老同志社团评选中被评为"幸福之家"。

2010 年，在首都经济贸易大学 55 周年校庆来临之际，学校开展了校歌征集活动。当时从未作曲的靳向兰在诗人张光洪老师（已去世）的再三鼓励下，决定试一试。出于对学校的了解和热爱，对音乐的执着和迷恋，她反复揣摩曲调和曲风，逐渐形成了"首都经贸大，我可爱的家……"的优美旋律。两周后，她的第一首谱曲诞生了。

经过不断学习、琢磨，靳向兰对谱曲已达到痴迷的程度。几年来，她与校内外诗人合作创作了 20 多首歌曲，现已装订成册，取名为《我的作曲歌集》。其中与诗人张光洪老师合作的歌曲有《歌颂首都经贸大》《嫦娥奔月》《心声》等，与诗人李福田老师合作的歌曲有《大杂院小胡同》《北京精神礼赞》《我们赶上新时代》等。这些合唱歌曲在合唱团内广为传唱，有些曲目在校内外演出，获得好评。特别是《大杂院小胡同》于 2014 年在北京电视台《特别关注》栏目中播放，词曲作者还接受了电视台主持人采访。

在庆祝祖国 70 华诞之际，靳向兰回忆起自己的成长过程，感慨无时无刻都离不开党和人民的培养。她由衷地感谢党和祖国对自己的关怀，表示要继续做"学习新思想，跟上新时代，体验新生活，作出新贡献"的四新老人。并衷心祝福祖国繁荣昌盛。

# 唯有努力　不负光阴
## ——记首都经济贸易大学老教师马景娜

**受访人简介：**

马景娜，女，1954 年生，中共党员，于 20 世纪 90 年代调入北京经济学院（现首都经济贸易大学）后勤资产处，现已退休。

作　者：首都经济贸易大学工商管理学院企业管理专业 2019 级学生　徐静雯

## 童年最幸福的一件事

马景娜从小学入学开始就十分努力，在刚开学一个月的全年级考试中，她取得了满分的好成绩。于是她被转送到了更好的外交部子弟学校，越发努力地学习。回想过去，小学期间的许多事都让马景娜记忆犹新：比如第一批入队、当选大队长那一刻的激动心情，上体育课从双杠上跌下来被送医院的过程，参加六一儿童节演出、担任领唱《三个娃娃种葵花》的美好时光……马景娜不禁感叹："读书生活好幸福啊！"最让她难忘的还是 1965 年 9 月参加第二届全运会大型团体操表演的经历。那一年，学校有 50 名同学被选中参加了第二届全运会开幕式序幕表演。这是马景娜第一次参加国家大型活动，当时兴奋不已的感觉至今还记得十分清楚。那时候，不到 10 岁的她经历了两个多月的"魔鬼训练"，一次次彩排演练、一遍遍返工重来、一句句严厉批评……她都默默接受，因为她相信：成功来自坚持，勤奋才有成果，努力才有收获。两个月的时间很快过去，第二届全运会开幕了。马景娜身穿艳丽的连衣裙，手握鲜花，乘专车到了北京工人体育场，心里紧张又兴奋。马景娜参加的是《革命赞歌》序幕表演和向主席台领导献花。按照指导老师的指挥，他们开始列队、候场、入场、表演。随着《东方红》的音乐响起，她们将两个月训练的成果展示给大家。音乐结束，少先队员们组成了一个巨大的五角星定格在体育场的中心位置。到献花环节的时候，同学们争相向领导献花。那天她们献花的领导有毛泽东、刘少奇和周恩来等，这给她留下了美好的童年记忆。

## 青春时期最难忘的就是奋斗和拼搏

出身于知识分子家庭的马景娜，16 周岁初中毕业就被分配到了北京双桥农场工作。在农场，她一干就是 10 年。这 10 年里，艰苦的工作环境和简陋的生活条件不但教会了她很多东西，还淬炼了她的意志品性。一件件工作的挑战与一次次思想的磨炼，使她的适应能力不断提高。从那时起，她就越来越懂得唯有十分努力才能成就自己的人生，唯有不懈奋斗才会让自己的意志更加坚定，唯有不畏艰辛困苦才会邂逅幸福生活！在农场拼搏的岁月，她第一次感慨生活多么不易，明确了自己人生的追求，意识到只有奋斗才会有所作为。

几年后，她手上的血泡磨成了硬茧，曾经青涩的心境开始走向成熟。马景娜很难忘记伴随自己成长的那些艰辛与磨炼、汗水与眼泪、青春与追求、希望与憧憬、时光与岁月、荣誉与梦想。时至今日，当年挖大运河的场景还历历在目。在那个年代，挖河就是政治任务，她选择自愿报名参加。当她站在大堤上眺望整个挖河的场景时，整个人都震撼了：长长的挖河工地一眼望不到头，西北风呼呼地吹，工地上红旗招展、标语林立、人声鼎沸，几个大喇叭里反复播放着革命歌曲……目光所及的地方，到处都是人们推拉独轮车穿梭的场面。不满 18 岁的她在工地上学会了推独轮车，懂得了吃苦耐劳，不轻言放弃。当时，他们挖河的口号是"革命加拼命，小车不倒只管推"，鞋子上沾满了泥，脸被吹得黑红皲裂，一天工作下来，十分疲惫。工地条件异常恶劣，工棚里没有床，大家都住在草帘子做成的地铺上。简陋的条件让她十分想念家中的生活，但她并没有退缩。挖河的过程中，她还加入了共青团。10 年的农场工作和这段独特的挖河经历给她未来的人生奠定了坚实的基础。

马景娜的另一段工作经历是在国企印刷厂，在这个厂子里，她一干也是 10 年。这个时候，她已经成为一名共产党员，从一名普通干部成长为中层干部。当时她接受了一个艰巨的任务，被单位党委任命为印染车间主任。作为一名主任，管理一个几百人的现代工厂是极其困难的。但是她认为："党员就不能懈怠使命，不会辜负组织的信任和同志们的期待，要以自己的党性接受能力和责任的考验。"接受任务后，她与自己车间的工人们摸爬滚打、拼命干活。白天抢任务，晚上搞科研。在职期间，她在节假日慰问老员工，并建立了第一个职工之家；制定了第一个规章制度，完善了印染流水线管理体系；出台了第一套成本核算办法；设立了共产党员先锋机组和共青团员号。她所在的纯棉车间多次被评为局级和市级先进单位，她也被评为市级优秀工作者。无奋斗不青春，要想优秀就必须努力！马景娜说："现在回忆那些年的那事那情那精气神，还是感慨万千啊！"她从来没有辜负共产党员这个称号，每一步都在认真履行一名共产党员应有的职责，以担当诠释初心，用实干践行使命，靠奋斗实现梦想。

## 用党性砥砺心性

20世纪90年代初，马景娜被调入北京经济学院，经历了两校合并，也见证了首经贸的快速发展。在首经贸就职的时候，她经历了2003年的"非典"——那个严重的呼吸道传染疾病。在那时，提起SARS，就会让人特别恐惧。"非典"疫情暴发后，学校停课，单位放假，严格控制人员流动。当时的马景娜在首经贸后勤资产处任职，主要任务就是校内疫情防控。留守学校工作岗位的她经历着身心的双重考验，"说不害怕都是假的"。她白天进行疾病防控，深入到有发热症状需要隔离的学生宿舍楼进行消毒，为留校的师生服务；晚上填写工作记录、查询疫情。当时学校有一些学生因为种种原因发生低热症状，凡是有低热现象的学生均被安置在一座宿舍楼里，她负责与留校值班同事到军事医学科学院拉消毒液，每天几次进入隔离区打药消毒，送生活用品和一日三餐。马景娜在为他们服务的同时还进行心理疏导，配合校医院为学生测量体温，发现疑似病例及时报告等。为了悉心呵护这些学生，她主动接触学生们，深入他们的宿舍床前，千方百计打消隔离学生的惊恐情绪。通过与学生促膝谈心，学生紧张的心情慢慢有所缓解，有的学生开始退烧走出隔离区。看着学生们一个个有所好转，马景娜感到付出和辛苦非常值得。她的努力得到了学生和学校认可，大家同心同德终于战胜了困难，取得了这场疫情的最后胜利。

越奉献越快乐！马景娜回想在学校后勤岗位奋斗的日日夜夜，再苦再累再难再委屈，从没有过退却和抱怨。奉献不言苦，追求无止境。她的人生格言就是"清清白白做人，干干净净做事"。做事先做人，万事勤为先。在负责后勤工作的日子里，她和同事们实现了后勤"标准化"零的突破，在节能减排方面做出成绩，学生公寓和餐饮中心顺利被市里验收。虽然曾经也遇到过难于言表的困难和阻力，但是学校后勤服务水平与管理水平的提升，受到师生广泛认可和上级一次次表彰，她打心底里感到高兴。另外，党组织也给了她许多荣誉。马景娜没有辜负学校党组织的信任和培养，她始终认为唯有努力不负光阴，无奋斗不青春。对党的无限热爱让她以一生的言行去诠释共产党员的先进性和初心不移！

如今，马景娜已经65周岁，离开了工作38年的工作岗位。但是她认为自己作为党员，永远不会懈怠。退休不褪色，离岗不离心，为党的事业奋斗一生是不变的初心！今天的她仍然满腔热忱、精神饱满地干着"老有所乐、老有所为"力所能及的事，如关工委工作、老教协工作、组织员工作，继续全心全意地为大家服务，为培养更多的大学生党员贡献自己的力量！

# 一生跟党走　一世报国情
## ——北京农学院原院长乔栢年访谈记

**受访人简介：**

乔栢年，男，87岁，离休前担任北京农学院院长，1947年4月参加革命工作。先后荣获全国解放奖章，西北人民功臣奖章，西北、华北、西藏解放奖章。

**采访人、执笔人：**北京农学院离退休工作处　耿岩

　　乔栢年同志1932年6月出生于山西省绛县，1947年4月参军入伍，加入王震将军的359旅717团，先后参加了山西和西北五省的解放战争。1949年9月25日，新疆和平解放后，乔栢年所在的二军五师独立团奉命由敦煌向新疆开进，那时，他担任团司令部侦察参谋。

　　二军五师独立团出发之际，正值1950年元月，天气寒冷，气候恶劣，由于路线特殊，沿途有沼泽、沙漠、高山等，车马无法通行，他们只能徒步前进。当时，新疆尚未流通人民币，每名战士除了背负自己的武装、被装和粮食外，还要携带一定的茶砖、布匹等货物用于同当地人交换所需物品。因此，每个人的负重至少在50斤以上。

　　乔栢年作为侦察参谋，带领5名侦察员组成先遣队，按照预定的路线先于大部队出发探路，他们出敦煌经可可西里，来到阿尔金山脚下。隆冬时节，海拔4700米的阿尔金山被厚厚的积雪覆盖，无法辨认地形，他们只能凭借经验和直觉，寻找平缓的路线前进，为大部队蹚出一条路。路上，雪下经常藏有深坑，一不小心掉入雪坑，再爬上来就要耗费很大一番周折。为了节省时间和体力，乔栢年想出一个办法，他让大家把绑腿的布条解下绑在腰上，再相互之间串连，就像串蚂蚱一样串在一起，这样如果有人踩到雪坑就不会轻易掉下去，省了不少麻烦。

积雪减缓了行进速度，天黑了，他们就在悬崖边上寻找一块平地清开积雪过夜。没有帐篷，他们就用背包搭成棚子，聚在一起取暖。被褥下面是冰层，棚子外面是寒风，第二天醒来，帽子上便挂满冰凌，被子冻成硬壳……就这样，用了 3 天时间，他们终于翻过了阿尔金山，进入了罗布泊。

穿越罗布泊后，乔栢年带领先遣队来到新疆若羌进行简单休整，等待与大部队会合后，一同出发向塔克拉玛干大沙漠挺进。"塔克拉玛干"在维吾尔语里的意思是"进去了出不来"，然而这却吓不倒英勇的解放军。

为了能在进入沙漠的第一天晚上找到水源，独立团很早就出发，在当地向导的指引下，向着 180 公里外的绿洲前进。当天上午，铺天盖地的沙尘暴从远方滚滚而来，地面成了流沙。为了按时到达目的地，官兵们顶着风沙，手拉着手前进，走几步，又被流沙"送回"原地，但是他们依然马不停蹄，与沙尘暴搏斗了五六个小时，最终成功突围。

沙漠中白天烈日炎炎，晚上凉气侵肌，水源缺乏，空气干燥。就是在这个沙漠里，乔栢年第一次尝到了喝尿的滋味，喝完满口生痰，感觉更渴；也第一次体验了一个多月不洗澡的感觉，身上长满虱子，奇痒难忍，脱下上衣用力一抖，白花花的虱子像雪花一样往下落。

经过 3 个多月的风餐露宿、艰难跋涉，独立团于 1950 年 3 月 2 日终于抵达目的地——新疆南部孤城且末。正是凭着对党的忠诚和顽强的毅力，乔栢年和战友们徒步走到终点，并且在到达的第二天，就迅速展开了开荒生产和剿匪活动。在新疆的 8 年时间里，乔栢年和战友们为新疆的和平稳定和经济发展作出了重要贡献。

离开新疆后，乔栢年同志被选调到北京地区军队系统工作，担任周恩来总理的联络员。1970 年 1 月 5 日，云南通海县发生 7.8 级大地震，玉溪地区人民的生命财产遭到重创。作为中央代表，乔栢年受周总理的委派，率北京医疗队携带救灾物资，星夜赶赴灾区抗震救灾。

乔栢年和队友们深入一线救死扶伤，用双手从废墟中挖刨伤员，将他们转移到安全地带救治。灾区没有像样的医院，他们把自己的帐篷让出来，给待产的孕妇用作产房。为了尽快恢复生产生活，乔栢年和队友们帮助灾区同胞一砖一瓦重建家园，4 个月的无私奉献换来了当地政府的高度评价和人民的广泛赞誉。

1979 年，乔栢年从部队转业后一直在北京高校任职，1994 年从北京农学院院长的岗位离休，但是他为国奉献的豪情依然不减，始终牵挂学校的建设和学生的成长。十几年间，他义务为学校学生讲党课，讲述自己的亲身经历和党的光辉历史，引导学生们珍惜幸福生活，努力学习，报效祖国。

# 与祖国同行
## ——记北京联合大学应用文理学院原党委书记孔繁敏教授

指导教师：孙滢

策划团队：贾方　李月修　李彦冰　张晓华　郑伟　孙滢

采访人：北京联合大学关工委退休教师　孙滢

　　　　北京联合大学应用文理学院新闻与传播系学生　李纪元　冯林莎

执笔人：北京联合大学应用文理学院新闻与传播系学生　李纪元　冯林莎

自 1949 年 10 月 1 日新中国成立至今，转眼已 71 年。共和国的同龄人、北京联合大学应用文理学院原党委书记孔繁敏教授亲眼见证了在中国共产党的领导下，我国社会主义革命与建设事业的发展及中国发生的翻天覆地的变化。他本人也正是伴随着祖国的发展变化，走过了人生近七十年的历程。

一

孔繁敏生于 1950 年 1 月，家住海滨城市大连。他的青少年时代与许多同龄人一样，经历了小学与中学的基础教育。他较早加入了少先队组织，佩戴着红领巾，参加少先队队日活动，宣誓为共产主义事业时刻准备着贡献一切，立志做共产主义接班人。

他上初中时，正赶上 20 世纪 60 年代初期国家面临严重经济困难。他一方面过着吃糠咽菜、忍饥挨饿的日子，另一方面也看到当地政府为帮助老百姓解决吃饭问题，采取"瓜菜代"等措施。这使他心中萌生了长大以后要尽己所能为社会做有益事情的朴素感情。

在他读初中的时候，毛泽东主席发出了"向雷锋同志学习"的伟大号召，中学老师也向同学们介绍雷锋全心全意为人民服务的先进事迹并组织开展学雷锋做好事的活动。孔老师发誓要做雷锋那样的好人，于是每天早来晚走打扫教室卫生。同时将雷锋那句名言："人的生命是有限的，可是为人民服务是无限的，我要把有限的生命，投入到无限的为人民服务之中去"，铭刻在脑海心头。

二

1966 年，"文化大革命"开始了。孔繁敏初中还没毕业，就走上了知识青年"上山下乡"之路，来到辽宁省丹东市岫岩县红旗公社长征大队，与村民们一起种庄稼、挣工分。这对于从小生活在城市的他来说，可谓是一次身心锻炼。他面对现实，在广阔天地里与劳动人民打成一片，磨砺自己的意志耐力，用辛勤的汗水收获了丰收的果实。他勇于吃苦奋斗的精神和朴素大方的亲和力，博得了乡亲们的好评，并在村党支部的培养下，光荣加入了中国共产党。

1970年，20岁的孔繁敏被丹东市推荐到北京大学历史系学习，成为该系首届工农兵学员。他十分珍惜这来之不易的学习机会。课上，他认真做笔记，至今还保留着诸多听课笔记；课下，他积极参加学生社团活动，被同学们推选为校学生会宣传部长。这不仅锻炼了他的能力，也为后来的发展打下了坚实的基础。他坚信知识改变命运，只有勤奋学习才能掌握为人民服务的本领。

1974年，他因学习成绩优异，留校在历史系做教师并任该系中国史专业党支部书记，同时跟随邓广铭先生学习宋史。邓广铭先生给他布置了一份"作业"：细读史书《资治通鉴》《宋史纪事本末》《元史纪事本末》等。他埋头苦读，用两年时间才完成"作业"。他还利用业余时间参加了校工会组织的日语学习班。功夫不负有心人，1979年北大历史系首次招收中国史专业研究生时，他成为全系首届工农兵学员中唯一考取研究生的学员，正可谓"机会总是留给有准备的人"。读研期间，他在老师的指导下，独立编纂了学术价值极高的《包拯年谱》。

三

1986年，孔繁敏调入北京大学分校（后成为北京联合大学应用文理学院）历史系教书并兼任系党总支书记；1989年被评聘为历史学教授；1997年开始，他走上了领导岗位，先后担任应用文理学院副院长、院长和党委书记，这一干就是15年。

作为专业教师，他为学生传道授业解惑，为本科生及研究生开设中国史专题课程，承担一些国家或北京市研究课题等。2000年，北京申奥成功后，他主持编写的《走向成功——北京奥运会组织运行工作报告》，作为2008年北京奥运会文化遗产上报国际奥委会；作为院领导，他为学院培养应用型人才、开展应用型研究作出了应有贡献，被同事们称为平实型学者、学习型领导。

2011年，孔繁敏教授退休了。退而不休的他，被学校返聘参与《北京联合大学校志》的编写工作。2013年，他被中国逻辑与语言函授大学聘为校长，兼任北京创新研究所所长等。2016年，他在中国老教授协会成立30周年之际，获得了"老教授事业贡献奖"。

今天，与新中国一起成长的孔繁敏教授回首往事，颇为感慨地说："我从上小学后，亲历了'三年自然灾害'、'文化大革命'、知识青年'上山下乡'、工农兵上大学、改革开放等重大事件，也见证了祖国翻天覆地的变化。可以说，我和祖国同呼吸，共命运。这70年来，我们党领导国家走上了发展之路，对我个人影响巨大。我虽然也受'文化大革命'的负面影响，'先天不足'，但随着改革开放，'后天大补'，我成长起来了。我的成长发展特别受益于党组织的教育培养。我的工作经历中兼做党务工作较多，时间较长。从1970年1月在农村加入中国共产党，到上北京大学，后转到北京大学分校、（后成为北京联合大学应用文理学院），有近五十年的党组织生活经历。党组织对我的作用有教育、有约束、有激励，其中最重要的是树立为人民服务的世界观与人生观。我体会，无论工作岗位、工作任务如何变化，我都应注意自己是一名共产党员，要结合时代需要勤奋学习，提高为人民服务的本领，努力发挥党员先锋模范作用，践行为人民服务的宗旨，把该办的事情办好，让大家满意。"

孔繁敏教授这一番肺腑之言，深深感染了我们。从这位共和国同龄人身上，我们看到了他积极上进、奋发有为的精神，看到了他刻苦勤奋、与时俱进的风范，看到了他教书育人、为党工作的奉献。他的发展轨迹也是许多有志青年在党的培养下茁壮成长的生动写照！作为21世纪的联大学子，我们应像他那样拥有持之以恒的进取心和耐受力，不论时代、条件如何变化，为人民服务这个初心不能忘。让我们的青春年华在伟大的社会主义建设事业中，焕发出更加蓬勃的力量吧！

# 砥砺有为的学术人生
## ——记北京联合大学应用文理学院知名教授刘隆亨

**受访人简介：**

> 刘隆亨，教授，男，1936 年 8 月出生，湖南祁阳人。1987 年从北京大学调入北京大学分校（后成为北京联合大学应用文理学院）。曾任北京大学分校法律系主任、北京联合大学经济法研究所所长、北京大学法学院经济法财税法研究方向博士生导师指导小组成员、中国西部开发法律研究会副会长。现任中国法学会财税法学研究会和北京市法学会金融与财税法学研究会名誉会长、中国法律咨询中心智库成员。1960 年和 2000 年两次被评为北京市先进工作者；1988 年被评为北京市有突出贡献专家；1992 年享受国务院政府特殊津贴。长期致力于经济法、财税法、金融法的教学与研究，是这 3 个学科的创始人之一，也是中国税法学的奠基人，为我国著名法学家。

**指导教师：** 李月修

**策划团队：** 贾方　李月修　李彦冰　张晓华　郑伟　吴军

**采访人：** 北京联合大学关工委退休教师　李月修

北京联合大学应用文理学院新闻与传播系学生　白舒萍　邱雨桐

**执笔人：** 北京联合大学应用文理学院新闻与传播系学生　白舒萍　邱雨桐

2019 年 5 月 24 日下午，我们慕名采访了刘隆亨教授。进入他的办公室后，首先映入我们眼帘的是满满 7 个书柜的书刊。在他的办公桌上还整整齐齐地叠放着《经济法学》《中国税法概论》《财税法论坛》《金融法学》等 30

多本他独著或与别人合著的书籍。我们的话题就从他著书立说开始了。

1958年，刘隆亨经国家有关领导批准，从北大法律系提前毕业到马列主义教研室当了一名教员，同时进修哲学；1960年，调到校党委政策研究室搞研究工作；1978年，他带着学术报国的热忱重回法律系，开启了自己珍贵而壮阔的学术人生。

随着改革开放和经济的发展，社会上出现了研究经济法的思潮。他敏锐意识到其重要性并开始探索。他如饥似渴地收集整理资料，深入研究。1981年，他率先在我国出版了第一本经济法著作——《经济法简论》。这本书后经多次修改、补充、再版，书名改为《经济法概论》，现已经出到第七版。该书率先奠定了我国经济立法和经济法学的基本框架，提出了现代经济法学的一系列新概念和新原则，于2013年被北京市教委评为经典教材。

1978年，刘隆亨在参加了财政部举办的国际税收研讨班后，又开始了财税法的研究。1980年，他开了财税金融法专题课；1985年，率先出版了《经济体制改革和经济法治建设》《国际税法》；1986年又出版了《中国税法概论》。他最早在全国主办了"依法治税理论与实践研讨班"并出版了《以法治税简论》。这些税法书多次修改补充再版，填补了国际国内税法研究的空白，也在我国最早传播了税收法定原则，创新了依法治税的基本理念，他也因此成为我国税法学的奠基人。

在金融法领域，他于1990年春首先举办了全国"银行法治研讨班"，最早提出了银行业法治的理论、政策和依法治行的立法原则，出版了《银行法概论》，奠定了现代银行金融法的构架。他的研究填补了我国银行法学研究的空白，是我国银行法重要理论的贡献者。

1997年，他在当时北大有关领导支持下，成立了北京大学税法研究中心，并兼任中心主任；2001年在中国法学会的领导下，成立了中国财税法学研究会，担任首任会长；还创办了首都金融与财税学法学研究会。在他任会长的近十年中，出版了年会论文集6本，高质量论文数百篇，在中国财税法以及金融法治建设中起了非常重要的作用。

他很重视结合实际的课题研究，并将研究成果，向教学、立法实践、社会和领导决策层转化。他所教授的"财税法学"被评为北京市级精品课程；《中国财税法学》2010年被评为普通高校国家级规划教材。而《经济法概论》早在2001年就获得北京市高等教育教学成果一等奖。《金融法学》在获得司法部优秀教材奖之后，一下就发行了34万册，产生了很好的社会效益和经济效益。他还参加了税收征管法、预算法、物价法等30多部法律、法规的起草、修改和评价工作；担任了国务院3部银行法的制定、修订专家顾问。中国法学会的《要报》是向中央反映情况、提出重大建议和重要学术观点的顶层内参，至今他已写了23期，得到中央和地方相关部门的肯定和采纳。他还主持和参与完成了北京市高新技术产业试验区、海南特区、西部开发区的法制规划和制度设计研究等重大项目。

他重视国际交流，曾应邀参加"世界法律大会""亚洲与太平洋法律协会年会""欧亚法律合作高层论坛"等会议，出访美国、日本、韩国等多个国家，并与之合作开展研究。

几十年来，他潜心研究，笔耕不辍，成果丰硕。仅撰写或主编合作出版的经济法、财税法、金融法3个领域的图书发行量就达128.6万余册，字数达1582万余字，在同行中处于领先地位，无愧为"当代中国法学名家"和"影响中国法治建设进程的著名法学家"称号。2007年退休后，他还一直在自己深爱的学术领域孜孜不倦地探究。

最后他说，祖国越来越昌盛了，他由衷感到高兴，并对祖国的未来充满信心。谈到祖国时，他神情平静安详，但我们可以看出他心底蕴藏的热爱与喜悦，这是他在经历了人生风雨以后沉淀的雍容。他小时候家境贫寒，从父亲挑着一担谷子交学费送他求学，到成为我国经济法、财税法、金融法领域的拓荒者，这其中艰苦的付出和责任的担当非同一般！他勉励我们向保尔·柯察金学习，把自己最宝贵的生命和全部精力献给我们最亲爱的祖国。采访结束了，但他的话语"人生要有价值，这才不白白来一遭"仍然在我们脑海中回响。刘教授用他精彩的学术人生，为我国全面推进依法治国勾画了浓墨重彩的一笔。我们也要像他那样砥砺前行，成就奋发有为的人生！

# 从初学者到成功者

## ——北京教育科学研究院史根东研究员采访记

**受访人简介：**

  史根东，男，74岁，1945年1月出生，1967年7月参加工作，2005年2月退休。俄罗斯莫斯科国立师范大学教育科学博士，北京教育科学研究院研究员，享受国务院政府特殊津贴专家。曾任中央教育科学研究所教育管理研究室副主任、北京市海淀区教委副主任、北京教育科学研究院基础教育研究所所长与教育发展研究中心主任、可持续发展教育研究中心主任。现任中国可持续发展教育全国工作委员会执行主任、北京可持续发展教育协会会长。

  自1998年起，史根东老师主持中国UNESCO（联合国教科文组织）全国委员会委托EPD-ESD项目，其研究与实践创新成果先后获得北京市政府教育教学优秀成果一等奖、北京市政府"北京市教育创新标兵"称号、联合国教科文组织教育创新文晖奖（团队奖）。2017年10月27日，获得有着教育界"奥斯卡"之称的"KDP桂冠学者"称号。

**采访人：** 北京教育科学研究院教育创新研究推广中心助理研究员 胡一平

    北京教育科学研究院科研管理与合作交流处职员 李琛晨

**执笔人：** 北京教育科学研究院教育创新研究推广中心助理研究员 胡一平

  20世纪90年代，史根东老师从俄罗斯莫斯科国立师范大学完成博士学位论文答辩毕业后，先后在国家教科院、北京教科院从事研究工作。1998—1999年在北京教科院期间，有2个重点研究方向供史根东老师选择：

一个是俄罗斯教育研究（有俄罗斯导师支持、已经发表多篇研究论文）；另一个是环境人口与发展研究（有 UNESCO 文件，无专门研究团队、无资金支持）。史根东老师坚持自己确定的选择未来研究领域的两条原则：一是符合国家与国际社会发展大趋势；二是利于开辟新的研究空间。以此为依据，他选择了第二个研究方向：环境人口与发展教育（EPD），即可持续发展教育（ESD）。从那时到现在，史根东老师和他的团队坚持走过了 21 年的实验研究历程。

事实证明，史根东老师和他的团队选择的是一条正确的研究之路。首先，由于史根东老师团队的努力工作，显著提高了许多实验学校的教学与学习质量，帮助许多中小学生形成了可持续发展价值观，提高了可持续学习能力，养成了节约资源、保护环境等可持续生活方式，促进了一批实验学校走上了优质教育之路。其次，这一研究方向顺应了国际教育发展趋势：2003 年，UNESCO 总结了部分国家开展 EPD 的有效经验，决定将 EPD 扩展为可持续发展教育。自 2005 年，UNESCO 发布《联合国可持续发展教育十年（2005—2014）国际实施计划》（简称"《10 年计划》DESD"）以后，UNESCO 又继续发布系列重要文件，明确作出了可持续发展教育的全球性、长期性部署。当前，可持续发展教育正在成为全球教育发展的主导方向与核心研究领域。同时，这样的发展趋势也在告诉各位青年学者：可持续发展教育是面向世界教育未来的新教育。每一个教育工作者，尤其是青年教育工作者，为关注与参与可持续发展教育付出更多时间、精力与智慧，是值得的。

从初学者到成功者，这个主题十分精准地概括了每一位荣誉学者走过成功之路经验的共同特征。不仅如此，它还能够激励各位学者回顾自己的学习历程，进一步展望自己的未来创新与发展愿景。中国古代曾经出现了一大批优秀的哲学家、思想家，他们留下了许许多多关于学习的著名论述。比如孔子说过，"学而不厌"，是叮嘱他的学生要勤奋学习永不满足。他还说，"敏而好学，不耻下问"，是要求学生应当聪明而且努力学习，不以向比自己地位低的人学习为耻。在中国亿万各个年龄段学习者的人生经历中，孔子与其他众多古代先哲的教诲具有无与伦比的指导作用。回顾获得 KDP 荣誉学者称号的每一位科学家、教育家，在他们的成功人生历程中，无一不曾有过初学者的经历。而且，史根东老师还发现，他们中的许多人大多有过两次、三次乃至更多次初学者的经历。正是一次又一次的学习，才使得他们增添了新的知识、强化了新的动力、扩展了新的视野、深化了新的思考、获得了新的发现并进而取得了新的成功。

在任何一项新生事物面前，怀疑、犹豫、倒退、批评等，是常有的现象。回顾史根东老师和他的团队在中国 ESD 研究和实践探索过程中走过的道路，远不是一帆风顺的，长期面对着多种挑战。应对挑战和困难，他们始终保持谦恭豁达的心态、蓬勃向上的朝气，执着而智慧地前行，不懈努力地工作，在促进制定国家与地区可持续发展教育政策、建设可持续发展教育实验区、指导建设可持续发展教育实验学校、培养学生可持续发展素养等方面取得了广泛的良好成效。2009 年，史根东老师和他的团队获得北京市基础教育优秀成果政府一等奖；2013 年，获得联合国教科文组织教育创新文晖奖。史根东老师享受国务院政府特殊津贴，2017 年获得了"KDP 桂冠学者"称号。

史根东老师的团队里有位青年学者说过一句很有思想含义的话："如果你想要你从未拥有过的东西，那么你就必须做出你从未付出的努力。"说实在的，史根东老师和他的团队做过的事，就是在追求原有教育概念体系和实践模式中从未有过的某种东西，为了这个目标，他们也确实做出了前人从未做出过的努力。史根东老师和他的团队的信条是：可持续发展教育是中国教育之梦，也是人类教育之梦，为了将这一美好梦想变为一个一个学校的现实，必将继续笑对更多困难，继续携手更多朋友，继续信心满满地韧性前行。

# 二进怀仁堂

## ——北京教育科学研究院王玲老师采访记

**受访人简介：**

  王玲，女，76岁，1943年11月出生，中共党员，1962年8月参加工作，2001年4月退休。1953年曾参与拍摄新中国第一部大型儿童故事片《祖国的花朵》。退休前，曾担任北京教科院基础教育教学研究中心思想品德教研室主任，为特级教师。获"全国中小学德育先进工作者"称号，享受省部级劳动模范待遇。

  退休后，王玲老师坚持发挥余热，继续为祖国教育事业作贡献，曾担任北京教科院关工委委员、北京教育学院兼职教授、教育部及北京市地方教材审查委员会委员、原国家新闻出版总署进口音像制品审查委员会专家组成员、中国教育学会中小学德育分会副理事长等。

**采访人：** 北京教育科学研究院教育发展研究中心助理研究员 杜光强

    北京教育科学研究院组织宣传部职员 李彬

**执笔人：** 北京教育科学研究院组织宣传部职员 李彬


  王玲老师是在新中国成立之时上学的，她是"生在旧社会，长在红旗下"的一代人。在新中国成立70周年之际，翻开封存的画卷，回忆美好的当年，王玲老师以二进怀仁堂的经历为线索，讲述了她和新中国的故事。她的感受是那么的甜美，那么的幸福。

## 初次走进怀仁堂

中南海怀仁堂是党中央办公所在地，是人们心目中神圣的地方。1952 年，"亚洲及太平洋区域和平大会"在怀仁堂举行，那是新中国成立后承办的第一个国际性会议。当年刚刚 9 岁的王玲作为新中国少年儿童的代表，在闭幕式上为各国代表献花。她第一次走进了怀仁堂。带队老师反复叮嘱："你们代表着咱们国家，代表着千千万万少年儿童……"尽管当时王玲老师还不懂什么是爱国主义和国际主义，但在她幼小的心灵中已有朦胧的认识：给外宾献花就是为国争光。礼堂的大门打开了，王玲和同学们按照指定的路线鱼贯而入，把五彩的鲜花瓣往代表们身上抛撒。代表们兴奋极了，亲亲这个，搂搂那个，拍着手，唱着歌，起立高呼"中国！中国！"霎时间，会场成了友谊的熔炉、鲜花的海洋。这事虽已过去 60 多年了，但那时的场面还在王玲老师的脑海中清晰地浮现，那朵朵花香仿佛还可以闻见，那美好的时光连同幸福的感觉已永久地印在了王玲老师的心里。从此，做新中国的好孩子，为祖国争光成了王玲老师的热望。

## 为志愿军捐大炮

在抗美援朝的日子里，共青团北京市委组织全市少年儿童，把个人买零食的钱、卖废铜烂铁的钱捐献，由学校交市里，全市少年儿童为前线捐了一门大炮，正好分配到曾与王玲老师所在班联欢过的某部炮兵连。连长来信说，他把王玲老师和同学们献的红领巾系在炮口上，每当战斗打响，他都会高呼"为了红领巾，为了祖国的下一代，向敌人开炮！"当时，王玲老师捐了一口旧铁锅、一把铜锁和 3 毛钱零用钱。至今，王玲老师都很自豪，小小年纪参加支援抗美援朝前线的活动，和祖国的命运连在了一起。

## 当上小演员

1953 年，新中国第一个现代化剧场——天桥剧场在北京落成，许多文艺团体都亮出自己优势申请首场演出。当时的北京市市长彭真亲自拍板定案："大家都不要争了，这首场演出让给少年儿童！"于是，北京市第一届中小学生文艺汇演在这里举行。王玲作为学校参演节目的一员，登上了这个大舞台，感受到新中国对少年儿童的特殊关爱。

1953 年下半年，新中国第一部大型儿童故事片《祖国的花朵》开拍，内容是描写 20 世纪 50 年代少年儿童的生活，歌唱共产党，歌唱新中国。时至今日，由于年代久远，它已淡出了人们的视线，但它的插曲也是主题歌——《让我们荡起双桨》却激励了几代人，流传至今。作为当年的小演员，这首歌充实了王玲老师半个世纪的生活。当时，王玲和其他 9 个女孩都留了长辫，化妆师提出同一个班的学生发型单一不真实，要有人剪发。动员会上静悄悄的，谁也舍不得自己身上的"宝"。王玲老师那时就想，为了拍好电影总得有人剪掉辫子，于是便红着脸慢慢站了起来，"我剪吧"。声音极小好像怕人听到。姑娘们回头瞧，老师赞许地笑。导演伯伯拍案而起："我要为这位好姑娘登一段报！"就这样，王玲带头剪掉了二尺长辫，几十年再也没留过。为了这小小的闪光点，为了这难以忘却的纪念，大人们说王玲为全中国的儿童做了一件好事，王玲的母亲也安慰地说"短发也挺好看"。王玲老师有一张照片是剪发后摄影师抓拍的，那腼腆的微笑是王玲老师心里的写照，是她无限眷恋的"流金岁月"，是她在红旗下成长的一个坐标，使她一生都带着几分兴奋和骄傲。

## 歌唱第一个五年计划

1953 年底，我国第一个五年计划启动。少年时期的王玲在老师的带领下，自编自演了诗歌朗诵《好啊，第一个五年计划》，分角色到工厂、街道、公交车上宣传。当年的文稿王玲老师保存至今，陈年往事仿佛就在昨天。

为了与祖国同行，那时王玲和同学们还制订了自己的"小五年计划"，领悟爱祖国绝不是空谈。王玲曾参加与苏联女英雄卓娅的妈妈座谈的活动，向往英雄成长的道路，与军旅作家高玉宝联欢，听他讲《我要读书》的故事，这使得她当时就懂得了"为什么要珍惜今天"。听"中国的保尔"吴运铎的报告，让王玲记住了那句"把一切献给党"的铮铮誓言。在新中国第一轮国防体育教育活动中，王玲参加了少年舢板队，在后海训练，为她的母校赢得了"三连冠"；参加少年手旗通信比赛，一举打破全国纪录夺冠；参加航海多项运动，到渤海湾登舰实习，获优秀炮手的奖励；到运动场实地跳伞，那是对王玲胆量的挑战。这些深刻而又潜移默化的教育，为王玲老师的人生画卷涂上了爱的底色，逐步形成了"爱祖国、爱人民、爱集体、爱生活"的好思想，也教会了她很多人生经验和哲理，培养了她良好的品格和工作能力，奠定了王玲老师一生积极向上、努力前行的思想基础。正是有了这些，才有了日后王玲老师对理想的追求、对事业的执着、对同志的热情、对工作的负责。

## 再次走进怀仁堂

王玲老师曾向青年教职工讲道："我是新中国培养的一朵小花，又在党的召唤下欣然走上了育花岗位，几十年坚守德育阵地，春泥护花。"王玲老师用自作的一首诗表达了她对新中国教育事业的热爱和默默奉献的精神："初登讲台花季年，几十春秋献教坛，褒贬沉浮终不悔，魂系童心至暮年。京城校园踏寒暑，斗室笔耕黑白间。专题讲座逾百场，学术论著数十篇。编写教材四十载，辅助青年发心田，国家授予劳模奖，业内评特亦当选。俏不争春知自律，奋蹄何须再扬鞭。一笔一画365，一步一印年对年。"她始终坚持为教学一线服务，为教材建设奉献。1988年，王玲老师被评为"全国中小学德育先进工作者"，在中南海授奖，她第二次走进了怀仁堂。

回眸一生园丁路，笑慰浇花引清泉，喜看满园桃李艳，得意芬芳润大千。岁月匆匆转瞬间，白霜悄然遮红颜。退休后，王玲老师一直笔耕不辍，继续为中小学各类德育教材添砖加瓦，也尽己所能为培养青年教师出力，大到国家级培训班，小至一所学校、一位老师面对面交流，她都有求必应地做义务服务。此外，王玲老师也尽心尽力做好社会兼职工作，参与国家及地方教材审查工作，为把好国家音像制品进口关做了有益的工作。

# 爱岗敬业三十载　培育桃李满天下
## ——北京农业职业学院园艺系赵晨霞教授采访记

**受访人简介：**

　　赵晨霞，女，1958年生，北京农业职业学院园艺系教授，硕士生导师，北京农业职业学院园艺系主任，北京农业职业学院生物防治中心主任。

　　赵晨霞教授一辈子与农结缘。她从小生活在农村，高中毕业后，在家乡务农三年，恢复高考后，考上了北京农业大学。大学毕业后，在北京农校任教。工作期间，在中国农业大学攻读硕士学位三年，又在北京农业职业学院工作至退休。

　　赵晨霞同志从事职业教育工作30年，一直工作在教学一线，工作主动，思路开阔，不断创新，深入进行教育教学改革，不断探讨工学结合的机制，在教学、科研和"三农"服务的工作中作出突出贡献，先后被评为食品科学学科带头人、科技标兵、优秀党员、师德标兵、北京市优秀教师、第三届北京市教学名师、第一届全国农业行业教学名师等。

**采访人：** 北京农业职业学院园艺系党总支书记　　王雪婷
　　　　　北京农业职业学院园艺系学生工作办公室主任　　赵钢

北京农业职业学院园艺系专职辅导员　杨楠　刘红蕊　朱可宸
张静　万华

北京农业职业学院园艺系 2017 级学生　张辰悦　郗疆茵　陈昕鹏

北京农业职业学院园艺系 2018 级学生　刘浩　卢淑杰　焦佳航
李烨　夏静

执笔人：北京农业职业学院园艺系 2017 级学生　张辰悦

## 作为教师——教书育人，为人师表

赵晨霞教授在教学中坚持"以学生为本，以教师为主导"的师生观，坚持"竭尽自己的智慧，点燃每一位学生心智的火花"的教学理念，尊重学生，因材施教，为学生成长成才提供良好空间。

在教学过程中，她采用"行动导向"教学模式。每次上课前，她都认真准备教案，精心设计课前、课上、课后每一个细小教学环节。上课前给学生 5 分钟自由发言的时间，然后将事先准备好的与课程相关的行业信息传递给全班同学；她在主讲理论性强的内容时，采取多种教学方法启发学生课上发言，进行师生互动；在每个单元结束时，她安排教学评价和信息反馈，通过学生之间、师生之间的交流，提高教学效果。学生们说："我们都爱上赵老师的课，她讲课水平高，教学设计好，上课方式与众不同。她上课特别吸引人，课堂互动效果又好，能使同学们爱学、会学、学有所获。"

赵晨霞老师教育学生，第一是做人，第二是做事。她讲解北京农业结构调整和都市农业发展前景，引导学生热爱农业；她宣传优秀毕业生的先进事迹，感召学生热爱学院；她介绍专业教学改革方案、核心课程教学内容和就业岗位及就业趋向，激励学生热爱专业。教学中，她亲近每一位学生，注意挖掘他们的闪光点，为学生搭建展示才能的舞台。她的教学质量被评为 A级，所教学生成绩优良率达到 80% 以上，学生职业资格取证率达到 100%。她所带领的学生在全国职业技能大赛中取得一等奖、二等奖的好成绩。

## 作为系主任——凝心聚力，改革创新

作为系主任，赵晨霞老师在专业建设中，付出了比别人更多的心血和汗水。学院在高职高专人才培养工作水平评估工作中，园艺技术专业被列为学院唯一的重点剖析专业，各项工作受到评估专家的一致好评，为学院获得评估优秀作出了积极贡献。学院在申报全国百所示范校的工作中，园艺技术专业的"植物生长周期循环"人才培养模式和绿色食品生产与检验专业的"从田间到餐桌"的人才培养模式申报资料，博得了专家的好评，被评为国家级示范专业建设项目。经过三年的建设，园艺系示范专业在示范校建设项目验收中再次取得好成绩。

赵晨霞主任作为国家级的园艺实训基地主持人，积极带领大家开展实训基地建设，先后建设完成了彩色苗木繁育中心、园艺植物新品种示范园、园艺植物病虫害综合防治中心等校内实训基地。为增强学生的就业竞争力，不断深化校企合作，她带领园艺系老师先后与小汤山特菜基地、北京金福艺农公司、颐和园管理处等20个企事业单位建立了紧密合作关系，有效保证了人才培养质量。

## 作为专家——潜心科研，服务社会

赵晨霞教授在教科研方面成绩显著。她主编教材、著作三十余部，其中有3本教材被评为"十一五"国家规划教材，主编的《果蔬贮运与加工》《果蔬贮藏加工实验实训教程》教材被评为北京市精品教材，主编的《园艺产品贮藏与加工》教材被评为全国农业职业教育农专委精品教材；在国内外刊物发表教研论文三十余篇，撰写的《职业资格技能鉴定与高等农业职业教育的衔接》等论文获得全国农业职业教育优秀论文两个一等奖；撰写的《园艺专业实践教学体系的创新与实践》获得北京市教学成果一等奖；主持完成省部级以上教改课题4项，其中《高等农业职业教育实践教学体系的研究与创新》荣获北京市教学成果一等奖；教育部远程教育课题《果蔬产品贮藏与保鲜》

的网络课程的开发制作和《园艺专业两年制教学改革与实践》获得全国农业职业教育教学成果一等奖。

赵晨霞教授坚持科技推广，利用周末和寒暑假深入"三农"生产第一线，对农民进行技术培训和现场指导1万多人次，服务"三农"的足迹遍布京郊，切实为广大农民排忧解惑。她主持的北京市科技推广项目——"果实套袋及大面积推广"，获得北京市林业局、北京市果树学会、北京市政府科技创新与推广成果3个一等奖，"果实套袋及综合配套技术"项目为大兴生产精品日韩梨作出了突出贡献，"京白梨"项目使门头沟、昌平、房山等京白梨主产区的果农得到了实惠，"野生蔬菜栽培驯化"项目在大兴礼贤镇推广，受到当地百姓的欢迎。

赵晨霞教授从事农业职业教育工作27年，用自己的言行实践党员的宗旨和义务，用自己的干劲带动身边的师生，用自己的才智服务"绿色北京"，在教学、科研和服务社会的工作中作出了突出贡献。作为一名令人敬仰的优秀共产党员，她不仅是学科带头人、科技标兵、师德标兵，更是北京市优秀教师、农业部行业名师，为大家树立了学习的榜样。

# 梨花开时满园春

## ——访京剧表演艺术家、北京戏曲艺术职业学院原院长孙毓敏

采访人、执笔人：北京戏曲艺术职业学院京剧系2014级 李雨霏

"对于京剧而言，无论是传承还是传播，目前都是历史上最好的时期。这是我们京剧人做梦也没有想过的大好机遇。国家进入新时代，京剧也进入新时代，我们京剧人应该倍加努力！"接受笔者采访时，京剧表演艺术家、

北京戏曲艺术职业学院原院长孙毓敏女士激动地表示。

谈起新中国成立70年来京剧事业的发展，79岁的孙毓敏女士无疑是最有发言权的。她是荀慧生先生的亲传弟子，国家一级演员，北京戏曲艺术职业学院的重要奠基人，还是京剧教育和传播方面的先驱。她获得过一系列荣誉：全国政协委员、全国人大代表、全国三八红旗手、全国劳动模范、第二届中国戏剧梅花奖获得者、首届梅兰芳金奖大赛金奖获得者，还获得了美国佛罗里达州颁发的"亚洲最佳艺人终身成就奖"……

## 带领北京戏校走向辉煌

1959年，孙毓敏毕业于北京戏校。作为荀慧生先生的亲传弟子，在之后的演艺生涯中，她一直是剧场演出的主角。但在"文化大革命"中，她曾被下放到河南，遭受看押管制，九死一生，师父也不幸离世。戏曲学校也普遍面临生源短缺、师资紧张、经费不足的严重困境。

1991年，孙毓敏回母校承担起校长的重任。在担任校长之初，学校正在"文化大革命"余波与改革开放的大潮夹缝中艰难生存。

孙毓敏在刚到学校任校长一职的时候就遇到了困难。尽管她对困难的估计已经很充分了，却万万没有想到，一年100多万元的经费缺口和清贫的教师生活使她坐在校长室的座位上喘不过气来。

就在她感到无路可走的时候，北京戏校恰逢一个发展的十字路口——全国中等专业学校要选拔重点学校。孙毓敏请来专家对学校现状进行评估，结果是：差距太大，达标无望。

"算了吧，先解决眼前的困难，就不要奢望去争重点中专了。"几位副校长说。同时，其他兄弟戏校，包括戏校中的"老大哥"都退出了评选和竞争。

"不行，要想把学校办好，就必须把学校的自身建设搞好，不是一流的学校，培育不出一流的学生，在如今市场经济的改革大潮中就只能被淘汰。哪个好学生愿意到一个破学校去上学呢？"孙毓敏没有服输。

不难想象，一个维持办学都很艰难的学校，要达到全国重点学校的标准，难度有多大。然而，孙毓敏又拿出要干就一定干好的倔劲儿，把全身心都投入到学校的工作中。她早上 8 点到学校，经常工作到次日天明。

在她的带动下，返聘和外聘的老教师早上天没亮就赶到学校上课，晚上放下饭碗就又来加班。说好教一出戏是多少钱，老教师非要教一出、再加一出；一个黄石来的学生淌着眼泪说："学校经费紧张，却拿出几百元钱奖励一个外地的代培生，我们是做梦也想不到的。"

如今的北京戏校不但是北京市重点学校，而且多次获得全国重点示范学校的称号；外地教师请来一位又一位，全国十几个省市的代培生来了一批又一批；京剧班越办越红火，综合艺术专业、民族舞蹈专业、芭蕾舞蹈专业、评剧专业、舞台灯光专业、电脑音乐制作专业等也陆续有了起色。

孙毓敏利用暑假带领北京市戏曲学校的学生以"四小须生下江南"的名义到湖北和上海演出，场场爆满，在许多地方都开了卖加座票和站票的先例；接着，北京戏校的"四小须生"又唱红了国内多地和东南亚、欧洲等地区。可是，这位一校之长却已经两次累得昏倒在地，三次住进医院抢救。

## 言传身教，德艺双馨

说起如何能成为荀慧生先生的亲传弟子，孙毓敏讲了个故事："当时荀先生自己正在排演为国庆 10 周年献礼的《荀灌娘》，我心想，怎么荀先生的动作和别人的不一样呀？像儿童一样！我本身模仿力强又觉得好玩就在后台学了学，这不就被同学告到荀先生那说，荀先生，戏校来了个学生叫孙毓敏在后台正'糟蹋'您呐！荀先生听完倒也没生气，就说，那就让她把这出《荀灌娘》给我演演，我瞅瞅。当时，演的是第一场《兄妹习箭》，结果一演就成功了。荀先生就高兴地说，明天以后就上家学戏去，他再演三场这出戏就归我了，他就不演了！这出戏其实就是对国庆献礼的意思，因为荀灌娘保护城池、替父从军，有点花木兰的意思。所以我和荀先生学的第一出戏就是《荀灌娘》，之后就去他家里学戏，《荀灌娘》演成功后荀先生挺高兴，我 19

岁就磕头拜师了！"

荀先生是驰誉中外的"四大名旦"之一，他创造的荀派艺术在京剧旦角的表演上独树一帜，为中国戏曲艺术的发展，特别是京剧艺术的发展，作出了重大贡献。"我被选作继承流派的学生，能够在这样一位艺术大师的门下继续学习和深造，真可以说'三生有幸'。"孙毓敏激动地说。

而最让孙毓敏念念不忘的是荀先生的"德"。

"有一次先生给说戏的时候，为了叫我摆好跨蹬、勒马的姿势，先生不仅亲自示范，纠正我的动作，还亲自充当马僮，叫我把左脚蹬在他的右膝上。这使我十分惶恐，当时荀先生已是60岁的老人，我怎么敢做此举呢？他鼓励我说，不要紧，演戏嘛，要有真实感，蹬吧！我终于鼓起勇气，蹬了上去。正好《北京晚报》的著名记者李钟秀同志在场，赶紧抢拍下了这个宝贵镜头。后来《北京晚报》的王纪纲先生约我写了一篇稿件，与那张照片一起发表在1959年12月18日的晚报上。"

"荀慧生大师曾非常感慨地对我郑重地说：'毓敏呀，黄金有价艺无价，在过去，哪出戏我也不能轻传，教会徒弟饿死师傅嘛，可你是共产党培养的京剧接班人，我必须真正把你教出来，希望你将来能成气候。所以我教你是绝对不藏不掖的。'从师父那里，我学到了'爱'。"讲述完他和荀先生的故事，孙毓敏郑重说道。

正是这种师德的传承，使孙毓敏在教授学生时更是倾囊传艺从不保留。外地学生没有电视看，她拿出了自己的奖金；有的同学没钱治病，她带头捐款，每天到学生宿舍看望；一个普通教工病故，她赶到医院，亲手给亡者穿上寿衣，以实际行动慰问家属。学生有一顿饭没有吃好，她亲自到厨房调查研究；学生的彩排有了进步，她自己掏钱送上一盒巧克力，给孩子补充一下热量；每次外出归来，她总是从飞机场赶到学校的会议室……

孙毓敏希望大家都尽可能地沐浴在爱的阳光下。尤其是成为全国政协委员和北京市人大常委以后，她决心从自身做起，把爱撒向人间。每一次讨论一项政策的时候，她都要认真考虑，提出自己的意见，唯恐政策有不周全之处。

# 京剧要传承，更要传播

"70 年来，京剧从没落走向辉煌，现在是京剧发展最好的时期，国家的政策非常好，大力扶持、推广我国传统艺术，让全国人民都了解、喜爱自己的国宝、国粹，这样戏曲工作者有了知音。"谈到新时代京剧发展，孙毓敏满怀信心地说。

最让孙毓敏感到欣慰的是京剧进校园工作的广泛开展。她说："现在京剧进校园不光有政策扶持还设立专项基金。说到京剧进校园，北戏是有很大功劳的。"

2005 年初春，孙毓敏领衔的北京戏曲艺术职业学院在法国举行了一次长达 33 天的"京剧立体讲座"展演，27 场专场演出加上 14 场示范讲座，这种"法国模式展演"，得到法国人民的喜爱和欢迎，在法国的演出结束时曾 7 次谢幕。我国驻法大使直接给当时的北京市委书记写信，告知北京戏校在法国的演出、教学引起了热烈反响。与此同时，作为全国政协委员，孙毓敏与其他委员联合递交了《传统艺术进校园的报告》，至此，"京剧进校园"的步伐开启。

京剧不仅要传承，更要传播。孙毓敏在京剧传播和教育方面是重要的开拓者。她另辟蹊径，开创了一条"演员思维"的新路来提升京剧知名度。她说："学生不仅要'科里红'，而且必须展示给观众看，要不别人怎么知道学校教学成果好呀？只有看演出才能知晓。"

孙毓敏开始打造明星学校，从而为学校打开了知名度。每隔一两年就会出现一个新的高潮，如"四小须生下江南""小孩唱大戏""男旦女老生""师生同台"。她带领学生到京、津、沪、汉四地演出。以前梨园行有句话叫"北京学戏、天津唱红、上海赚钱"，而武汉被称为"戏码头"。"我们在武汉演出时达到了万人空巷的地步，就连当时最时髦的香港电影都没人去看。这样京剧的传播效果就达到了！"孙毓敏说。

这些展演既让学生开阔了眼界，有了锻炼和实践的经验，又使京剧再次受到社会乃至世界的广泛关注。

她还开辟新学科、扩充生源，除京剧外还发展舞蹈、曲艺、评剧、梆子等其他学科，既丰富了学校的资源，又扩充了生源，而且都是定向培养，剧团自己招募生源、师资培养、毕业接收，这样就直接解决了学生毕业之后的就业问题。

说起给北京戏校学生的寄语，孙毓敏院长的殷切希望首先是爱国。"你们青年学生眼界开阔，思维灵活。我希望你们首先是要爱国，积极争取加入中国共产党，跟党走正路，跟上党中央的号召，紧跟形势，顾大局，有责任心。爱国要具体，需要落到实处，不仅仅是爱国家，还必须要遵守国家的法律。作为一个京剧演员，我希望大家要增强使命感、责任感，不忘初心，抓住新时代京剧发展的大好机遇，早日成为德艺双馨的人才，成为国家需要的人才。一句话，成为一个爱国的有文化的京剧演员。"

# 北城之路

## ——北京城市学院副校长陈宝瑜采访记

采访人：北京城市学院　周倩
执笔人：北京城市学院　王豪男　肖凯　郭琦

1984 年，北京城市学院（原海淀走读大学）建立，成为新中国第一所实行公有民办体制的新型高校。创建是创建了，可是接下来的路怎么走，学校怎么办，成了现实一大难题。

"文化大革命"期间，高等教育系统是重灾区，社会经济发展急缺专业人才。1978 年，党的十一届三中全会召开以后，高等教育才开始恢复发展，但在体制上还是高度集中的统包统分的计划体制。虽然国家在各种建设岗位上需要大批多样化人才，青年学生和"上山下乡"的知识青年迫切要求升学，但是当时教育体制的改革还需完善，国家经费不足，拿不出更多的钱来办大学，高等教育发展走入困境。况且对于当时的人们来说，大家只知道公办学校，哪里听说过民办高校，这创校之路就更为艰难。

就是在这种情况下，面对急需改革的教育现状，北京城市学院创始校长傅正泰和陈宝瑜副校长毅然决定走上创办民办大学的道路。

陈宝瑜副校长从 1982 年后半年就开始参与了傅正泰校长决定领办民办大学的事业，至今已经 37 个年头了，而陈宝瑜副校长从事教育事业至今也已经有五六十年的时间。从 1982 年与傅正泰校长合作到 2008 年傅校长因病离开工作岗位这 26 年间，陈宝瑜副校长与傅校长在策划、创办、运营"海大"的道路上一起工作，默契配合，直到现在还一直坚守在学校的岗位上，不断在几个校区间奔波，时刻为学校操心。

办一所独立建制的民办高校，唱响我国民办高教兴起的前奏曲，对学校来说是艰难的，对陈宝瑜副校长来说也是艰难的。这是我国教育事业发展的转折点，也是陈宝瑜副校长人生的三岔路口。

1982 年夏秋间，陈宝瑜副校长正在清华大学水利系专心做调坡水沙模拟实验槽的设计和研制工作。而在此之前，原国家经济委员会通过清华大学人事处商调他去经委计划司工作，一位干部局领导两次找他谈话，想要安排他到经委计划司农林处担任处长。这事被傅正泰校长知道了之后，便赶紧去找他，希望他可以和自己一起办学。

是什么也不想，继续在母校当老师，还是去国家经委任职，当公务员？抑或跟傅老师一起创办新型学校？这成了陈宝瑜副校长职业道路前的一个需要重新选择的三岔路口。在经过认真思考之后，陈宝瑜副校长选择了第三条路，即与傅老师一起办学。

陈宝瑜副校长做出了自己的选择，可是学校的发展之路还没有开始。显而易见，选择和傅老师一起办学这条路无疑是困难最多、险象丛生、风险最大的路。

新事物发展的道路上总是充满了坎坷与曲折。从一开始，"海大"就要面临"三无"问题，即无资金、无师资、无校舍。在大学如林的海淀区，怎么可能凭空办起一所大学来呢？这显然给办学者提出了一个非常严峻的问题。

但是既然敢为天下先，就没有什么能够拦住我们前进的脚步。没有资金，就去借助，建立由"区办校助"到"民办公助"的办学体制，得到区政府在政策和经济上的支持与帮助；没有师资，就去争取，和北大、清华、人大等高校互利共赢，获得他们的优势教育资源支持；没有校舍，那就走读，既能培养积极良好的校风学风，培养学生的创业精神，又能有效地节约资金，降低帮学成本，一举两得。

就这样，经历了种种挑战，第一所民办大学——海淀走读大学被国家批准成立了。而它的成立，在全国教育界产生了巨大的冲击波，继而产生了强烈的连锁反应，内蒙古、四川、广西、广东、浙江、福建、湖北、湖南、天津、上海等省、自治区、直辖市相继向教育部申报了一批民办大学。1994年，时任北京市委副书记李志坚同志来学校调研时说："'海大'的改革有远见、有胆识，且有顽强的韧性。"

2019年是改革开放40周年，也是新中国成立70周年，北京城市学院如今也已经走过了35个春秋。从最初的280余名学生，发展到如今的万人，陈宝瑜副校长一路拼搏，历经挑战，把学校一步步发展成如今的模样。

回想过去，20世纪80年代初，我国高等教育还是公立大学"一统天下"。在艰难的条件下，就靠10余位热心人，怎么可能办起一所民办大学来呢？

可是，30多年过去了，北京城市学院作为中国第一所民办大学已经成为存在的历史事实。对比当初创校的种种艰难情况，我们作为北京城市学院的一员，怎么能不珍爱她、珍重她呢？

如今，我们生活在新时代，国家不论是在政治、经济还是其他各个方面都在稳步发展，为我们创造了良好的发展环境。北京城市学院也紧随国家脚步，在党的正确领导下蓬勃发展，为我国高等学校教育类型朝着多样化方向发展做出了示范，为社会培养应用型、复合型人才，加快发展中国特色高等教育蹚出了新路，为我国的教育事业作出了自己的贡献。

作为新时代的大学生，作为北京城市学院的一分子，我们应不忘初心、牢记使命，践行"改革探索，勤奋进取，艰苦创业，开拓前进"的校训，和祖国共成长，和祖国同拼搏。

# 国之建设　教之人心
## ——记首都体育学院刘淑慧教授

**受访人简介：**

刘淑慧，女，1937年2月生，首都体育学院教授。1960年毕业于北京师范大学教育系，曾任中国体育科学学会理事，运动心理学会副主任委员、主任委员，中国心理学会体育运动心理专业委员会副主任委员。30多年来，在运动心理学领域促进射击运动员比赛发挥方面有系统研究，在国家射击队获得的22枚奥运会冠军、200多个世界冠军和300多个亚洲冠军的成绩中，渗透着刘淑慧教授的心血和汗水。

她发表论文50余篇，编写教材、著作10余部（其中包括《刘淑慧文集：射击比赛心理研究与应用》3部），两次获"北京高校系统优秀教师"荣誉称号（1987年、1989年），4次获奥运会科研攻关与科技服务一等奖（1992年、1996年、2000年、2008年），获体育科技进步一等奖一次（1995年）、二等奖两次（1996年、1997年）和三等奖两次（2008年、2018年）。1992年开始享受国务院政府特殊津贴，1997年获原国家教委曾宪梓教育基金三等奖，1999年获国家科技进步三等奖，2000年被评为"北京市先进工作者"，2001年被评为"全国优秀教师"和北京市有突出贡献的专家，2008年获"2008年北京奥运会特别贡献个人"荣誉称号，2009年中国心理学会认定刘淑慧为"心理学家"。

**指导教师：**首都体育学院　邹延艾　杨意青　刘斌　陈丽萍

**采访人：**首都体育学院管理与传播学院　董书然　李红宇　刘潘影　刘寅杰

**执笔人：**首都体育学院武术与表演学院　郑琬亭　韩超群

　　时间艰涩地流动着，犹如指尖上的流沙，剥夺了她的青春年华。是她为年轻的梦想插上翅膀，是她为青春的心灵点燃希望，是她教导我们行走在人生的道路上，她就是我国国家射击队取得一次次辉煌成就的幕后英雄——刘淑慧教授。

## 学习探索勇创新　提升射击新境界

　　人生最可贵的品质是探索。刘淑慧教授原来是在师范院校教授普通心理学和儿童心理学，自从来到首都体育学院，她承担起运动心理学的教学任务。正所谓"隔行如隔山"，她一边学习体育知识，一边增强运动体验。1983年，她来到了国家射击队，在朱嘉新教练指导下，拿起了真枪学习射击。在实践中，她懂得了"靶虚具实，精力回收，压实扳机，正直均匀用力，有意识扣，无意识响"是打好一枪的要领。反之，"失之毫厘，谬以千里"。她悟出了这样的道理，即运动心理学所讲的放松训练、表象训练、注意力集中训练、应激控制训练、专项的感知觉训练等心理训练，完全蕴含在每发子弹的射击中，这也成为她积极探索运动心理学，并将其理论运用到体育运动实践中的一个成果。她在国家射击队研究探索了近三十年，将心理学的控制点理论与射击实践相结合，与原国家射击队总教练赵国瑞一起，提出了射击比赛心理定向理论。她将这一理论运用于射击训练，要求运动员做到："你打你的，我打我的，以我为主；打一枪丢一枪，发发从零开始；多想技术动作，不想（少想）结果。"她不仅提出"三把握"即"把握自己、把握当下、把握动作过程"，还在实践中探索建立射击比赛心理建设综合模式，帮助运动员在奥运赛场上做到自强、自信、自控，以积极的"静（情绪安静）、净（思维干净）、境（注意专注的崇高境界）"心态准确射出每发子弹。在坚持学习和探索的道路上，她的付出得到了认可，收获了丰硕的成果。

## 心理助力运动员　奥运赛场创佳绩

人生最美丽的回忆是奋斗，刘淑慧教授亦是如此。长年的理论探索与运动实践让刘老师体会到，要想当奥运会冠军，就离不开心理学对这项运动的支持，因为优秀的射击运动员首先要具备超强的心理素质。她的工作就是要为取得优异成绩助力。她认为，作为一名普通的心理学教师，能够服务国家射击队，是赶上了我国改革开放以来竞技体育发展的大好机遇。在我国体育科技发展的春天，能够参加这样一项工作让她感到非常的欣慰。在1992年巴塞罗那奥运会上，"川妹子"张山怀着"我始终站在零位线上"的心态，打出了225靶223中的好成绩，成为击败众多须眉的"巾帼英雄"。2000年悉尼奥运会上，陶璐娜夺得女子10米气手枪冠军，当获得首金后，陶璐娜面对记者说："我要感谢她——刘淑慧老师。"运动员往往在大赛前会产生很多杂念，但是陶璐娜深深记住了刘老师对她提出的八字要领——"无欲则刚，有勇则成"，最终获得了比赛的成功。8年之后，在北京奥运会上，邱健获得了男子50米步枪3×40的冠军，他的自我暗示语是"打出自己，不留遗憾"。当他走下领奖台的瞬间，将场外的刘老师猛然抱起，大喊："没有她，就没有我！"

## 梅花香自苦寒来　射击运动结硕果

人生最可敬的精神是奉献，刘淑慧教授30多年的付出是最好的注解。她的辛勤工作换来硕果累累，赢得了国家和人民的认可：第11届亚运会中国体育代表团集训队科研攻关和科技服务奖，原国家体委科技进步一等奖，第25届、第26届、第27届奥运会中国体育代表团科研攻关与科技服务一等奖，2008年获得"奥运会科研攻关与科技服务"特别贡献奖，"奥运会科研攻关与科技服务"团体一等奖，国家科技进步三等奖，等等。刘教授为我国体育发展战略服务付出了很多，把一个又一个运动员送上了奥运冠军的领奖台，这是他们对中国奥运攻关战略的最大贡献。理论与实践的结合表明，运动心理学是竞技体育发展不可缺少的一个环节，它可以成为提升射击运动水平的有力工具。

在国家射击队，不仅仅有刘淑慧老师的身影，在她的带领下，许多年轻教师甚至是他们的研究生都加入到射击队的攻关项目服务之中，并使这支科研团队后继有人。刘老师常说："国家为我们搭建了这么好的平台，我们应该用自己的知识和全部的力量回馈给社会。""这么多年坚持下来真是苦中带甜。"刘老师是老教师中为发展我国体育事业而兢兢业业做工作的优秀代表，正是因为有这样一批批无私奉献的教师，用勇于钻研的科学态度，以坚持不懈的勇敢实践，谱写出一曲曲体育颂歌，让奥运冠军辈出，在我国体育事业近年来取得的辉煌成就里留下浓浓的一笔。

如今的刘淑慧教授已是满头银发，她把自己有限的精力献给了祖国的体育事业和教育事业，早已桃李满天下。我们为有这样的老师、导师、恩师而感到骄傲。

# 航空强国中国心

—— 北京航空航天大学能源与动力工程学院陈懋章院士采访记

**受访人简介：**

  陈懋章，航空发动机专家，1999年当选为中国工程院院士。1936年出生于四川成都，1952年考入北京航空学院，1957年毕业留校，1979年到英国帝国理工学院进修，1981年回国。现任北京航空航天大学教授，曾任国务院学位委员会学科评议组成员、航空发动机与燃气轮机实施计划论证委员会委员、中国空气动力学会理事会理事、国家攀登计划"能源利用中热力气动学前沿问题"专家委员会委员、CFD国家重点实验室学术委员会委员、北京大学湍流与复杂系统国家重点实验室学术委员会委员等职。

**指导教师：**北京航空航天大学　查国清
**采访人、执笔人：**北京航空航天大学人文社会科学学院2018级硕士研究生
  刘彤　刘珂旬

## 破旧立新　与时俱进

  1979年，陈懋章教授到英国帝国理工学院进修，1981年回国。回国后，他与其团队承担了一项重要任务——某压气机的改型。面对重重困难和飞机

公司不断提出的提高动力装置性能的要求，经过仔细的计算分析，陈懋章和设计所的科研人员决定采用"双高"设计（即提高原型压气机的气动负荷和单位迎面流量等指标），这具有一定风险，是具有相当挑战的一项工作。陈懋章教授主动请缨承担了这项任务。

陈懋章教授认为"改型必须遵循不以牺牲寿命、可靠性为代价的原则"。经过夜以继日的不懈奋斗，这种"双高"设计下诞生的发动机，性能得到了极大的提高，但飞机却在试飞时出现了发动机空中熄火、空中停车等故障。1992年春节未过完，陈懋章教授就赶赴工作地点，其中处理机匣问题的解决是工作的重中之重。

陈懋章反复思考出现问题的原因。该发动机上原本就装有苏联的处理机匣，而这种处理机匣存在弊端。这个发现让陈懋章大为震惊。他说："一开始我不敢相信这种看法，因为苏联的这种处理机匣一直被奉为经典，号称无失速喘振处理机匣。在这样的光环下，从没有人认真思考过它的真实工作能力，更不用说去创造一种新东西代替它。"陈懋章在发现其弊端后，本着求真务实、不迷信权威的精神，破旧立新，构思了一种具有新的工作原理和结构的处理机匣，实践也证明了他思考的正确性。

按照陈懋章教授的思想，第二设计所很快做出了新型处理机匣，将机匣装置在压气机上并进行了试验。结果采用了新型处理机匣的WP13B的低压压气机比之前苏联的处理机匣运行得更好！在很长的一段时期，该发动机是我国大量装备部队最好的发动机，配装该发动机的飞机参加了第一届和第二届珠海航展飞行表演。陈懋章之后感慨，从发现苏联处理机匣的问题到构思出具有新的原理和结构的处理机匣，其实只在一夜之间。"众里寻他千百度，蓦然回首，那人却在灯火阑珊处"，这确实是顿悟后心情的最好写照，陈懋章如此形容这次思路的形成。当然，这一项具有重要现实意义的发明、构思是陈懋章教授在过去学校内实验研究的基础上，对现场认真调查分析的结果。

创新始于怀疑，始于批判。批判就是理性的质疑。关于批判和怀疑，陈懋章引述毛主席的话："共产党员对任何事情都要问一个为什么，都要经过自己头脑的周密思考，想一想它是否合乎实际，是否真有道理……"这就是理性质疑，陈懋章说，真理不怕批判，怕批判的不是真理。我们要培养独立思考能力，敢于批判、善于批判。


## 新的起点　新的征途


1999年，陈懋章教授当选为中国工程院院士。一位老同学说，这就是"功成名就"。然而"功成名就"是否就意味着要"功成身退"呢？在一线，站得高摔得重，继续搞科研不仅辛苦，遭受挫折压力更重。面对重重问题，陈懋章教授毅然选择坚持下去。他说："当选院士既是过去阶段的结束，也是一个新阶段的开始，应该更有作为，应该为老百姓做更多真有实际用处的科研工作。"于是，他率领团队踏上了新的征途——前掠大小叶片压气机的研制。

经过陈懋章院士团队近十年的辛苦工作，大小叶片技术与前掠结合的结构方案终于诞生。他们以本项技术为核心，设计了 WZ6C 发动机。2013 年，经过了包括高温、高原、高寒在内的严格定型试飞考验后，WZ6C 发动机正式设计定型，发动机和飞机性能大幅度提升，已装备三军部队。原本，生产厂家的老产品不受部队欢迎，工厂濒临倒闭。该发动机研制成功后，需求激增，该厂一跃而成为效益最好的厂之一，打了翻身仗。厂长说，新发动机救了一个工厂。

在这中间有一个小插曲。2008 年，法国的一家公司得知前掠大小叶片技术的部分情况后，包括副总裁在内的高层领导曾先后 4 次表示希望与陈懋章教授团队合作，条件随便提。但这是我国自己独立自主取得的成果，应先用于国内，于是陈懋章婉言拒绝了法方的请求。谈起这件事，陈懋章说这是他倍感自豪的事情。陈懋章说："因为该国的航空发动机技术处于国际领先行列，过去往往是我们求他们，希望合作，而这次是他们求我们，而被我们拒绝。从整个国家来看，这不是一件大事，但先进与落后位置的互换，却是一个重要的标志，标志着一个大趋势，标志着中国崛起过程中，先进与落后位置的互换，必然会不断发生。"

陈懋章院士曾经说过："科技报国，关键要做到两点——做学问要痴，做人要傻。痴，就是要真正钻进去；傻，就是对待名誉地位不要斤斤计较。"回顾过去 70 年，陈懋章院士诚实而辛勤地劳动着，不停顿地思索着，向着更高的目标追求着。他亲身经历了灾难深重的中华民族挫折、奋斗和崛起的日子。陈懋章院士说，"位卑未敢忘忧国"。过去的仁人志士追求救国图存之道，现在则寻求富民兴邦、长治久安之策。陈懋章院士为祖国的进步欣欣鼓舞，他的心始终与祖国的兴衰得失同步跳动。

想，就要凌云壮志；干，就要脚踏实地。中国告别了过去的苦难，经过 70 年的求索与奋斗，正以崭新的面貌融入世界。陈懋章院士为了我们的战斗机有一颗更加强劲的"中国心"，为了航空强国，不断努力奋斗，始终与祖国同呼吸、共命运。中国美好的今天正是像陈懋章院士一样的无数中华儿女历经千辛万苦所创造出来的。

# 当之无愧的"大先生"

## ——北京航空航天大学文传源教授采访记

**受访人简介：**

文传源，男，生于 1918 年 6 月 22 日，北京航空航天大学教授，是飞行器控制、制导与仿真学家和该领域的开拓者之一。长期从事飞行器控制、制导与仿真方面的教学、科研与设计研制工作，培养了一大批专门人才，为中国自动化科学技术的发展作出了重要贡献。

他长期从事航空器科研工作，是中国系统仿真学科的主要创始人之一，取得了一系列科研成果。20 世纪 50 年代，文传源作为技术总负责人，主持中国第一架无人驾驶飞机控制系统"北京五号"的研制工作，1959 年 2 月试飞成功，填补了中国对该类型飞机研制的空白。他是中国第一台飞行模拟机总体设计负责人，该机于 1983 年通过国家鉴定交付空军投入使用。1985 年获国家科技进步一等奖。他提出了系统仿真学科的专门基础理论——相似理论及其初步体系，提出了综合系统的概念、综合系统论的初步体系和建模方法，为中国系统仿真学科的初创和发展作出了贡献。

他积 50 多年航空专业教学与科研的成果和经验，发表了《PROC-OFBICSC'92 1992》等大批学术论文，撰写了专著《航空仪表学》《现代飞行控制系统》《控制系统与系统仿真》等，在国内外航空科技界享有一定的声望。他被他的学生们亲切地称为"大先生"。2019 年 10 月 1 日，文传源教授在北京逝世。本文为 2019 年文老健在时的采访记录。

**指导教师：**北京航空航天大学　郭永秀

**采访人：**北京航空航天大学生物与医学工程学院2016级本科生　钱威

北京航空航天大学宇航学院2017级本科生　刘佳乐

北京航空航天大学法学院2017级本科生　卢瑞

北京航空航天大学自动化科学与电气工程学院2017级本科生
杜剑峰

**执笔人：**北京航空航天大学生物与医学工程学院2016级本科生　钱威

北京航空航天大学自动化科学与电气工程学院2017级本科生
杜剑峰

## 祖国的需要便是我的需要

"当我们进去的时候，他一个人在卧室中，早已将歼-6飞行模拟机研制过程的相关材料备好放在桌上"，"文老拄着拐杖，伸出手来，说：'年轻人先坐'，听到这句话时我们很感动。文老的一生伴随着共和国的成长，他身上有我们这一代所欠缺的精神品质"。

这里讲的歼-6飞行模拟机是我国第一台飞行模拟机，该机于1983年通过国家鉴定交付空军投入使用，而文老则是歼-6飞行模拟机研制任务的总体设计负责人。研制任务的下达在1975年，当时北京的东郊机场有英国生产的两种型号飞行模拟机，还有成批的资料，"但是英国人不想让我们掌握这项技术"，"英国人不干，不想让我们看"。"既然白天不行，我们就晚上去观摩，花了一个月的时间整理出来了很多宝贵的资料。"对于那个时候的科研人员来说，科研环境太差，设施设备不全，技术不够，要完成模拟机的研发非常困难。当时，这批老的教师也没有学过计算机语言，FORTRAN、汇编语言都得从头学起，连计算机都还是临时从美国购买回来的。文老就是在这样艰难的环境下承担起了歼-6飞行模拟机的研发任务，带领着科研人员，为着祖国的航空事业奉献自己的力量。

再早些年，也就是1957年下半年，在解放思想、赶超世界先进水平指导思想的促进下，以文传源老先生为主，大家提出了研制无人驾驶飞机的总体技术方案，后经武光校长报请周恩来总理同意后，于1958年6月底，文老作为总指挥兼总设计师，带领团队开始了艰辛的攻关之路。

据他回忆："（当时）飞行本身的教育都受到制约，至于无人机，更谈不上。而且因为发达国家对无人机保密性很强，图书馆也找不到关于无人机的任何资料。"而且外国专家也表示："无人驾驶飞机技术难度特别大，自动着陆问题特别是在陆地跑道自动着陆问题非常困难，中国同志当前不可能解决这类复杂的问题。"当时，一穷二白的中国"一无资料，二无经验，三无设备"，仅无人驾驶飞机的控制系统就需要上万个零件，除了电子管等现成的元件外，其他零件都由北航师生在学校的加工车间中自己制造。

"时间紧，任务重，这给了我们很大压力，我们有自动着陆系统、发动机的控制系统等12个大系统待研制。"文老说。为了提高效率，文老带领团队通过倒排计划和顺排措施，采用重叠、交叉、穿插研制管理方案等措施推进项目。"倒排计划就是规划好什么时候开始干，什么时候干到什么程度，把计划完成时间定下来，但必须还要有顺排措施，措施不到位，计划就可能落空。"为了完成当年国庆节之前要将无人机送上天的目标，文老先生带领项目组300多名北航师生奋战在科研的第一线，熬夜赶工是家常便饭，"有时连着三天不睡觉，一累不知不觉就睡着了，醒来又赶快接着干"，而繁重的任务也使得文老的体重从53公斤迅速下降到44公斤。

国庆节当天，"北京五号"无线电引导着陆正式试飞基本成功，北航师生以自己的科研成果向国庆献礼。这效率令在场观摩的苏联专家不得不折服："这要是在苏联，要3个研究所做两年才能完成。"文传源则自豪地赋诗："梅花二月迎新春，岁寒三友见真情。大鹏劲搏凌霄志，红日高去飘彩云。"

而无人驾驶飞机控制系统"北京五号"的成功研制，实现了中国第一次无人驾驶飞机的成功飞行，翻开了中国无人驾驶飞机技术的新篇章。

事后，文老回忆道："我对自己能为国家航空事业奋斗几十年而欣慰自豪！"

## 自避桃源作太古，欲栽大木柱长天

文老不单单重视科研，更是时刻关心着青年一代的成长成才，注重人才的培养，并且以教育家陶行知的"爱满天下，爱生如子"作为自己的座右铭，数十年如一日，为学生无私奉献。

1998 年，他和其他获奖者及校友一起，捐出了获国家级教学一等奖的全部奖金，设立"驭远奖学金"，共 5 万元；2014 年 10 月，他再次为北航自动化科学与电气工程学院发展基金捐赠 10 万元，用于学生的奖助学金。文老说："这些钱都是从我的工资里一分一分节省出来的。可能只是杯水车薪，但是如果这微薄的资助，能激发同学们的斗志，鼓励他们在学业上知难而进，就达成了我捐款的初衷。"

文老认为"勤思考""重引导"是一名好教师必备的能力素质，而学生则应该敢于表达自己的观点，对于不同的意见要敢于争辩，敢于得出结论，甚至为此"你可以拍桌子打板凳，争得面红耳赤"。他的学生回忆道："他觉得你是在思考和分析，他很欢迎讨论。"不过，做学问要有做学问的样子，"做学问一定要知难而进，就像推车上山一样，一到最后那关，有的人冲得过去，有的人就不一定能冲得过去。要怎么想办法冲过去？就是知难而进"。做人要有做人的原则："一个人一生要正，什么事都要正。正意味着一个人无论做什么都要有原则。第二，什么事情都得要认真地干，要彻底地干。另外，对人要诚恳，什么事情都能按照原则办事，原则应当坚持到底，坚持一辈子。"

2018 年是文老百岁之年，他获得了北航立德树人成就奖，中气十足地发言道："我就说八个字，真诚友爱、协同发展。""学校要保持，学生要保持，北航人一辈子都要保持！"简简单单、平平实实的言语蕴含的却是一名百岁老人对于学校教育的关注，对于无数青年学子的殷切期望。

"我现在力气太小了，大家都比我年轻，未来靠你们了。""（天体宇宙中）还有很多新问题你们（年青一代）可以做。因为你们比我年龄小很多，这些问题都可以多想一点，弥补我们年龄上的不足。"

文先生乃是当之无愧的"大先生"!

文传源老先生的一生，正是这样的一生。作为伴随新中国走过这风风雨雨几十年的一代人中的一分子，他把自己的生命完全融入了新中国的孕育与成长之中。面对我们的老前辈，面对我们亲爱的祖国和绚丽的青春，我们又是否该思考：我们的一生又该如何度过？

# 读懂计算几何算法
## ——北京理工大学周培德教授采访记

**采访人、执笔人**：北京理工大学党委宣传部　季伟峰

北京理工大学关工委秘书处　辛丽春

服装、家具、造船、印刷等如何能最大限度地节约原料、提高劳动生产率？在公路、铁路建设以及管道铺设中，如何在地球表面高低迥异的地貌上设计出紧贴地表的最短路径？国防、军事、公安等许多领域中涉及的数码相机拍摄图像是否为同一目标还是几个目标？解决这些问题要用到的就是计算机算法。

计算机科学的核心是算法。发现高效的算法是推动计算机科学技术发展的主要动力之一。但是，研究算法是一件十分吃力、辛苦的工作，发现新算法更是要十年磨一剑。因此，许多人对算法望而却步。在我国，称得上算法专家的人寥寥可数。但在北京理工大学，有这样一位教师，在算法领域，尤其是在计算几何算法领域，守得住清贫，耐得住寂寞，几十年如一日，潜心耕耘、刻苦攻关，创造了个人独立发明 580 个计算机算法的奇迹。他就是我校普普通通的一名退休老师——周培德。

## "兴趣和责任，让我坚持下来"

周老师原是数学老师，1965—1982 年的 17 年是他科研工作的探索期。那时的他没有确定的科研方向和研究课题，科研的梦想之花凋零，因而心情十分沉重。1982 年，周老师转入计算机学院从事教学和科研工作，并将计算机算法、计算几何及计算理论作为研究方向。特别是计算几何，周老师在这个领域一干就是 30 多年，而且越干越有劲，梦想之花结出的科研成果给他带来了无穷的欢乐。

退休后，他有了更充裕的时间，可以安心学习、思考。就是在这样与书斋为伴的无数个宁静的日日夜夜，周老师凭借多年积累的扎实理论功底和无数次的计算尝试，创造出了具有国际影响力的一个个计算机算法。

计算机算法的改进是永无止境的。是什么让周老师在退休后仍然坚持不辍？周老师讲，一个是兴趣，从小喜欢钻研问题，思考和研究已经成了他的一种习惯；另一个便是责任，"学为人师"的责任，他想趁着自己还能干，为后人多留下一些经典的算法，让经典的算法多解决一些实际难题。

## "创造中国人自己的算法"

同国内大部分算法设计与分析主要引用和介绍国外的算法不同，周老师善于创造中国人自己的算法。"那时候看到国内出版的算法书籍几乎无一例外都是介绍外国人发明的算法，便梦想着有朝一日中国人也要在计算几何领域有所突破。""中国人不应该只在运动会上拿金牌，应该在科学技术方面同样对人类作出贡献。"他立志，中国人也要在计算几何领域有所突破。事实如他所愿，他创造了中国人自己的算法，完成了中国人自己的专著。

30 年来，据周老师自己统计，他独立发明算法 580 个，在职时发明了 43 个，而 2001 年退休之后发明了 537 个。他获得国家科技进步二等奖（2011 年，排名第三）1 项，获得国家自然科学基金支持项目 1 项，获得国家专利

2 项。分别于 2000 年、2005 年、2008 年、2011 年出版《计算几何——算法设计与分析》（清华大学出版社）第一版、第二版、第三版及第四版，这是至今全国唯一的一部计算几何领域的学术专著，也是北京理工大学计算机专业成立至今唯一的一部进入"中国计算机学会学术著作丛书"的学术专著。在《计算几何——算法设计与分析》这部专著中，周老师个人发明的算法个数占全书算法个数总数的百分比为：第一版 40%；第二版、第三版分别是 62%、77%；第四版书中介绍的 303 个算法、第五版介绍的 504 个算法，100% 是周老师发明的，这在该领域是十分罕见的。《计算几何——算法设计、分析及应用（第五版）》专著中的创新点多达 500 多个，相当于 80 篇博士学位论文创新点数目的总和。

## "传承奉献，授业解惑"

周培德老师酷爱学习，在 2017 年北京市第十三届全民终身学习活动周开幕式上，他荣获"首都市民学习之星"称号，并作为 10 名典范之一进行重点宣传。他还愿意带动大家一起学习，为师生的学习研究工作无私奉献自己的研究成果。他一直说，桑榆未晚，他要坚持学习、创造下去，要坚持帮助更多的年轻人。

2016 年 3 月 25 日，他开始主持"计算几何"算法咨询室工作，每周拿出固定时间接待师生咨询，为师生点拨迷津。在周老师的影响下，很多硕士生、博士生投身算法领域，甚至一名大三的本科生自学周老师的专著，尝试使用其中的算法解决问题。

周老师的著作在网上反响热烈，有人评价他是"大师实力，民科风格"，称《计算几何——算法设计与分析（第四版）》是"经典中的经典""计算几何算法的百科全书""中国计算机教授的力作"。可以说，周老师实现了作为一名中国人在世界计算几何领域扬眉吐气的梦想。对周老师来说，最大的愿望就是，只要身体允许，就会继续学习、研究下去，为后人留下更多更好的算法。

认识周老师的人都知道，他是一个典型的文弱书生。他曾患有脑血栓，工作时间一长就头晕。在钻研紧张的时候常常吃不下饭、睡不好觉，甚至做梦都在思考如何创造出更好的算法。近年来，高强度的脑力和体力劳动使他的身体健康状况每况愈下。然而，周老师却说："也许这就是付出吧，没有付出，哪有收获？要有成果就要吃苦、吃大苦。不过这是合算的，因为这些研究成果丰富了学科的内容，填补了国内很多空白，并为后人提供了更好的研究基础。我本人也获得了成功之后的快乐，这种快乐与花钱买来的快乐是无法相比的。"

# 化纤拓业写春秋　育人传道铸师魂

## ——访北京服装学院于伯龄教授

**采访人、执笔人：**北京服装学院服装艺术与工程学院　高鹤

北京服装学院信息工程学院　杨佳佳

2019 年是新中国成立 70 周年，也是北京服装学院建校 60 周年。在此之际，学校组织了"读懂中国"的活动，让我们青年学生能有机会和学校的老专家、老教授面对面交流，了解老一辈人的奋斗历程及感人事迹。

近日，我们学生代表对我校老教师代表于伯龄老师进行了访谈。已经 80 岁高龄的他侃侃而谈，讲述了他的故事。

1962 年的秋冬之交，刚从北京大学毕业的于伯龄老师来到我校纺织化学工程专业任教。57 年来，他见证了祖国和我校数十年的发展历程，见证了一批批学生求知若渴地来，又踌躇满志地离开，怀揣梦想奔赴各地。

## 筚路蓝缕研制原料

"下厂实验是将理论与实践相结合最好的途径。"于伯龄老师坐在椅子上，指着面前校史册上一张泛黄的老照片说。他左手微微架着眼镜，右手指在照片上缓慢地滑动，阳光把他的影子投射到地上，构成了一幅剪影。照片上记载的是刚毕业的他受学校任命，带领 10 名毕业生去天津有机化工实验厂研究当时中国尚无法独立生产的维尼纶原料醋酸乙烯。"另外一位老师和我负责搭建实验流程工具，那时候实验设备很简单，日子很苦，可用的资料也少。"回忆起当初，他长长叹了一口气。最终，经全体人员的努力，历时近一个月，成功完成实验，在 6 月底，学生也圆满完成从开题报告到论文答辩的过程，获得厂方及校内师生高度赞赏。当时，学校方面指出，应保密相关研究方法，所以于老师与同学们的实验成果未能为人所知。虽然有些遗憾，但在研究过程中，他收获了丰富的科研经验，并从下厂实践所带来的积极影响中获益良多，这种影响一直贯穿了他之后的科研和教学过程。

在来我校任教之前，于老师在北大上学时也有过两次下厂实践经历。一次是 1958 年"大炼钢铁"时，周恩来总理亲自送他们去广西灌阳县，历时 3 个半月。那时，县里颁给于老师一个"钢铁战士"称号的奖状。另一次是 1960 年大四时，于老师去了化工二厂支援师兄搞技术革命，过上了工厂"三班倒"的生活。

艰难困苦，玉汝于成。化纤路上的下厂实践经历，特别是任教第一年带领毕业生研究维尼纶原料的实验经历，对于老师有着延续一生的影响。当时，中国尚未有研究维尼纶的相关工厂，他带领学生开拓创新，提前做实验搞研究，其中艰辛不言而喻。"尽管很辛苦，但对自己的锻炼很大，对毕业生的培养也很有帮助。"

## 桃李不言，下自成蹊

于伯龄老师用自己的行动诠释了什么是奉献，他的门下桃李满园，他为化纤领域培养了一大批人才。他深夜秉烛，悉心指导学生学业，在他的培养下，许多毕业生担任了一流大学的研究主任。说到这里，他指出，学生要对自己有信心，要踏实努力，定会有光明的前途。

"我喜欢和学生在一起，觉得和学生在一起才是最快乐的，最有朝气的。"于老师很喜欢与学生交流，他关心学生，推心置腹地给青年人提建议，他希望年轻人戒骄戒躁、踏踏实实地学习知识技能，不忘记对社会的责任。回忆起教学中的趣事，于老师说："参加研讨会时，有老师提出在丝绸上画画能否有不褪色的染料，我觉得这或许可以研究一下。虽然我不是学染整的，但还是查阅了许多资料，自学了一番，染料弄出来以后，效果还不错，接着申请了项目在美术馆做了展览。"之后于老师便开设了艺术染色的选修课，选课学生常多达一二百人。"有人说老听见你们这屋子有人说话，很热闹，但找不到老师，一屋子全是人！"说到染整教学，于老师不禁欣慰地微笑。

## 兢兢业业寄语学子

于老师在我校做了很多工作，当教研室主任、成立科研处，做事认真负责、竭尽全力、恪尽职守、不为名利，深受领导、同事的信任。在科研处工作的 8 年时间里，于老师赴英国深造，为学校带回了英国研究生培养模式。他说，作为教师，在做论文、搞研究方面一定要自己先完全弄懂，学生做不出来时一定要尽力指导启发。截至现在，于老师发表过 110 余篇论文，其中 6 篇是在国外发表的英文论文。此外，他对英文论文的写法也颇有研究。

在当下选择与浮躁并存的时代里，于老师这种"勤勤恳恳地做一行、爱一行、钻一行"的精神显得尤为可贵，是我们年轻人学习的榜样。我们要戒骄戒躁、踏踏实实地学习知识技能，做实际行动者，任何事只有深入地做下去、真正扎下去，才能有所成就，我们要以实际行动回报祖国、回报社会。

# 尽心于所学专业　行善于所处社会

## ——访北京服装学院黄绍勋教授

**受访人简介：**

　　我们如约来到北京服装学院退休教授黄绍勋老师家中进行采访。黄绍勋老师已经年过80，但见到他时依旧能感受到一种焕发的精神。

　　20世纪30年代，黄绍勋老师出生在越南堤岸东郊上的一个普普通通的华侨家庭。黄老师求学期间一直满怀着报国的热情，高中毕业后一度在越南芹苴任教。怀揣着报国理想的他，与他的学生一道，几经辗转，于1957年回到了日思夜想的祖国。黄老师回忆，这段经历锤炼了他的意志，铸就了他吃苦耐劳、自强不息的精神。

　　7年后，黄老师从天津大学化工系造纸专业顺利毕业，被分配到北京化纤工学院（北京服装学院前身）教书。黄老师说，一直觉得教书是自己的使命，他热爱教师的工作，因为振兴民族的希望在教育，振兴教育的希望在教师。

**采访人、执笔人：** 北京服装学院艺术设计学院　王家轩
　　　　　　　北京服装学院服装艺术与工程学院　狄芷伊

## 尽心于所学专业

　　据黄绍勋老师回忆，北京化纤工学院的前身是纺织工业部干部学校，位于东大桥白家庄，1959年改名为北京纺织工学院，当时设有棉纺、毛纺、

机织、印染等专业，学制是 5 年。在 1961 年的时候，学校迁址到了北京东郊定福庄。当时的校址占地面积并不大，只有一栋 6 层的教学楼、一座食堂和两栋宿舍楼。1961 年，为了响应国家促进化学纤维工业发展的号召，学校改名为北京化纤工学院，撤销全部纺织类专业，新设化学纤维工程和基本有机化学工程两个专业。

黄老师说，那时的学校基础条件和师资力量比较薄弱，只有几间小小的办公室，常常是几个老师挤在一间办公室办公。住房也很紧张，单身教师都住集体宿舍，甚至刚结婚的教师也没有新房住。不久后，纺织工业部决定将学校性质转变为以化学合成纤维生产加工专业为主，专门培养化学纤维、纺织化学工程技术人才的院校。

而当时在从事纤维素方面教学工作的只有两位老师，加之学生的人数并不多，黄老师就暂时负责助教和辅导学生的工作。在辅导之余，他每天就抱着砖头一样厚的书学习，积累知识，提高专业技能。

30 多年来，黄绍勋老师经历了北京化纤工学院并入北京化工学院，后又恢复北京化纤工学院，再后来更名为北京服装学院的各个历史阶段，他本人也由一个助教升为讲师，再发展到高级工程师。一步步走来，有喜悦，也有忧虑；有振奋，也有期望。

1984年，黄老师开始担任无机化学实验室主任。当时实验室的条件相当艰苦，黄老师要配制上百种化学试剂，洗涮上千个试剂瓶，写数千张药品的标签，并把标签分别贴在试剂瓶上，还要绘制许多操作的标准挂图贴在实验室墙上，等等。每天废寝忘食地投入到这些工作中去，黄老师寒暑假都没有休息过。渐渐地，由于黄老师的精心管理、合理安排，实验室的工作有条不紊地开展了起来，在学校每年的评优中都榜上有名。研究机构不断发展壮大，靠的是实验室全体人员的辛勤劳动和艰苦创业的精神。他干好别人不愿意做的事，做好自己可以做的事，踏踏实实从基础做起。

1986年，黄绍勋老师又开始担任班主任的工作。那年，有32名学生入学，其中有20余位来自京外地区。为了使同学们能够更多地互相了解，更融洽地相处，黄老师经常利用课余时间组织同学们参与各种活动。例如，在国庆节期间组织同学们去天安门广场参加升旗仪式，进行爱国主义教育。同学们都很激动，纷纷在天安门广场合影留念。

## 用情于所爱书法

在实验室和教学工作之余，黄老师还一直坚持着从小养成的兴趣，就是书法。而当时学校的工美系刚刚成立，因此黄老师被调到工美系，担任书法课的教学工作。这样一来，他对书法的钻研和创作越发不可收拾，把自己的经验和理论也应用到了教学工作中。

1993年的秋天，黄绍勋老师用隶书写就一幅一丈二尺的巨型书法作品，内容是800余字的《前后赤壁赋》，被收藏并展示在天安门城楼的会议室内。北京服装学院的师生们闻讯后纷纷到城楼观赏，看到黄绍勋老师创作的隶书作品笔道刚劲、温润洒脱，交口称赞这是一幅精品。而黄老师也一直发挥自己的专长，投入到公益工作中去。

## 行善于所处社会

2018 年 12 月 28 日，由于黄老师一直热心公益、敬业奉献，被推荐为"北京社会好人榜"典型人物，成为北京高校唯一的上榜者。

多年来，黄老师一直热心公益。当看到修路工人在炎炎夏日下辛苦地劳作，他主动找到包工头，承担了 30 多个工人的每日所需用水费用；在四川雅安地震募捐的现场，黄老师在捐款箱旁支起简易的空间，为前来捐款的人书写一幅毛笔字，看似普通的暖心举动却少有人能做到；几十年如一日，他尽心于所学专业，用情于所爱书法，行善于所处社会，以书法传承文化，以书法善做公益，以书法传递爱心，以书法服务社会。知足常乐、笑口常开，与人为善、助人为乐，胸怀开阔、顺其自然，这是黄绍勋老师给自己的生活座右铭。

黄绍勋老师的爱国情怀、专心工作的态度以及无私奉献的精神，无不激励指引着我们年轻人。2019 年正值新中国成立 70 周年，同时又是北京服装学院建校 60 周年，我们当代大学生要像黄老师这样的老一辈人学习，学习他们艰苦奋斗的精神，学习他们无私奉献的品质，用实际行动表达我们对祖国母亲的热爱，献上对祖国母亲生日的祝福。

# 二十载风雨建校　九十年初心不忘
## ——访北京石油化工学院建校元老宋临格

**受访人简介：**

> 宋临格，生于 1930 年，1949 年参加工作，副处级，1972 年参与到北京石油化工专科学校的建立工作中，1990 年正式退休。

**采访人、执笔人：**北京石油化工学院人文社科学院分团委书记　朱明

北京石油化工学院人文社科学院 2018 级学生　苑文龙　盛子墨

## 筚路蓝缕"大庆精神"照亮创校路

"有条件要上，没有条件创造条件也要上。"作为北京石油化工学院建校元老之一，宋临格老师始终把"大庆精神"作为学校建设之路的信念支撑。

1972 年尼克松访华前夕，北京市政府决定要在燕山建立一所技术学校，综合考虑后决定建立北京化工学院第二分院，这便是现在的北京石油化工学院。北京石油化工专科学校 1978 年正式成立之前一直隶属于中国石化总公司。改革开放初期，中国石化总公司急需人才，然而由于政策刚刚实行，国内的人才数量无法满足公司的需求，于是，成立一所技术培训学校为公司提供石油化工人才成为公司发展的头等大事。可以说，技校是公司发展的一大重要战略。于是，宋老师等人临危受命，面对着种种艰难险阻，毅然踏上了建校之路。

宋老师始终对"大庆精神"坚信不疑：有条件要上，没有条件创造条件也要上。他是这样想的，也是这样做的。20 世纪 70 年代的经济还比较落后，其他方面的条件也无法得到满足。相对于紧缺的资金来说，更让宋老师头疼的是师资力量的匮乏。在那个时代，专家和教授是非常稀缺的，除此之外，由于我国当时的石油化工行业刚刚起步，人才更是少之又少。如何聘请相关的专家和教授来壮大师资力量，成为宋老师等人攻克难关的关键一步。由于校址选在燕山，地理位置偏僻，交通和通信更是难上加难，聘请教授的难度也是大增，宋老师只能率领着团队各地奔波，四处寻找相关的学者。甚至有一次，由于当时学校离得太远，一位任课教授从另外一区赶过来，恰逢天气不好，又担心上课迟到，所以匆匆赶路，结果在路上遭遇车祸，所幸有惊无险，教授受伤并不严重，因此并未酿成大祸。为了引进国际前沿的石油化工技术，公司决定调派相

关人员到美国去做访问学者，学习美国的石油化工先进理论与技术，以期日后回国任教。

学校的发展逐渐步入正轨，北京市政府又调配了几位专家学者来参与学校的建设。尽管困难重重，宋老师等人白手起家，在各方面条件都基本得不到满足的情况下开辟出了一条道路。最初，北京石油化工学院只有两个专业——化工与化机。经过一段时间的发展，学校逐渐意识到要想获得长远的发展，就必须拓宽学校的专业范围，于是学校党委书记找到宋老师，跟他说，公司已经批准，学校要继续拓展领域，事情不好办，但是无论是党委还是公司都给予绝对的支持。收到这样的保证，宋老师就像吃了定心丸，继续踏上学校建设发展的新征程。

## 勇于担当 "学校哪里需要哪里搬"

"我是一块砖，哪里需要哪里搬"，在学校的建设和发展中，宋老师勇于担当，学校哪里需要，宋老师就在哪里发光发热。

宋老师接受采访时说得最多的，就是"人才"二字。艰苦的教育环境与中外科研力量的巨大差异更加让他意识到培养人才的重要性。宋老师幽默地说："别的学校都是先有教授才有专业，而我们却是先有专业，再有的教授。"老师说话时很轻，但我们能从这轻描淡写中体会到当时是如何的艰难困苦，也能体会到那个时代的人们是拥有着何等强大的魄力。

学校成立时，宋老师在物理教研室任讲师，一边授课一边处理行政事务。后来几经辗转，教研室调来一位教授，于是宋老师又被委任了一项更重要的任务——任图书馆馆长。图书馆对于一个大学来说是极为重要的，图书馆的建设工作也受到了学校领导与公司领导的重视。宋老师说着说着不由得笑了："说起来也惭愧，我在图书馆当馆长期间，公司突然给了我一个副处级的职称，我其实也没做什么。"

慢慢地，学校的专家队伍逐渐形成了，出外访问的学者也大多回国任教。虽然条件依旧艰苦，但是好在学生们都懂得感恩，学习也非常刻苦，所以那时候虽然条件艰苦，但却是人才济济。

图书馆建成后，宋老师又被调至学校教务处工作，负责学校的对外联系事宜。其间，中石化总公司想要开设经济管理相关系别，这个重担又落到了宋老师的肩上。宋老师接到任务时，已经年近花甲，无论是体力还是精力，都已经不复从前。饶是如此，宋老师仍然前往各大高校进行调研，做出实施规划，努力干好了这项工作。1990 年，学校正式将校址迁至北京市大兴区，随着多年的积累，学校不仅有了自己的学者队伍，而且时常邀请国内外著名的专家学者开设讲座，进行交流，而此时的宋老师也正式退休了。

## 不忘初心　耄耋之年学习新思想

"思想坚定了，路也就坚定了，无论是年轻人还是我们老年人，都得不忘学习新思想。"宋老师多次叮嘱，一定要学习新思想。

当采访组到宋老师家里拜访的时候，宋老师一直拉着年轻学生的手，感叹道"这都是国家未来的人才啊"。宋老师在接受采访时感叹，他是 1930 年出生的，他是看着共和国一步步成长的，改革开放以来的 40 年国家真的是经历了巨大的变革，现在的社会条件好了，现在的年轻人也正处在一个好时代。他嘱托我们一定要好好钻研学业，向着专家教授的方向迈进，国家真的是太需要人才了！

宋老师虽然年近九旬，身体也不如从前，但他还是会抽出时间来接受新事物，学习新思想。宋老师坦言，他平常还会抽出时间学习和研究习近平新时代中国特色社会主义思想，他还耐心地说，习近平新时代中国特色社会主义思想是马克思主义中国化的最新成果。近年来我们国家的巨大变化，就是这一思想所拥有的巨大影响力的见证，所以当代年轻人一定要多学习习近平新时代中国特色社会主义思想，一定要多关心政治、关心国家的发展大事。

# 永久奋斗　不改初心

——记北京信息科技大学原纪委书记孙毓仁

作　者：北京信息科技大学马克思主义学院硕士研究生 1801 班　张力丹

　　2019 年 5 月 15 日，北京信息科技大学马克思主义学院组织采访了孙毓仁老同志，访谈会上孙老讲述了他成长和奋斗的经历。一位以保尔·柯察金为奋斗目标的老人，年逾古稀仍心怀少年意气，奋斗在教育事业的第一线，用他的一腔热血感染同辈，激励后辈。驷之过隙，容颜易变，不变的是老人的初心。

## 少年立志：非学无以广才，非志无以成学

奋斗本身就是一种幸福，只有奋斗的人生才称得上是幸福的人生。学生时代的孙毓仁就将"永久奋斗"作为自己的人生格言，他把这四个字深深地刻在心里，落实到学习工作生活之中，并且一直保持至今。

20世纪60年代，孙毓仁以优异的成绩考上了大学，在大学期间他认真践行"永久奋斗"的人生格言，努力学习、刻苦钻研。在大学毕业之际，孙毓仁凭借着出色的表现留校工作。几年后，孙毓仁又成为改革开放后的第一批研究生，在研究生学习期间他保持着刻苦学习的劲头，并将所学灵活运用到实践之中，杰出的学习成果让他研究生毕业后再度留校工作。在工作岗位上，他一方面认真完成教学科研工作，另一方面他还紧抓学生的思想政治教育工作。党的引导和培养更加坚定了他"永久奋斗"的决心，他严格要求自己，做好本职工作，成了一名优秀的人民教师。少年之志让孙毓仁不断追求进步，勇于攀登人生的高峰，取得一个又一个成果。

孙毓仁认为，少年当立志，立志当高远。现在的青年更应该将个人的奋斗目标和命运与国家、民族的奋斗目标和命运紧紧地联系在一起。青年之志就应当为自己而奋斗，为祖国而奋斗，为中华民族而奋斗。

## 忠诚无悔：亦余心之所善兮，虽九死其犹未悔

20世纪80年代，已经潜心从事教学科研工作十余年的孙毓仁听从组织的安排，改为从事高校管理和学生思想政治教育工作。在之后的20年中，不管是在院系、校机关负责某方面的工作，还是在学校层面分管某些方面的工作，他都能抽出时间和精力，深入了解学生动态，关心学生所思所想，为学生全面成长而努力。孙毓仁说，多年之后，看着昔日奋斗在教学科研一线的老同学纷纷成为博士生导师，想到自己如果坚持做科研工作也一定能获此荣光时，心中难免有遗憾。但是，他却毫无悔意，因为他选择了一条成为学生灵魂工程师的路，而且他做到了。

孙毓仁曾两度分管学校纪检监察工作，他紧抓党风廉政建设和反腐败斗争，并且将党风廉政建设与师德师风建设有机结合起来。在他任职我校纪委书记期间，学校没有发生过任何重大违纪案例。同时，他还继续重视学生思想政治教育工作，关心学生的全面发展，这些成绩让孙毓仁为他的工作生涯交上了一份完美的答卷。

"苟利国家生死以，岂因祸福避趋之！"孙毓仁便有如此情怀，他放弃了挚爱的科研事业，在党和学生需要他的时候，毅然选择做基层的学生工作，心系学生学习和生活等方方面面，成为他们精神上的导师。

## 老骥伏枥：老当益壮，宁移白首之心？

退休以后，孙毓仁去美国探亲时看到我们国家与世界发达国家之间的差距越来越小，北京、上海、杭州等地的市容市貌甚至还超越了纽约、费城、华盛顿这些大城市。这让孙毓仁想起了他在 20 世纪 90 年代赴意大利科学院那波勒斯分院做访问学者的故事。那时，他见到了当时世界发达国家的科研水平，感觉别人实验室用的一般工具都要比我们的先进许多，他还吃惊于当时意大利的农民开着汽车去种地。而现在，这些场景在我们国家已经随处可见了。他由衷地为国家的发展进步感到欣喜、骄傲和自豪。

孙毓仁见证了国家一步步的成长，参与了中国由贫穷到富强的奋斗历程，这也更加坚定了他要"永久奋斗"的志向，要继续闪光发热，努力为祖国的发展贡献一份力量。

孙毓仁退休之后，本可以选择安逸悠闲的晚年生活，可他仍然积极投身于关心下一代的事业之中，他的奋斗之旅还在路上。他兼任了科研协会和关心下一代工作委员会的多个职务，满腔热忱、全力以赴地投入工作，成效突出，因此获得北京教育系统关心下一代工作"有突出贡献的'五老'代表""北京教育系统关心下一代工作先进个人"等诸多荣誉称号。

不仅如此，孙毓仁在退休后仍然紧跟时代步伐，学习党的最新政治理论和方针政策，深入学习理解习近平新时代中国特色社会主义思想，他与在座的马院思政课教师及研究生们分享了自己学习习近平总书记在学校思想政治理论课教师座谈会上的重要讲话的体会感悟。他希望思政课教师们要充分发挥教师的积极性、主动性、创造性，给学生心灵埋下真善美的种子，引导学生扣好人生的第一粒扣子，更要严格要求自己，为培养优秀的学生而不懈努力，贡献自己的力量。

他认为现在的青年学生应该把课程学习扎实，争取做到活学活用，以取得优异的成绩。他还关心青年一代的身体健康，嘱咐同学们要坚持锻炼身体。他牢记着大学时代清华大学校长蒋南翔提出的"为祖国健康工作50年"的目标，并高兴且自豪地表示今年他也将如期实现这个目标！

就是这样一位慈祥的老人，为学生成长操心了大半辈子。他说："我做的都很平凡，而且，我做的还很不够。"正是孙毓仁50年如一日地坚持这样的"平凡"，才让他取得了今日不平凡的成绩。

70年的风雨沧桑，中华人民共和国从站起来、富起来到强起来，在这条中华民族的伟大复兴之路上，有无数个像孙毓仁一样的老人在默默地奋斗着、奉献着。当年意气风发的英姿少年变成白发苍苍的老者，这位75岁的老人用奋斗的一生告诉我们，人的一生应该永久奋斗，不改初心！


# 坚守讲台三十八载　只为做好两件事

——访北京信息科技大学厉虹教授


**受访人简介：**

　　　　厉虹，硕士研究生导师，北京信息科技大学自动化学院电气工程系主任，北京市教学名师，曾被评为北京市优秀青年骨干教师、原机械电子工业部教书育人优秀教师，是北京市高等学校精品课程"电机与拖动"课程组负责人。她多次被评为学校教书育人先进个人、优秀共产党员、优秀班主任。2017 年、2018 年连续两年被毕业生评选为学校最受毕业生喜爱的 10 名教师之一。

采访人：北京信息科技大学自动化学院智能 1601 班　陈冶金
执笔人：北京信息科技大学自动化学院自控 1703 班　王语童

70 年光辉岁月弹指间，70 年中华大地沧桑巨变。从《义勇军进行曲》到《东方红》，从《春天的故事》到《走进新时代》，革命、建设、改革、发展，历史的车轮滚滚向前，在社会发生剧烈变化的同时，有人坚守内心的宁静，不忘最澄澈的初心，在教书育人的讲台上默默耕耘，换得桃李满天下。

厉虹老师就是这样一位跟随新中国改革开放发展脚步不断成长的人民教师。

## 知识改变命运　奋斗成就未来

"世界那么大，想去闯一闯。"41 年前，面对社会改革大潮，厉虹老师抓住时代机遇，一举考上浙江大学。由于经历了"文化大革命"，在学习方面耽误了太多时间，刚进入大学时，她的成绩并不突出，但性格坚韧的她为了追上优秀同学的步伐，每天拼命学习，除了吃饭、休息，其余时间就在教室用功。因为改革开放，厉虹才有了这种能够安心沉浸在知识海洋里的时光。因此，宿舍、教室、食堂三点一线的生活，并未让她感到枯燥，反而是十分珍惜这来之不易的学习机会，拼命汲取知识养分。终于，这种为了梦想矢志不渝的精神和百折不挠的毅力，支撑着她以优异的成绩完成了大学所有课程，毕业时成为一名光荣的人民教师。回顾职业生涯，厉虹老师说，她只是一个很普通的教师，38 年来，只做了两件事：一是教好一门课，二是做个好老师。

## 三十八载教学路　痴心教育终无悔

要教好一门课并非易事，想要成为一名学生交口称赞的老师更是难上加难。要给学生一杯水，老师要事先准备一桶水才行。要想当好一名老师，就要不断学习、终身学习。厉虹老师负责的"电机与拖动"课程在 2010 年被评为北京市高等学校精品课程。这门课可以成功入选，与她平时琢磨教程、花心思改进教学方法是密切相关的。为了申请精品课程，需要建设教学网站。毫无头绪的报表、眼花缭乱的数据，并没有让她产生一丝的畏难情绪。就在提交课程申请的前一个晚上，家里突然停电，为了不耽误申请精品课程进度，她半夜独自一人跑到物业进行交涉，在物业前台把材料一改再改直至下半夜。尽管申请过程经历了重重波折，但困难最终被一一克服，"电机与拖动"成功获批北京市精品课程。不仅是这门课深受学生欢迎，厉虹老师所讲授的其他十余门本科和研究生课程也全部被评价为优秀。曾有校领导在听完厉虹老师的课后，对她饱满的教学热情和生动的课堂讲授给予高度评价，认为她能将复杂的课程内容讲得如此生动，贴近生活、贴近学生，是教学经验的日积月累，是爱岗敬业的生动体现，值得全校教师学习。

## 三尺讲台教书育人　一园桃李绽放飘香

学高为师，德高为范，除了教学素质过硬，厉虹老师还深受学生爱戴。在她曾担任班主任的班级里，有不少从外地考到北京的学生。中秋节时，为了缓解学生们第一次远离家乡、远离亲人而产生的思乡情绪，厉虹老师自费去超市买了很多学生喜欢的食品，把京内外的学生们请到实验室欢聚一堂。借助聚会的氛围，厉虹老师做起了思想工作，希望外地的高分考生能够在大学里继续保持好成绩，在班里起到带头作用，希望本地学生与外地学生融到一起，互相尊重、互相认同、互相学习、共同进步。在愉快温馨的气氛中，学生们一起度过了一个令人难忘的中秋佳节，班级凝聚力也得到了增强。对于班级里成绩相对落后的学生，厉虹老师尽己所能挖掘学生潜力，鼓励他们迎头赶上课程进度，耐心辅导他们进行毕业设计，为他们考研提供参考建议。正是几十年如一日这样想学生所想，急学生所急，厉虹老师深得学生好评，至今仍有多名已经毕业二十余载、早已成家立业的学生和她保持着联系，其中就包括一位 1993 年毕业的学生。26 年来，每逢春节，只要厉老师在家，这位学生都会登门拜访，就这样延续着与厉老师的师生情。厉虹老师还用心保存着不少历史资料，珍藏的每一个校徽、每一份校历、每一份教学任务书、每一段学生在毕业纪念册的赠言、每一本硕士生毕业论文，无不体现着她对教育对学校对学生的热爱，她曾将一份满分试卷作为特殊礼物送给本科时学习她的课程、外校博士毕业后返回学校任教的学生。

时代在改变，人们的生活水平越来越高。学校的发展也越来越好，不变的是像厉老师一样的教师们，诲人不倦，孜孜以求，守在三尺讲台方寸之间，怀揣着对教育事业和学生的满腔热情，播撒知识的种子，传递对教育和学生的爱。

人才与国相始终，千古兴亡鉴青史。青年兴则国家兴，青年强则国家强，中国的未来就在年轻人的手中。新中国 70 华诞之际，回首过往，中国已从积贫积弱到繁荣富强。如今，中国前所未有地靠近世界舞台中心，前所未有地接近实现中华民族伟大复兴的目标。1978 年走进大学、毕业后走上讲台的厉虹老师，有幸作为时代的见证者、参与者，在教育一线坚守了 38 年，奉献了 38 年。她常说，"教师的灵魂是热爱学生"，也常用"坚持不懈，奋斗不息"与学生们共勉。学生的肯定，是老师最好的荣誉。38 年做好两件事，厉老师很平凡，也很不简单。


# 做学生思想的引路人

## ——访北京第二外国语学院欧洲学院舒雨教授


**受访人简介：**

舒雨，北京第二外国语学院欧洲学院德语专业（原德语系）教授，著名作家老舍的女儿。1937 年出生于青岛，1964 年进入北京第二外国语学院德语专业任教。1978 年 7 月，作为国家首批公派学者赴联邦德国访学。1995 年起，享受国务院政府特殊津贴。1998 年被评为全国优秀教师。曾任中国德语教学研究会理事、中国德语文学研究会理事、国际日耳曼学会会员。在德语专业人才培养、教学改革和科学研究等方面作出了突出的贡献，主编的"十一五"国家级规划教材《智慧的闪光——近代德国与欧洲文化史选读》影响深远。

作　者：北京第二外国语学院欧洲学院德语系 2018 级硕士研究生　周彤　赵亚楠

"你们不要宣传我是老舍的女儿，这样的模式别人没办法复制。"这是见面后舒雨老师说的第一句话。作为著名日耳曼学学者，舒雨老师更愿意和年轻人分享当年建校的艰辛、探讨专业发展和人才培养，希望大家能从自己的经历中有所思考，而不是关注她老舍女儿的身份。做学生思想的引路人，是舒雨老师的从教追求。

## 二外德语专业的奠基人

作为北京第二外国语学院建校的第一批教师，舒雨老师见证了二外成长的全过程。1955 年，周恩来总理从万隆会议回国后，深感国内外语外事人才之匮乏，决定专门成立一所外语学院。这就是由周恩来总理亲自选址、亲自确定校名（沿用至今）的北京第二外国语学院。北京第二外国语学院 1964 年建校，当年招生。舒雨老师深情地回忆起二外的由来："60 年代初期，中国和国外建交还很有限，主要的交流都是文化方面的，比如派京剧团出国演出、办展览等，所以在文化部门需要大量的外语人才，因为没有人才，所以周总理提出由对外文委牵头成立一所外语学院，主要培养促进文化交流的人才。"

建校之初的二外办学条件十分艰苦。当时，德语专业一本书、一本字典都没有，外语教学必不可少的电教听力设备也都没有，所有的设备都是现买或者用别的学校现成的一些教科书。二外师生不畏艰难、自力更生，一步一步地将学校建立起来，为国家培养了大批优秀的外语人才。

## 改变中国留学史的一封信

改革开放以后，中国向世界各国派遣了大量的留学生，舒雨老师也于改革开放初期被派往联邦德国交流访学。她的一封信永远改变了中国的留学史。1978 年 7 月，舒雨老师和另外 12 位教师作为首批赴德学者到联邦德国访学，得到了德方的资助。除房费外，他们每人每月尚有 750 马克或更多一些的生活费。"当时财政部和文化部有一个不成文的规定，把德国发给留学生的奖学金和助学金不全部发给我们，只发给我们很少的一部分。"按照有关规定上缴之后，除了伙食费在 200 马克内凭发票向使馆实报实销外，零用钱只有 23 马克（约合人民币 20 元）。这给他们的生活和交流带来了极大的不便。他们不敢入乡随俗去酒吧和德国朋友交流，因为买不起啤酒；也不敢接受邀请去德国朋友家吃饭，因为买不起鲜花或小礼物；买包括食品在内的任何小东西都得要发票，引得周围的人颇为惊诧，因为德国的很多商店都不提供发票，只应要求提供手写的收据……所有这些都引起德国方面的不解，深深地伤害了中国留学生的尊严。1979 年 5 月 30 日，舒雨老师将自己的感受和建议，写了一封信。这封信经时任中共中央对外联络部副部长张致祥转给了时任国务院副总理、国家科委主任兼中国科学院院长方毅，随后又转呈了邓小平同志。1979 年 9 月 30 日，著名物理学家、诺贝尔奖获得者李政道也向中央反映了这一情况。中央决定取消这一政策，改变了所有留学生的命运。

"这封信其实我不知道交到谁手里了，这两年报纸上一公布我才知道。"谈到这段往事，舒雨老师一如既往的谦虚。

## 孜孜不倦　润物无声

在 40 多年的教学生涯中，舒雨老师兢兢业业，认真负责，深受学生爱戴。德国是一个盛产哲学家的国度，学生们学习4年的德语，如果对德国的文化遗产和哲学思想一无所知的话，是一件非常遗憾的事。舒雨老师就和德国外教一起编写了教材《智慧的闪光——近代德国与欧洲文化史选读》，该教材被选为普通高等教育"十一五"国家级规划教材。舒雨老师介绍说，这本书的目的不在于让学生们学习哲学，而是为了让学生明白欧洲文化是怎样发展起来的，熟悉欧洲文化的发展脉络，了解德国人的逻辑思维和辩证思维的形成过程。

舒雨老师认为，学生们生在中国、长在中国，举手投足都受中国文化的影响，所以跨文化交际应该是学生们必备的能力。如何理解外国文化？应该注意什么？遇到问题应该怎样解决？……为了帮助学生解决语言学习中的跨文化交际问题，舒老师和外教一起编写了教材《中德跨文化交际与管理》。

舒雨老师在德国学习期间，德国中小学生的一些习惯令她印象十分深刻。德国中小学生会准备很多标识笔，在做笔记时，用不同的颜色表示不同的意思，极大地方便了学习；德国学生分区记录的笔记方式让以后的复习更加系统化……为了让学生们掌握科学的学习方法和工作方法，舒雨老师专门开设了"学习方法和科学工作方法"课程，旨在让学生了解自己，并根据自身特点，找到最适合自己的学习和工作方法。

舒雨老师的执教思想深深地影响了她的学生们。2018年，德语专业1998级张灯同学在她的博士学位论文扉页上写道："敬赠舒雨教授，今天的一切都离不开您对少时的我在方法上的成功启蒙。我的感谢无以言表，这本书是献给您的！"以此感谢舒雨老师对她在科学工作方法上的启蒙指导。

春风化雨、润物无声，学生的成长和进步是他们对舒雨老师最好的回报与感激！

# 立德树人铸师魂 老骥伏枥育英才

## ——北京物资学院魏续臻教授采访记

**受访人简介：**

> 魏续臻，男，1946 年 9 月出生，1965 年考入空军工程大学，1966 年入党，1969 年毕业。先后任教于清华大学、北京联合大学、北京青年政治学院，2003 年 1 月任北京物资学院党委副书记。1983 年参与创建北京高校德育研究会，1995—2007 年任副理事长兼秘书长。1997 年起任教育部思想政治理论课教学指导委员会委员。主要从事大学生思想政治教育研究与德育工作。2007 年退休后，受北京物资学院委派到北京师范大学珠海分校物流学院组建起全分校第一个党总支并任书记。2017 年在北京物资学院离退休处支持下，出版 2003 年以来主持的科研成果集《为青年铸魂》，共 38.8 万字。2007 年担任《北京教育（德育版）》编委，参与部分审稿、评稿工作。

**采访人、执笔人：** 北京物资学院商学院 2017 级本科生　张瑶迪

北京物资学院法学院 2018 级本科生　杨宝康

北京物资学院商学院 2018 级本科生　张蕴梦

韩愈曾著《师说》，言为师之道："所以传道受业解惑也。……授之书而习其句读者，非吾所谓传其道解其惑者也。"可见，在这位大文学家看来，老师的作用绝不仅仅是教授知识，而更在于培育学生的思想道德。魏续臻教授就是这样一位专注于学生思想政治道德教育，能够"传道受业解惑"的真正的教授。

## 砥砺初心铸师魂　思政育人促发展

习近平总书记在党的十九大报告中指出，要全面贯彻党的教育方针，落实立德树人根本任务。这一思想宛如一盏明灯，指引着我们国家的教育工作尤其是德育工作的前进方向。

魏续臻教授在教育事业的岗位上工作了一辈子，从事思想政治教育工作逾40年，对立德树人有着深刻的见解。他说，立德树人是在1957年毛主席提出教育方针的基础上，半个多世纪以来对教育规律最准确的揭示，是对教育本质最深刻的认识，是对教育体认的最高境界，也是对教育的最精炼的表述。

在魏续臻教授看来，大学生思想政治教育，是培养一个人的关键工作，对学生的成人、成才都有重大的影响。魏续臻教授说，办学校就会有学生，有学生就需要思想政治教育。这么多年来，魏续臻教授的亲身经历和亲眼所见能够成功的人，那些能够立德、立言、立业的成功者，都不是单纯地靠了知识或能力，都是对社会的认识理解深刻，懂得如何做人做事，才获得成功的。光有聪明才智，没有为人处世的思想道德品质，必定一事无成。人都是置身于集体、社会、群众之中奋斗才能成就事业的。

1980年后，魏续臻教授在清华大学学生工作部工作，分管学生思想政治教育和奖惩工作。清华大学成功的学生固然很多，但是也有极少数半途而废的……魏续臻教授在清华大学无论是担任班主任、辅导员，还是在学生工作部时，都努力推动实施思想政治教育与行政管理相结合，从而不断提高育人效果。同时他也根据实际工作经验提出了"尽量不让学生背着处分包袱离开学校"这一思想教育管理措施。他积极向组织建议，学生在违纪受处分后确有悔改和进步表现的，毕业时就不要让他们背着处分"包袱"离开学校，并被采纳实行。关于这个制度，魏续臻教授提到一个他至今都扼腕叹息的案例：一名学生在"三年困难时期"因为吃不饱饭，拿了他人20个窝窝头票被勒令退学了。到了20世纪80年代，这个学生到学校来要求撤销那个处分。他痛苦地诉说，就因为现在看来根本无足轻重的20个窝窝头票，20多年作为单位业务骨干的他一不能入党、二不能提干，甚至殃及孩子不能入团、不能当兵。一个青年大学生，就因为20个窝窝头票，人生受到巨大挫折，家人都受到影响。从这件事里，魏续臻教授就意识到改革思想政治教育和学生奖惩管理的必要性，才极力主张在学生毕业之前为他们做一次检讨工作，使那些改正了错误的青年学生轻装上阵，走上新的征途。

2003年，魏续臻教授在北京物资学院任党委副书记期间，积极倡导学生在思想政治上要求进步，为此推动成立了"北京物资学院青年马克思主义研究会"。同时，他还推动党课进行校、院（系）两级的分建改革。对此，魏教授解释说，因为大家平日都是学习、生活在院（系）班级里，以院（系）为单位管理。因此，魏续臻教授发动院（系）教授们的积极性，以院（系）为单位组建初级党校进行党的基本知识的启蒙教育，然后再将优秀的积极分子选送学校党校学习培养。通过分级学习教育，加强了学生对党的基本知识的学习，促进了学生党建工作的开展。

在业余党校教育教学实践中，魏续臻教授非常注重学生对于马克思主义原著的学习。他表示，只有马列原著是最能说服人、影响人的。他大力提倡学生学习马列主义原著，学习国际共产主义运动史和中国共产党党史。他在党校亲自讲授《〈共产党宣言〉导读》和《国际共产主义运动简史》。实践证明，这样的改革对于学生大有裨益，极大地推动了北京物资学院思想政治教育工作的健康发展和大学生党建工作。

对于思想政治教育本身，魏续臻教授也有自己的思考。他列举亲身经历，骄傲地说："我带过的班级成了北京市的先进班集体，班级党支部书记被评为全国新长征突击手。那时候，我既当班主任，也当辅导员，不仅重视学风班风的建设，也重视学生个人能力的培养。我带的班34名学生，在社会上都有所建树，都是各单位的骨干，我觉得他们的成长离不开思想政治教育的引领。"在魏续臻教授眼中，重视思想政治教育小到可以整顿班风班纪，扫除歪风邪气，使每个学生都能在充满正气的环境中学习成长，大到可以影响校风学风，营造"心怀集体，勤勉向学"的良好氛围，改善新时代大学生的精神风貌。

　　魏续臻教授始终认为，学生时期的思想政治道德培养是受益终生的，它会在学生进入社会时得到更明显的体现。马克思主义理论的核心思想之一就是主张人的全面发展。魏续臻教授说道："思想政治教育就是帮助学生实现全面发展的，清华大学和北京物资学院在这方面都做得不错。"

　　魏续臻教授也提出了自己对于思想政治教育发展的期望："在教育教学的过程中，有的老师会因为学生学习成绩好而对一些思想道德问题一再容忍，甚至视而不见，这是不对的。"他指出，思想道德的问题更需要受到重视。学校要培养的应该是品德高尚，能为社会、国家作出贡献的人才，而不是有知识缺见识、有能力缺道德、四肢健全而人格不健全的人。学校应当培养德智体美劳全面发展的人，将来能为中华民族复兴作贡献的人。"如果不能严抓思想政治教育工作，不重视对学生思想政治道德的培养，那么学校的教育就不能说是成功的。"

　　魏续臻教授还指出，现在教师队伍中存在的主要问题是师生比过低，不仅数量不匹配，而且质量发展不均衡，还有很大提升空间。教授与学生的接触过少，不能及时发现学生的思想变化。针对这个问题，他认为在教育教学的过程中，应当采取一些具体措施促使教授们平时多走到学生中间，不断加强教授与学生间的互动，让教授们及时有效地对学生思想意识和做人做事行为作出正确引领。他还提出，要加强教师队伍的经常性培训，壮大优秀教师团队的规模，为学生们提供更优质的学习成长条件和优良环境。

　　魏续臻教授说，只有全国高校都重视思政工作，才能为我们的社会培养出有道德、有品质、有能力的新时代青年。


## 笔耕不辍献余热　夕阳红艳谱新篇

　　如今，魏续臻教授已然年过古稀，岁月在他的脸上留下了深深的痕迹。历经四分之三个世纪的沧桑，改变的是他的容貌，未曾改变的是他对生活积极向上的态度以及对教育工作的热爱和追求。

73 岁，这个年纪本应该在家颐养天年，享受天伦之乐，可魏续臻教授却继续在教育事业中发挥自己的优势。魏教授做了多年的教育工作，可谓是经验丰富，桃李满天下，可他并未就此止步，他要在自己身体允许的情况下，继续为祖国的文化和教育事业作出自己应有的贡献。

　　在退休之后，魏续臻教授结合自己的专业在多方面为青少年教育奔波着，继续在教育部思政课教指委负责"形势与政策"这门课程的教材编写和音像教材《时事》的编辑制作。魏续臻教授本人十分喜欢"形势与政策"这门课程，20 世纪 80 年代中期他就带头开设了这门课程，早在 1994 年他就在《思想教育研究》杂志发表了开设"形势与政策"这门课程的教学体会论文《教给学生看形势的立场、观点和方法》。因为喜爱，所以重视，他参加《形势与政策》教材的组织编审工作，有些重大选题，他亲自写作。魏续臻教授始终心系祖国，关心国家的发展和未来，他认为"形势与政策"这门课程与现实生活紧密接轨，是帮助当代大学生掌握正确分析形势的立场、观点和方法的课程，在大学生思想政治教育中担负着重要使命，具有不可替代的重要作用。正因如此，"形势与政策"课程的难度亦大，他在课程教材的组编中下了很大的功夫：为适应新时代的教学模式和年轻学子的个性化需求，在微信公众号和网站上都可随时随地地看到课程教材和辅导文选材料，便于学生随时随地学习。

　　除编写教材外，魏续臻教授自 2011 年以来，应各地教育局、学校要求，率先开展社会第三方教育评估工作。清华大学老科学技术工作者协会与清华大型教育研究院联合成立了教育评估中心，魏续臻教授担任中心主任。评估中心的成员许多都是清华大学退休的老教授和北京市普教领域的知名专家。在教育评估过程中，专家们充分肯定教育工作中的长处和成绩，同时也直言不讳地指出工作中的短板，诚恳地提出建议和对策，促进学校改进工作，促进学校科学发展。另外，他还牵线推进清华大学老科协与山东省东阿县的科技合作，2017 年 12 月正式成立"清华大学老科协（东阿）科技服务中心"并担任中心顾问。

　　"人活着的意义在于劳动和奉献。"魏续臻教授在退休后给自己制订了 4

个"五年计划"——60 岁到 80 岁，20 年，每一阶段都有一个目标，每个目标都与教育事业休戚相关。魏续臻教授说，在这 4 个"五年计划"完成之后，如若身体条件允许，他会继续为社会服务，立德树人，上好大学生思想政治课，为中华民族的伟大复兴尽一份力量。

# 咬定青山　踏浪寻根

## ——中国音乐学院董维松教授采访记

**受访人简介：**

　　董维松，男，1930 年生。中国传统音乐学家、戏曲音乐学家，中国音乐学院教授、硕士研究生导师，享受国务院政府特殊津贴。

　　1945 年 8 月参加革命，在解放军文工团从事音乐工作多年，曾参加济南战役、淮海战役、渡江战役等。1959 年毕业于中央音乐学院作曲系并留校任教，1964 年调入中国音乐学院工作。曾任音乐理论系民族音乐教研室主任，中国音乐学院音乐研究所所长，学术委员会委员、顾问委员，学位委员会委员，职称委员会委员。兼任中国音乐家协会民族音乐委员会委员，中国传统音乐学会副会长，中国戏曲音乐理论研究会理事长，《中国戏曲音乐集成》总编辑部编委、特约审稿员。出版有河北梆子《蝴蝶杯》、汉剧《宇宙锋》、《民族音乐学译文集》（合编）、《对根的求索》等专著，发表论文五十余篇。从事戏曲音乐教学六十余年，编写教材二十余部。

**采访人：**中国音乐学院音乐学系 2017 级本科生　欧阳迎湘　冯茵瑶　牛雨奇

**执笔人：**中国音乐学院音乐学系 2017 级本科生　冯茵瑶　牛雨奇

　　出生在河北省黄骅的董维松，从小家境贫寒，常常吃不饱穿不暖，家中"糠菜半年粮"是常态。到了荒年时候，家中的状况更为凄惨，全家只能吃棉花籽、树叶、老玉米棒子的瓤子果腹，而生命是脆弱的，董维松的奶奶、姐姐、弟弟相继离世，董老对此也是记忆深刻。

　　董维松年幼时第一次感受到被日军侵略的仇恨是在 1937 年七七事变。当时，日本鬼子占领南京后，鬼子的飞机又在徐州上空不断投放炸弹，董母先见之明带领全家到云龙山山洞躲避，傍晚回到城中时，整个徐州俨然变成一堆废墟，街上的人血肉模糊，哭声笼罩了整个徐州城。这给年幼的董维松留下了惨痛记忆，这是他第一次真正感受到了日军侵略中国的民族之痛，当时他年幼，但仇恨敌人的种子已深深埋入心间。董维松 12 岁时，身边涌现出一批抗日小英雄，而董维松因自己的音乐天赋崭露锋芒，当上村里的儿童团长，15岁走上革命道路，17岁加入中国共产党，他的音乐天赋也为他一生的工作奠定了基础。

印象里的董维松老师已到耄耋之年，是位经历坎坷的老人，而这次初见董维松老师，与想象中的耄耋之年的老人有很大的不同。面前这位老人慈祥、平和，全然看不出无情岁月在他人生中使出的牵绊。他历经无数坎坷却依旧能保持如此般温柔的性情，不忘初心，坚守如一，是多么令人敬仰和感到温暖。

## 咬定青山，坚守传统音乐传承

中国音乐学院1964年由周恩来总理指示成立。在中国音乐学院成立之前，中国民族音乐的发展与培养人才的担子都在中央音乐学院身上，但中央音乐学院民间音乐无论是声乐、器乐、理论或者作曲都有可能慢慢被"洋"给吃掉。周总理结合学院情况提出了一个想法："在中、西音乐的发展上是否可以先分后合？"这样一来，民族音乐得到了独立发展的机会。于是，周总理提议专门成立中国音乐学院来单独培养搞民族音乐的人才。1963年底，董维松参加完"四清运动"赶回北京后立马参加了建立中国音乐学院的筹备工作。他原先在中央音乐学院担任民族音乐理论方面的教学，被调到中国音乐学院后担任民族音乐教研室主任，负责戏曲理论方面的教学。董维松是个有长远目标和眼光的智者，在学院成立初期就提出了我们中国自己的音乐教育体系在哪儿和民族音乐理论专业应该如何培养等问题，并在接下来的日子不断求索，始终如一去探索，致力于发展中国音乐，研究中国音乐。

## 踏浪寻根，专注传统音乐研究

生长在抗战年代，董维松亲历过各种苦痛：逃难、饥荒、痛失至亲。

四处漂泊的他亦得到许多珍贵的民间艺术的滋养。董老一生从未停止过学习民族音乐的步伐。在部队 10 年间，他去往各地，扎根当地，深入生活和学习。京剧音乐开辟了他一生研究戏曲音乐的道路。董老严谨好学，半年内辗转陕西、四川、湖北，在当地研究所和剧团居住，日日与戏曲学习为伴，看戏、考察、学戏、记谱、结识表演艺术家，这些经历和付出奠定了他坚实的基础。京剧《逼上梁山》、秦腔《血泪仇》、陕北秧歌剧《兄妹开荒》、河北民歌、安徽民歌、湖南民歌等，传统音乐早已深深扎根在董老心中，也因此造就了中国传统音乐理论研究界的一位赫赫有名的戏曲研究学者。

万里长城，一砖一瓦牵动着亿万中国人的心，其间凝炼着多少百姓的血肉。1979 年，文化部联手国家民委、中国音乐家协会发起编纂的"十大集成"，被誉为"中国民族文化长城"，一词一句蕴含着中华民族无穷的音乐魅力。董先生亦是"文化长城"的重要建设者。1983 年，董先生成为《中国戏曲音乐集成》的编委，同时也是部分省市的特约审稿员。由于肩上被赋予了如此职责，董先生心头的责任感油然而生。先生在音乐学院任教授课期间，同时兼顾编委任务，多次出差外省应约参与审稿工作。大至剧种介绍比例分配，小至曲牌句数的细节探讨，董先生以其学术上的知识储备以及学院派音乐学理论研究的方法，用科学严谨的态度，耐心解答各类问题，使得编辑工作更具合理性，为"文化长城"内容的规范化呈现作出了突出贡献。2004 年出版的第一本传统音乐学文集《对根的求索》，董老首次提出了"程式分析法"的戏曲音乐研究方法等，在学术界都具有开创先河的意义。董老一生致力于传统音乐研究，"一心搞研究，不想惹是非"，这是他坚持一生的学习和做人态度。

## 不忘初心，与党共进始终如一

在采访之前得知，董老师早在 1975 年眼睛就开始发病。在 40 多年的时间里，这对于一位从事理论研究工作，长期伏案疾书的人来说，在生活、工作、学习上会产生何种影响？出于好奇，笔者在聊天过程中进行了提问。

"虽然我的眼睛看不清了，腿脚也不灵便，但脑子很清楚。也幸好现在有广播啊，我在家里每天从早到晚开着广播，那些时事新闻、戏曲频道，总之，什么都听听。"董老师说。"还有就是听学生们念。"董老师补充道。

常言道："活到老，学到老。"这便是对这位老先生的真实写照。虽然已是89岁高龄的老党员，但却始终如一地保持着对党的思想觉悟，保持年轻活力，紧跟时代发展步伐，与时代共进步。党的十九大召开之后，董老先生的学习热情并未因眼疾而受限，更是主动向组织请求，希望学生能够送学上门，为自己诵读党的十九大相关学习材料和《中国共产党章程（修正案）》，以求更深入具体地了解习近平新时代中国特色社会主义思想，明确党对党员的新要求。

咬定青山，紧紧咬住的是对传统音乐的那份赤诚；踏浪寻根，足迹遍地无惧风浪；不忘初心，牢牢记住的是对中国共产党的忠诚。采访过程中，老先生口中轻描淡写的"抗日战争""逃难""饥荒"等词，是我们这一辈生长在和平年代的新青年难以想象和体会的苦难岁月，但董先生面对艰苦环境时挺拔坚毅的品格和精神值得我们每一位青年传承。

# 咬定青山不放松　立根原在破岩中

## ——北京电影学院王迪教授采访记

**受访人简介：**

王迪，男，1928年12月生于吉林省。中共党员，教授、硕士研究生导师，中国电影家协会会员、中国夏衍电影学会理事，欧美同学会理事（第二、三届）、欧美同学会留苏分会理事，鲁迅文学院客座教授，中国电影"金鸡奖"评委（第十二届）、夏衍电影文学奖评委（第一、二、四届）。

1946年参加革命，1947—1955年先后在东北文艺工作一团、东北电影制片厂、上海电影制片厂、中央新闻纪录电影制片厂任创作员、编辑、编剧、导演。1956年通过国家考试，赴莫斯科学习。在苏联国际电影学院师从世界著名电影剧作家沃·屠尔金、叶·格布里罗维奇教授，攻读电影剧作专业，1961年获艺术学硕士学位；同年毕业回国，执教于北京电影学院。1984—1990年任文学系主任、教研室主任、研究生导师。1994年获"研究生导师荣誉证书"。

主要开设课程有："电影编剧理论与技巧""电影剧本创作""电影剧本本体研究""电影大师研究""中国电影诗学""影片赏析"等。主要作品有：发表著、译作100余万字，其中专著4本，论文数十篇。主编、与人合著和参加编写的著作7本，创作歌剧、话剧、电影、电视剧本14部，如电影剧本《深山探宝》《红军之花》《高加索的中国姑娘》等。

电影剧本《深山探宝》（风靡20世纪50年代的彩色纪录片）于1991年获中国作家协会、地质作家协会联合颁发的首届地质文学宝石奖特别奖。同时王迪本人获原地矿部授予的"荣誉地质队员"称号。专著《现代电影剧作艺术论》获北京电影学院第四届（1996年）优秀教材一等奖；《通向电影圣殿》（主编兼撰稿人之一）已重印8次，获原广播电影电视部第三届（1995年）优秀教材二等奖。论文《人性·个性·终极目标——中国电影文学回顾与思考（1949—1999)》获第八届（1999年）中国金鸡百花电影节优秀学术论文奖一等奖、中国文联2000年度文艺评论奖二等奖。2000年，出版专著、国家立项的研究课题《中国电影与意境》（合著）。2005年，出版专著《电影剧作导航》。1994年获北京电影学院最高成就奖"金烛奖"。

采访人：北京电影学院学生　牛志佳　高晓毓等
执笔人：北京电影学院硕士研究生　王琛

1985 年，北京电影学院文学系第一次面向全国招收本科生——这在中国电影史上也是第一次。而这次"大事件"与一年前刚刚走马上任的文学系系主任王迪教授有着很深的渊源。

最初，王教授是拒绝出任文学系系主任的，就连当时北京电影学院的沈嵩生院长亲自上门也吃了"闭门羹"，谦虚的王教授以自己不是当领导的材料为由婉拒了。后来在学校领导的多次劝说下，王教授才终于松了口。但是他提出了一个条件，那就是必须让文学系面向全国招收电影剧作专业的本科生，院长当下就答应了，于是王教授担任文学系系主任，文学系也从那时候开始筹备面向全国招生。

王教授经常说，文学是电影之母，剧本是一剧之本，而培养优秀的电影剧作家是繁荣电影事业的一个关键。但在当时，很多人认为学编剧体验生活就足够了，为什么要进学校呢？甚至还有人质疑北京电影学院能否培养出优秀的电影编剧来。文学系面向全国招生对当时的电影学院甚至全国来说都是一件大事。文学系面向全国计划招收本科生 14 人，全国报名人数就多达500 人，文学系面临着各方的压力和困难。但是对王教授来说，既然下定决心做一件事，就定会全力以赴、认真踏实地把事情做好。王教授就率领着老师们夜以继日地评卷。那时候，老师参加评卷既没有报酬也没有茶水，茶叶也需自备，但老师们的积极性依旧非常高；跨过了招生的困难，新生入学的时候也遭到了质疑：有个别同学冲着新生说，你们学什么编剧，将来你们写出剧本，我们也不给你们拍。文学系新生也不甘落后，刚入学的学生年轻气盛，他们就起了矛盾。当时全校师生都关注着这个班，王教授就说，立此存照，四年后再见分晓吧。

时光如梭，四年的时间转瞬即逝。有一次，导演系要拍毕业短片作业，就问王教授有没有剧本推荐，王教授就推荐了几部文学系二年级学生写的剧本。最后，两个剧本被顺利拍了出来，反响也不错。王教授笑称文学系大二的剧本已经达到毕业作业的水平了，后来就再也听不到其他学生对文学系的质疑了。包括在之后的学习与合作中，文学系和其他系同学也都相处融洽。

后来，这个班毕业答辩的时候，王教授专门请来了著名剧作家林杉来当答辩委员会主席，他希望毕业生的剧本能经得起社会上电影专家的检验。林杉在答辩结束后感慨地说："我作为一名老电影编剧，看到文学系培养的本科生能写出高水平、有专业技巧的电影文学剧本，心里感到十分高兴和欣慰，我对在中国建立一支强大的电影编剧队伍有了信心！"

艺术家林杉对电影学院能够培养电影编剧专业人才的有力肯定不胫而走，青年电影制片厂知道后也来文学系挑选剧本。学生唐大年的剧本被选中，拍出一部《北京，你早》（导演张暖忻），后来获得了当年的政府奖。文学系学生再一次用优秀的作品有力回应了当年的质疑。"电影是有着丰富表现手段的伟大艺术，我们要用它做有益于人类的事情。"王教授说，看到自己培养的学生有成就是他最开心的事。他专心治学、兢兢业业，像孺子牛一样为祖国的电影事业辛勤耕耘，致力于培养优秀的电影人才，彰显了他作为教师、艺术家的崇高追求，他为新中国电影事业的发展作出了无私奉献。

路是脚踏出来的，历史是人写出来的，王教授用实际行动书写着中国电影的历史。作为社会主义建设者和接班人，我们要将王教授作为学习的楷模，争做有理想、有本领、有担当的新时代青年，要用我们的全部身心、爱和知识给祖国和大地以回报，成为立志为中国特色社会主义事业奋斗终身的有用之才！

# 砥砺前行革命路　鞠躬尽瘁师者心

## ——首都师范大学数学科学学院夏庆麟老师采访记

**受访人简介：**

> 夏庆麟，女，1930年生，北京师范学院（现首都师范大学）数学系原党总支副书记。曾任重庆师范学院（现重庆师范大学）数学系系务主任，优秀的一线教育工作者。

夏庆麟1949年参军,同年加入新民主主义青年团,先在二野后勤政治部工作,后调往西南军区政治部文工团工作;1952年底加入中国共产党;1954—1958年就读于西南师范学院(现已并入西南大学),在校期间以学生会主席的身份参与重庆市"五一"劳动节大会,受到周恩来总理的接见;1958—1960年任教于重庆师范学院,担任数学系系务主任,1960年起调入北京师范学院,担任数学系党总支副书记、数学分析教师;现帮助《中学数学杂志》进行审稿、改稿工作。

　　夏庆麟曾获得先进工作者、优秀党员等称号,并曾作为代表参与四川省教育和科学技术、文化、卫生、体育等方面社会主义建设先进工作者代表大会。作为革命军人的她,在部队荣立二等功、三等功各一次。夏庆麟老师是首都师范大学数学科学学院几何研究室的元老之一,曾发表学术论文《"泰勒公式"的教学设计》,不仅培养出大量的优秀人才,对于数学研究也有着巨大的贡献。

**采访人:** 首都师范大学数学科学学院2015级本科生　刘艺　唐嘉豪
**执笔人:** 首都师范大学数学科学学院2017级本科生　于敏
　　　　首都师范大学数学科学学院2015级本科生　刘艺　唐嘉豪

　　《钢铁是怎样炼成的》一书中有这样一段话:"人最宝贵的是生命。生命对于每个人只有一次。人的一生应当这样度过:当他回首往事的时候,不因虚度年华而悔恨,也不因为碌碌无为而羞愧。在临死的时候,他能够说:'我的整个生命和全部精力,都已献给世界上最壮丽的事业——为人类的解放而斗争。'"夏庆麟老师身体力行着,用70年的时间向我们证明了她对共产主义的向往与"为人类的解放而斗争"!

### 参军报国,坚定信仰

　　在那个硝烟弥漫的战争年代,夏庆麟老师虽还是个小女孩,但心中革命的种子渐渐发芽。她渴望和平，渴望摆脱压迫，渴望建立一个民主的社会主义国家。面对不好的家境、后母的苛刻，她不屈于这样的生活，毅然决然地选择了向前，迈出了她革命道路的第一步——去安庆解放区参军。

1949年，是中华人民共和国成立的那一年，也是她参军的那一年。优秀的夏老师成功通过选拔考试，进入二野后勤政治部工作，后又调往西南军区政治部文工团工作。在文工团的工作，夏老师直到现在还记忆犹新，那不仅是她热爱的文艺工作，也是最接近前线战士的工作，是可以给战士们带去慰藉的工作。在那里，她表演了人生中第一部歌剧《白毛女》。

台上三分钟，台下十年功。夏老师对自己表演的要求十分严苛，为了演得更加逼真，夏老师曾偷偷地在浴室里练习"跌倒"，一遍不行就再来一遍，有时真的会磕到身上一块块青，但她仍继续坚持，直到自己满意为止；在扮演白毛女时，由于没有假发，白毛女的头发都是直接用面粉撒在夏老师的头上，她卖力地表演再加上天气很热，面粉随着汗水不停地流进了她的眼里，疼得她直流眼泪，但这丝毫没能影响她表演，甚至让她的表演更加生动。另外，夏老师还主演过《结婚进行时》《北京人》等剧。虽然演出条件艰苦，场次多、时间长，更有连续十几天每天一场演出，最晚表演到凌晨3点，但是夏老师的心里是开心的。她因自己为革命献出了一份力量而开心，因自己能用歌剧的形式传播党的思想而自豪！

在学生时代，夏庆麟老师接触到了苏联著作《钢铁是怎样炼成的》。她被这本书深深地震撼，共产主义在她的心中埋下了种子。她梦想成为保尔·柯察金那样坚定的共产主义者。夏老师见证了中国共产党为了建立新中国而作出的艰苦卓绝的斗争。她深深地认识到，只有中国共产党才能挽救身处水深火热之中的中国，只有中国共产党才能让中国重新站起来。她在部队中表现突出，渴望获得党组织的认可。终于，夏庆麟在获得三等功后加入了新民主主义青年团，获得二等功后加入了中国共产党。

# 不忘初心，坚守教育

1954 年，在面临退伍转业时，夏老师认为自己应该学一门技术继续为祖国作贡献，就考取了西南师范学院数学系。那年的高考，只有 9 万人考上了大学，他们的名字被——登在报纸上，夏老师就是其中之一。在校上学期间，夏老师时刻不忘自己是一名光荣的中国共产党党员，她担任了学校学生会主席的职务。提起担任学生会主席的故事，夏老师轻描淡写地说："做学生会主席就是为了更好地为同学们服务。"

1958 年大学毕业之后，夏老师投身到了教育事业中。她始终坚信，工作要由专业的人来做。自己的专业是数学和教育，所以自己要永远奋斗在教育的一线。她先是到重庆师范学院数学系任系主任，后于 1960 年调到北京师范学院（今首都师范大学）数学系担任党总支副书记、数学分析教师。夏老师来到首师大后，因为想要一直在一线教学，所以始终不肯出任党总支书记。在夏老师来首师大工作之前，首师大数学系的分析和几何研究室一直没有区分开来，夏老师来到首师大工作后，单独成立了几何研究室，发表学术论文《"泰勒公式"的教学设计》。在首师大教学的 30 年来，夏老师培养出了一批又一批优秀的学生，他们奋斗在各行各业，虽然职业不同，但使命却都相同，他们带着夏老师的精神与嘱托奉献祖国，投身到建设祖国这个最壮丽的事业中去。

如今，夏老师的事业仍在继续。已过耄耋之年的她身体已经不足以负担长达几个小时的教学任务。虽然看不到她在讲台上忙碌的身影，虽然听不到她温柔的教书声，但她帮助《中学数学杂志》审稿、改稿，通过这种方式，夏老师可以继续从事自己奉献了一生的教育事业。

无法忘记采访时夏老师和蔼可亲的笑容以及眼里坚定的目光，她对我们说，新中国成立 70 周年来令她印象最深的是："我们解放了，解放时人们欢欣鼓舞，解放后在共产党的领导下人民生活越来越好，国家越来越强。"

对于夏老师而言，她不仅仅是自己在行动，还一直关心下一代的成长，希望能够在每个年轻心灵中播种热爱祖国、热爱奉献的种子。正如采访中夏老师说的那样："青年要一代更比一代强，青年党员首先要投身到奉献祖国中去，做像保尔·柯察金那样的共产主义者。"

她，是一名革命军人，见证了中国从满目疮痍、岌岌可危，走向和谐安定、富强昌盛。她，是一名大学教师，用自己毕生所学，培养出一代又一代祖国的栋梁——莘莘学子，桃李芬芳。她，就是夏庆麟，一个用一生捍卫信仰的战士，用敬业谱写爱国诗篇的教育工作者，用知识传递民族希望的优秀学者。她的事迹，将会激励我们，将有限的生命投入到无限的为人民服务之中去！

# 身体力行传精神　党员风范献忠诚

## ——首都师范大学化学系原系主任樊祥熹采访记

**受访人简介：**

　　樊祥熹，男，1938 年 12 月出生，曾任首都师范大学化学系系科研副主任（1983—1986 年）、系主任（1986—1996 年）；在职期间，在分析教研室担任教学任务，并首次开设仪器分析和环境分析课程，筹组微量元素分析教研室，科研成果曾多次获国家和北京市奖励；退休后一直担任学校离休干部合唱团指挥，多次指导化学系学生合唱团参加首都师范大学"光荣之歌"五四合唱展演。

**采访人：** 首都师范大学化学系 2017 级硕士研究生　谢美婷　舒东震　王超

　　　　首都师范大学化学系 2018 级硕士研究生　张弛

**执笔人：** 首都师范大学化学系 2017 级硕士研究生　谢美婷

　　　　首都师范大学化学系 2018 级硕士研究生　张弛

　　在新中国70周年华诞之际,化学系二级关工委和2017级研究生联合党支部共同开展"不忘初心　讲好化学故事"活动,以寻访老党员口述发展史为主要形式,激励青年党员们不断学习前辈精神,传承一代代化学人求真学问、发展化学事业的奋斗精神,以及老一辈党员教师对党忠诚、无私奉献的优秀品质。我们研究生党员采访小组有幸邀请到了化学系原系主任樊祥熹老师,分享他见证共和国发展变化、与首师大化学系近六十载的故事。

## 坚定信念　实现价值

　　樊祥熹老师4岁上学,20岁毕业于上海华东师范大学,1959年分配到北京师范学院化学系(首都师范大学化学系前身)分析教研室任职,承担化学系和生物系分析化学课程的教学工作。1960年,下放学校劳动基地一年。

1971—1979年同老师们一起轰轰烈烈办了个药厂。从一砖一瓦开始，老师们自己设计、自己施工建造厂房，成功地生产了以前北京靠进口的安眠药（速可眠）以及新药鱼腥草素，填补了北京市在此方面的空白。

回首过往，无论是在劳动基地、药厂、三尺讲台还是在实验室，樊老师没有过任何抱怨。虽然遇到过许多困难，但他始终保持对党的热爱和敬仰，对待组织交给的事情总是认真地完成。1979年初，樊老师加入中国共产党。总结自己1959—1979年这20年的经历，他说："这20年里真正的教学工作只有4年，其他时间都是接受组织的安排，干别的任务去了，当时只有一个信念——认真完成组织交给的任务，在完成不同的任务中磨炼自己，实现自身的价值。"

## 锐意进取 排除万难

在谈到20世纪80年代初的科研工作时，樊老师说："当时一年全系经费只有十几万元，基础实验课程费用7万到8万，没有条件置备仪器，不能进行仪器分析，很大程度限制了科研工作的进行。"这怎么办？科研要不要做，事业如何发展？樊老师坚定地说："在艰苦条件中奋斗，没有条件就创造条件。"化学系一方面发挥自身的学科优势，与生物系、地理系共同合作进行科学研究，基于地理系对于土壤环境调查，对土壤微量元素进行测量与营养会诊；结合生物系对于怀柔水库调查的课题进行水质检测、为农科院进行土壤背景值测定。经过坚持不懈的努力，如此"跨界"，他和他的团队取得了一系列的成果：荣获国家科技进步三等奖、国家农业部二等奖、北京市科技进步三等奖，并成立了微量元素研究室，推进研究工作的进一步发展。另一方面，多措并举为科研的软硬件发展寻找支持，1986年以后获得了世界银行贷款，有效缓解了仪器短缺问题。1991年，分析教研室申请到了化学系第一个国家自然科学基金项目，第一次获得3万元国家基金支持。锐意进取、排除万难，这使化学系的科研创新走上了健康发展的道路。

在教学工作方面，为了进一步提升教学水平，樊老师在1980年选择回到自己的母校上海华东师范大学进修仪器分析化学，1981 年回系牵头开设仪器分析课程，并且自编讲义，化学系因此成为当时较早开设仪器分析课程的地方院校。

从讲课到科研，从药厂到科研室，从普通的教师到 1983 年成为系科研副主任，再到 1986 年成为系主任，樊老师一直兢兢业业，40 年的工作历程，樊老师坚信并坚定着"事情既然做，一定要做好，要有自信心"，带领全系师生推动了化学系的快速发展。

## 心系学子　身体力行

退休后，樊祥熹老师仍心系化学学子，发挥在艺术方面的特长，连续 4 年担任化学系学生合唱团的指挥和指导教师。他每一次都挑战自我，尝试原创填词编曲，紧密联系时事政策，争取创新，《追梦》《致青春》《新时代青年》《青年颂》4 首改编曲目唱响了化学学子的青春之歌，在校"光荣之歌"五四合唱中荣获一、二等奖。虽然每次参加比赛的同学都不同，但是多年来一直不变的是指挥樊祥熹老师。80 岁高龄的樊祥熹老师，多年来坚持参加赛前数十次的训练，每次都充满激情地指导着同学们，有时因为时间紧急，连饭都吃不上就赶来训练，没有一次缺席，又是最后一个离开，有时候排练甚至超过了 3 个小时，同学们也很辛苦，但他们说，看着樊老师，看着樊老师的汗水、训练后期沙哑的声音，可以看到化学人"有我化学强"的精神。化学人不忘初心、不怕辛苦、甘于奉献的精神面貌，让他们觉得再辛苦也可以坚持。每一次的合唱比赛对同学们来说不仅仅是一次美育教育、一次演出，通过樊祥熹老师的身体力行，同学们深刻理解了脚踏实地、笃实力行才能更好地将化学系学子的精神发扬光大。岁岁年年人不同，但是参加过合唱训练的同学们都会得到一种信念的力量，感受到精神的传承。

在采访的最后，樊祥熹老师对青年发展提出了两点建议：在个人成长方面，要充分认识到一个人没有经过磨炼，就不能培养出综合素质，青年人要敢于承担、要学会挤时间做事情，全面发展。在科研方面，要有团队精神，不能单打独斗。这既是樊老师多年来坚持的处事原则，又是对青年一代殷切的期望和嘱托。我们青年一代将进一步传承老一辈党员对党忠诚、无私奉献的精神品格，牢记初心与使命，为实现中华民族伟大复兴的中国梦而不懈奋斗！

# 追忆峥嵘岁月　孕育一世情怀

## ——首都医科大学宣武医院原党委书记齐翔安采访记

**采访人：**首都医科大学临床医学 2019 级博士研究生　　周琪琳
　　　　首都医科大学临床医学 2016 级博士研究生　　高世超
　　　　首都医科大学临床医学 2017 级硕士研究生　　孙丽颖
**执笔人：**首都医科大学临床医学 2019 级博士研究生　　周琪琳
　　　　首都医科大学临床医学 2016 级博士研究生　　高世超

戴着一副黑框眼镜，齐耳的卷发梳得整整齐齐，温柔且含蓄的微笑让人如沐春风，齐翔安身上充满着一种学者的书卷气息和恬淡自然。人生七十古来稀，早已过耄耋之年的齐翔安谈笑间依然精神矍铄、滔滔不绝。作为新中国从血与火中崛起的亲历者，她的深情回顾把我们带回过去的那段峥嵘岁月，在那里，有他们青春的故事。

## 第二故土，红色延安

齐翔安幼年时，北平沦陷，追求进步的大学生父母为了革命理想放弃了原本优越的生活，毅然举家辗转来到革命圣地延安，从此踏上了艰苦卓绝的革命道路。在那里，齐翔安度过了自己的少年时期。家庭的熏陶、"红色"的成长环境、坚持不懈的理论学习，使齐翔安坚定了共产主义信念；在延安的艰苦生活和常年的集体生活也培养了她不怕苦不怕累、大局为重、甘于奉献的集体主义精神。

1947年3月，胡宗南率军大举进攻陕北革命根据地。战争在即，齐翔安所在的学校被临时改编为人民解放军第一野战军第四野战医院，正在读初二的齐翔安也成了医院里的一名护士。战争是残酷无情的，当时的医疗条件和救护水平十分有限，流血牺牲每天都有，但所有人都没有退缩，他们都怀揣同一个目标——打赢解放战争，建设新中国。

终于，由中国共产党领导的中华儿女用自己的生命筑成了新中国最牢固的根基，那面被鲜血染红的五星红旗从此飘扬在共和国的上空。年轻的齐翔安也在战争的洗礼中历练成长。

## 顺应时代，奋进前行

1949年10月1日，伟大领袖毛主席在北京天安门向全世界宣布中华人民共和国成立了。10月底，齐翔安跟随党的步伐从陕北回到北京。当时，她最强烈的欲望就是要上学，要学会真本领，建设新中国。由于有之前在解放军野战医院的工作经历，她被介绍进入沈阳中国医科大学继续深造。

大学期间，齐翔安学习十分刻苦。即便是因为革命时期的特殊原因文化底子较薄弱，齐翔安硬是靠着加倍地用心和努力迎头赶上。经过5年的努力，齐翔安到毕业时被评为优秀毕业生，并作为代表在毕业典礼上发言。大学期间，她一直担任学生党支部书记，工作用心、认真勤恳，党支部也从入学时只有几名党员，发展到毕业时党员已达到70多名。1952年，齐翔安还被选拔为国际学联理事会代表去罗马尼亚布加勒斯特参加大会。

齐翔安作为新中国培养的新一代革命理想主义者，心中充满了对国家对世界的使命感、责任感。

## 艰苦卓绝，谋求发展

大学毕业后，齐翔安被分配到北京医科大学生理教研室工作。1958—1960年正是全国高校创建的高潮期。1960年，齐翔安与其他两名生理教师一同被调到刚刚成立的北京第二医学院（现首都医科大学）组建生理教研室。一切从零开始，困难可想而知，从房屋设计到购置仪器，从编写教材到培训教师，上大课、带实验课，齐翔安样样亲力亲为。当时，正值"三年困难时期"，学校的生活设施也没有建设完成。但即使缺衣少粮，大家工作热情不减，克服重重困难，顺利完成了第一届招生，学校逐渐步入正轨。"文化大革命"后，齐翔安担任基础部副主任和医学院副教务长，管理基础各教研组，积极恢复各教研组工作，并付诸心血将其发展壮大。

1984年6月，齐翔安被调入首都医科大学宣武医院任党委书记，当时医院正值发展的转折期。1982年，北京神经外科研究所和宣武医院神经外科五分之四都迁到了天坛医院，医院骤然失去了原有的业务优势。摆在齐翔安面前的首要问题，就是宣武医院的未来发展之路。齐翔安等领导班子成员组织全院业务骨干、中层干部开展了"医院发展战略研讨会"，充分分析当前国情、市情和院情，统一了认识，确定了医院的发展方向为以老年病防治研究为特色的综合医院。在齐翔安等人的不懈努力下，1985年7月，市计委正式批准宣武医院扩建北京市老年病医疗研究中心。至此，宣武医院迎来了发展的新时期。

## 见证历史，坚定信念

齐翔安阅历丰富，亲历了新中国从站起来、富起来到强起来的全过程。作为一名从艰苦卓绝的革命环境中成长起来的中共党员，她说自己有责任和使命继续先辈们、战友们未完成的事业。你会看到她即使在"文化大革命"中备受打击，"文化大革命"结束后依然无怨无悔地投入工作；你会看到她即使离休在家，也要积极参与学校的教育事业和科研工作；你会看到她在

1998 年长江流域特大洪水灾害、2003 年"非典"时期等国家危难时刻慷慨解囊，与国家心连心、共患难。因为经历过，所以懂得感恩；因为失去过，所以懂得珍惜。

70 年沧桑巨变，曾经生灵涂炭、百废待兴的祖国经过一代又一代人的不断耕耘，形成了如今国家富强、人民幸福的美好局面。那个在延安意气风发、满腔热血的女青年已是一名耄耋老人。即使已到暮年，齐翔安依然十分关心下一代的培养，经常亲力亲为指导教学工作，殷切嘱托学校、医院的现任领导要重视学生的综合培养。一个时代有一个时代的主题，一代人有一代人的使命。她始终有一个信念，希望祖国的下一代们大有可为、大有作为，不要让老一辈打下的江山付诸东流，下一代要承担起自己的时代使命。

# 跌宕起伏爱国敬业　坚守信仰开拓向前
## ——记北京联合大学应用文理学院知名教授金宗濂

受访人简介：

　　金宗濂教授是著名的功能（保健）食品专家、保健食品资深评审专家，被业内尊称为我国功能（保健）食品的先驱者和开拓者。

作　者：北京联合大学应用文理学院退休教师　孙滢

　　　　北京联合大学应用文理学院新闻与传播系学生　张辉

## 激荡岁月

金宗濂，1940 年出生于上海的一个普通家庭。1949 年 5 月的一天，读小学的他走出家门时，看到全副武装的军人席地而卧。后来他得知，进入上海的解放军，为了不影响市民生活，露宿在街头。这给他留下了极深的印象。

1958 年，他考入北京大学生物系人体及动物生理专业。毕业时，他报考了该系研究生，但由于客观原因，未被录取。但他却步入了当时的绝密研究领域——中国农业科学院原子能利用研究所核效应研究室，并于 1965 年参加了多次核试验。他所在的研究团队由于成绩突出，荣立集体二等功、三等功各一次。

1967 年回京后，金宗濂先被下放到河南干校；1970 年底又去了江西省井冈山地区吉安市。他在那里当过中学老师，也做过科委干部，由于工作出色而进入市长候选人行列。

1979 年，他在恩师北大赵以炳和蔡益鹏教授的召唤下，经研究生考试成为赵教授的关门弟子。几年后，赵教授在他硕士学位论文答辩会上说："你还记得 1964 年报考过我的研究生吗？由于大家知道的原因，没法录取你，但现在我还是让你完成了研究生学业。"他热泪盈眶地听完恩师的话，暗下决心：绝不辜负赵、蔡两位先生对自己的培养！要用自己学到的知识回报祖国！

## 广兴学科

1982 年，金教授来到北大分校（后成为北京联合大学应用文理学院）生物系做教员时，市有关领导提出：适应北京市需要，把分校建成有别于总校的应用型大学。为此，他和他的同事们进行了大量调研。当时的情况是，新中国成立 30 多年来，我国从未培养过食品科学方面的人才；国民的营养素摄入不足，严重威胁着国人健康。于是，他提出试办当时国内尚属空白的食品科学和营养学专业，并确定以研究食品健康功能为学科专业方向。一个应用型学科在北大分校率先诞生了！ 1983 年开始招收大专生，1984 年招收本科生，2007 年招收硕士研究生。该专业设置和建设于 1989 年获北京市高教局优秀教学成果奖，并被评为北京市重点建设学科。

在创办专业的同时，他也找到了自己的研究领域——主攻功能（保健）食品理论及产品开发。在十余年科学研究的基础上，1995 年，他主编的我国

第一部食品功能评价专著《功能食品评价原理及方法》由北京大学出版社出版，并获得北京市科技进步三等奖。1993年，他获得国务院政府特殊津贴。1996年，他成为我国唯一一个非卫生系统的保健食品机构认定专家组成员。

1996年，他提议组建并被原国家卫生部认定的"保健食品功能评价中心"宣告成立。这是当时唯一一所非卫生系统的保健食品功能检测中心，他为首任主任；2000年，他又提议并获得市教委和市科委批准，组建成立了"生物活性物质与功能食品北京市重点实验室"，他也为首任主任。在这两个岗位上，他都呕心沥血，作出了突出贡献。

他善于将生理学、生物化学和营养学等理论与保健食品开发相结合，使保健食品研究与开发建立在现代科学基础之上。1997年，他带领他的团队与总后军需装备研究所合作完成了"八五"攻关课题"高能野战口粮"子课题"增力胶囊"研究。该成果经有关部门鉴定，认为是国际上第一个具有功能性的军粮，1999年该成果获解放军科技进步三等奖。他还提出脑内腺苷含量增加是老年记忆障碍重要病因之一，利用腺苷受体阻断剂试制增智胶囊，可显著改善老年记忆障碍。经动物和人体实验证实及有关部门"查新"，这一新成果在当时国内外尚未见报道，并成功实现技术转让。

在科学研究基础上，他于1993年在我国首次为本科专业开设了有关功能食品的课程。2005年主编出版的《功能食品教程》，于2007年被评为北京市精品教材，并先后7次印刷。1997年，他被评为"北京市优秀教师"；1998年又荣获"全国优秀教师"称号。

他深爱自己的学科领域，即使退休后也一直辛勤耕耘。1983年至今，他共发表专业论文200余篇，出版专著3本；获得国家科技进步三等奖一项、部委科技进步二等奖两项、三等奖两项。2015年被中国食品科学技术学会授予"科技创新突出贡献奖"。

## 坚守信仰

金教授大学毕业至今已50多年了。虽有坎坷，但他心中的信念从未改变。1989 年 12 月，他赴加拿大阿尔伯塔大学做访问学者。当他看到这个国家经济高度发达、人民生活富足时，他更加确信"贫穷不是社会主义"。回国后，一位组织部门的领导问他："你对共产主义信仰有变化吗？"他坦然地说："我是 1989 年后访问加拿大的，两年中既没有申请绿卡，也没有申请入籍，按时回国，表明我的信念没有变化。"他坚守信仰、爱国敬业，为中华民族走向伟大辉煌作出了重要贡献！

采访结束时，他说道："路还很长，我有生之年，还要继续努力工作。"他寄语我们青年，不畏艰险，勇攀科学高峰，把最美好的青春，贡献给祖国最壮丽的事业！望着这位已经 79 岁的老人，听着他铿锵有力的话语，我们为之动容。金教授坚持不懈为自己热爱的事业奋斗一生的精神，是我们需要永远汲取的精神财富。像他那样，坚守信念、初心不改，将成为我们对祖国永恒的承诺！

# 西北高原重水情

## ——北京联合大学生物化学工程学院王惠连教授采访记

**受访人简介：**

王惠连，女，1942 年生。中共党员，教授，北京联合大学生化学院原副院长（主持工作）。王惠连教授 1965 年 3 月加入中国共产党，1966 年毕业于清华大学工程化学系，1985 年 1 月任北京联合大学化学工程学院系主任、副院长。

王惠连教授长期担任北京创新学会副会长，至今还是北京创造学会副秘书长、副会长，同时担任中国创造学会理事。2002—2010年作为原劳动和社会保障部（2008 年划入人力资源和社会保障部）就业指导中心职业鉴定委员会专家，曾到全国各个省市以及北京市各个区县、国家图书馆等讲授"创新思维训练"课程。在北京联合大学坚持为各个学院讲授"大学生创造能力培养与训练""创造学及其应用""创新思维方法训练""大学生学习方法概论"等课程。还多次以北京市教委专家组成员身份，参加北京市高等职业教育院校、北京市民办非学历高等教育机构的评估工作，同时长期担任北京联合大学教学督导专家组组长，还是北京青年政治学院、北京社会职业管理学院教学督导专家。在此期间，她主编了《创新思维方法》《创新思维学考试指南》，参编了《职业训练手册（教师学生用书）》《行政总监培训手册（创新能力部分)》等书籍。

王惠连教授 1985 年获化工局"优秀共产党员"称号，1992 年获原化工部"全国优秀化工科技工作者"称号，1996 年获北京市优秀教学成果二等奖，2006 年被评为北京市教工委先进工作者，2019 年被评为联大生化学院优秀共产党员。

采访人：北京联合大学生物化学工程学院资源管理系工程管理专业 2016 级学生　王梓瑞　白福琴

北京联合大学生物化学工程学院资源管理系人力资源管理专业 2016 级学生　姜来

北京联合大学生物化学工程学院资源管理系工程管理专业 2017 级学生　武通

北京联合大学生物化学工程学院资源管理系工程管理专业 2016 级学生　曹玉洁

执笔人：北京联合大学生物化学工程学院资源管理系工程管理专业 2016 级学生　王梓瑞


在欢庆新中国成立 70 周年、回顾 70 年砥砺奋进的辉煌历程、开展"我和我的祖国"主题教育活动之时，我们在校学生非常荣幸地采访了学院的老院长王惠连教授，这次采访非常有教育意义，让我们受益匪浅，终生难忘。谁说"夕阳无限好，只是近黄昏"？我们的老院长一点儿也不"老"，她在自己从事的教育事业上一点儿也不输如朝阳一般的年轻人。即使已接近耄耋之年，她依然坚持奋斗在教育战线上，继续为培养社会主义事业的建设者和接班人而努力奋斗！提起生物化学工程学院的王惠连教授，在联合大学这个范围里，可谓尽人皆知。现在，虽已退休十余年，可她风风火火、不知疲倦的工作作风，依然受到广泛的称赞。这不仅是因为她担任副院长时间长，算是个老人，还因为这位头发花白的老太太有着与她年龄不相符的地方：爱说、好动，办事风风火火，精力充沛，不知疲倦。在联合大学，她从带实习的教师、班主任、主讲教师、教研组长、系主任、院长助理、副院长直到担任主持全面工作的副院长，后又回到主持部分工作的副院长，算是干一行爱一行了。王惠连教授最令人敬佩感动的是她的西北传奇生涯。她从清华大学毕业后，献身大西北，在青海高原为祖国的核工业奋战了13年，经受过艰苦生活的锻炼。提起大西北的风风雨雨，王教授侃侃而谈，回忆起当年的艰苦工作和生活。

王教授激动地说，1951年，当时法国科学院院长、居里夫人的女婿、诺贝尔奖获得者约里奥-居里请人转告毛主席："你们要反对核武器，就必须拥有核武器。"

1956年，毛主席指出："我们现在已经比过去强，以后还要比现在强，不但要有更多的飞机和大炮，而且还要有原子弹。在今天的世界上，我们要不受人家欺负，就不能没有这个东西。"

1957年10月，中国和苏联签订了国防新技术协定，主要内容是援助中国研制原子弹。苏联向中国提供包括原子弹、导弹在内的部分尖端武器的制造技术，并派专家帮助研制。1958年，毛主席说："搞一点原子弹、氢弹、洲际导弹，我看有十年功夫是完全可能的。"

但1960年7月，苏联撕毁协议撤走全部专家，停止提供已定的设备。中国人民没有屈服，一大批科学家、工程技术人员、解放军指战员等艰苦奋斗、自力更生、潜心研究、谨慎实践。他们1963年3月完成了原子弹的理论设计方案，同年11月生产出了铀产品，1964年1月生产出来铀235，10月16日下午3点，我国第一颗原子弹爆炸成功。1967年6月17日，第一颗氢弹爆炸成功，蘑菇云的升腾向世界宣告了中国人民的实力。

核技术可以用于制作杀伤武器，也能和平利用，造福于人民。20世纪五六十年代，我国也开始涉足各种尖端武器技术。许多大学都开设了"保密专业"，王教授学的就是"氢同位素分离"，其中利用"氢"的同位素"氘"制造"重水"就是和平利用原子能所需。

1968年3月10日，王教授和一位同学踏上西去的列车，奔赴青海高原。当时正是"文化大革命"时期，列车行至郑州因为没有可更换的火车头而停止前进了。外面是"造反派"用高音喇叭在互相批判，时不时还有砖头纷飞。列车长一再告诫乘客不要下车、不要开窗。一车人挤在车厢里，不透气，没有饭吃，没有水喝，不敢用厕所，焦急地等待司机们能上班，开动火车头送他们去高原。等了将近24小时，列车终于缓缓上路了，本来46小时的行程硬是用了70小时。旅途的不顺，没有冲淡王教授为国家贡献自己所学知识和贡献自己青春的热情。因为她将要去工作的工厂是我国大型一类企业，一座生产重水的国防化工企业。王教授期盼她和同事们有一天能生产出重水，建设我国自己的原子反应堆，用于发电。

王教授所在的工厂是光明化工厂，是一座正在建设的重水厂。20世纪60年代，我国无论是材料工业还是机械制造工业都还比较落后。有些设备已经到货，等待安装。比如两个30多米高、直径1.2米粗的反应器，俗称"塔"，静静地躺在地上，没有大型起重设备，没法吊装，工程师们一筹莫展。几位8级起重工师傅蹲在地上，用树枝写写画画，最后攒出一个用"多个导链组合"的办法，愣是把那两个大家伙一点点立起来，稳稳地坐在了水泥底座上。钳工师傅把拳头大小的螺钉穿在浇铸好的钉孔中，再在找好的平衡中紧好螺帽，在不同的楼层上拴好钢绳索，进一步固定。接着管工按照设计配管，电焊工进行亚弧焊，于是直径2.8米的原料水槽，大大小小的换热器、缓冲罐一一被连接起来，充上压缩空气试压、保压。

王教授他们这些新分配来的大学生和北京来的学徒工，当时还没有什么实践技能，只能一人提着一个肥皂水罐，在30多米高的镂空铁梯间上下穿行，一层楼接着一层楼、一道焊缝接着一道焊缝、一个接口接着一个接口地试漏。青海高原大气压只有 500 多毫米汞柱，不要说爬楼，就是在平地走，都气喘吁吁的，但是，没有人叫苦，没有人掉队。在试漏没有任何问题后，他们又捧着矿渣棉对管道进行保温，每天都被矿渣棉扎得满脸满身的红点，奇痒无比。即使这样，也没有一个人埋怨。大家一致盼望设备早日安装完毕，工厂早日开工、早日生产出来重水！

重水生产在当时属于尖端技术，它是从含氘 0.0147% 的水中通过双温交换、电解等技术生产出含氘 99.99% 的重水。那时，一杯重水（500 毫升）价值 5000 元，可见其珍贵。在全厂人员一致努力下，终于在 1969 年国庆前生产出了我国自己设计、自己安装、自己生产的第一批重水，向祖国的 20 周年大庆献了礼！

20 世纪六七十年代，西方对我国进行全面、严密的封锁，尤其是核技术，即使是和平利用原子能的技术，他们也不会向我们透露任何信息。我们化工战线的设计、研究人员，硬是从报纸杂志、电影、世界原子能大会等只言片语的报道中寻找蛛丝马迹，进行了实验室设计、小试、车间中试，最后投产。双温交换重水生产的方法由于腐蚀性大，对设备耐腐蚀要求很高。这些设备我国自己不能制造，设计人员只能以购买用于制造食品等轻工业的用途，从英国购买无填涵泵，从法国购买不锈钢阀门，从瑞士、日本购买压缩机，从日本购买 306L 不锈钢材等，回国后组装成重水生产设备，另辟蹊径，打破了西方的封锁。这些设备买回国后，都有技术人员分析、研究、改良，使它们本土化并被开发成国内材料复合制成的国产设备，为我国第二座重水厂的投产奠定了基础。20 世纪 70 年代中期建成的火炬化工厂的设备均由我国上海四方锅炉厂、哈尔滨锅炉厂、北京通用机械研究所等自主生产的设备组装，生产能力达到光明化工厂的 2 倍。

在西方层层封锁下，我们独立自主建成的重水厂竟然和美国萨凡纳河上的重水厂连外形都十分相像，足见我们中国人的聪明才智！

正是这样的经历，使王教授内心对我们的祖国、我们的人民充满信心。王教授充满信心地说："只要中国人民团结一心，在以习近平同志为核心的党中央坚强领导下，艰苦奋斗、自力更生，克服千难万险，我们就能取得辉煌成就。只要假以时日，我们一定能够实现'2025 中国制造'，能够站在高科技领域，创造人间奇迹，屹立于世界民族之林。"王惠连教授的一席话深刻感人，至今还令我们萦绕于怀。

# 神耀破氛昏　邦阳入晏温

## ——北京吉利学院孙耀邦教授访谈记

**采访人、执笔人**：北京吉利学院 2018 级物联网工程专业（车联网方向）本科
班学生　杨继芬

### 闲来垂钓碧溪上，怡然自乐

在潺潺流水的吉利湖畔放眼望去，我们总是能不经意看到一位满头银发、衣着整洁、精神矍铄、气质温和的垂钓者。他背着泛着陈旧记忆的包，扛着鱼竿，自朝阳未起而来，至夕阳已落而去。他总是静静地坐着，凝望着放进湖里的鱼竿。不管是冬日的严寒，还是夏日的酷暑，他就那样，就那样静静地坐着，仿佛世间万物都为他而沉寂了。然而桶里的鱼总是只有一两条，难道是他钓得太少？不，不是的，是源于孙老自己的钓鱼准则："闲来垂钓已是我莫大的乐趣，尤其是在钓鱼的过程中，我已经享受了太多的欢愉，再说了，我也吃不了那么多，所以，年幼的放生，剩下的放低水桶让它们自己跳回湖里，最后留下跳得最慢的一两条。"

"年幼的它们还可以慢慢长大，而至于其他成年的鱼，这场关于生命的殊死搏斗，命运掌握在它们自己手里，是死是活，就看它们自个的造化了。"

孙老看向远方，抿着唇，意味深长地笑了笑。

孙老此言完美地诠释了"物竞天择，适者生存"的真谛，也概括了他风风雨雨的大半生。

## 身世浮沉雨打萍，天道酬勤

距离恢复高考还有六七年的时候，12岁的孙耀邦热爱读书、成绩名列前茅。但对于家境贫寒的他来说，读书是个很棘手的问题。放到今天，这种情况令人难以想象。但在当时，孙耀邦就是个不折不扣的"异类"。恢复高考那年，在大多数人认为读书是以解决就业为目的的时候，孙耀邦放弃了人人羡慕的"香饽饽"——技术工人的工作，一心只想读书。问起其中缘由时，孙教授有些不好意思地笑了笑，他形容自己就像是"中了邪"，就是喜欢读书。

凭着一股喜欢的劲头，读书期间，他天天泡在老师的宿舍，缠着老师给他讲数理化、俄语；和那些家里有许多藏书的同学玩儿，就为了可以看《趣味数学》《物理》……带着这份单纯的热情，年轻的孙教授接到了恢复高考的通知。

就业还是高考？没有犹豫，孙耀邦选择了后者。好在父母开明，经不住儿子的软磨硬泡，也就随他去了。到了大学，这个"读书狂"更是一发不可收拾，倾其所有，专心读书。英语底子差，他就带个录音机，回去一遍遍听；数理化基础不系统，就天天抢着坐第一排，学习到深夜再回宿舍，年年成绩专业第一，多门课程获得满分。回忆起大学时光，孙教授说，这样的"读书热"在全国各地的校园里比比皆是。

那时的老师和学生一拍即合，老师们恨不得将毕生所学全部教给学生。同学们求知若渴，恨不得将每一个知识点都牢牢掌握。

本科毕业以后，孙教授顺利进入四川大学学习无线电电子学专业。也就是在这里，他终于在茫茫的知识海洋里，寻见了自己的那片浮萍——计算机科学。

一向话少内敛的他，在谈起计算机科学时，快乐得像个孩子，滔滔不绝、信手拈来。在孙教授的心中，计算机科学就是汇聚了人类智慧的结晶。计算机科学的核心就是用编程的意识去想到一切可能，投入市场后，在用户的反馈中修复一个个 bug（漏洞），通过无限复制、传播、改进、升级，服务于大众。

计算机科学的最高境界，就是遇到一个问题，不是想着自己解决，而是找计算机做程序解决。"计算机科学是顺应信息社会而生的产物，它是普世的、服务的。"孙教授期待地谈道，"在未来，希望计算机文化深入人心，每个专业的人都能自己编写自己的语言。"

夜幕降临，孙教授坐在电脑前，从自然界切换回了他的"01 世界"——计算机世界。在"01 世界"里，有计算机文化、计算机思维（Computer Thinking）、分享观念。他认为："碎片化的时间只能处理一些小事，而专业的事情需要专注和集中，夜晚很安静。"

事实上，计算机世界与现实世界有着诸多共通之处。计算机编程就是将一个个复杂劳动拆分成多次的简单劳动去解决，所以"笨鸟先飞"是有道理的；计算机科学追求产品投入市场时的性价比，所以中庸之道才恰到好处；计算机科学要求人不断向上钻研，因为可以"向下兼容"。在这两个世界中，孙教授切换自如，乐在其中。

## "师者，所以传道受业解惑也"

从事教育行业，孙教授很大部分是受到了初中启蒙老师的影响。回忆起来，孙教授仍然能清晰地回想起他的模样，那是一位姓陈的老师，个子高高的，爱摄影、打篮球，很帅。

教学生涯里，他用情景交融的教学境界培养着学生心灵内外各得其所、委运任化的融洽和欢乐。这些融洽又被他提炼、浓缩到"路漫漫其修远兮，吾将上下而求索"中，使他的整个教学生涯显得隽秀深长。

夫桃李不言而成蹊，有实存也。"我最主要的目的就是让你们这些不懂计算机的同学，喜欢上计算机。"这是孙教授课上说过的最和蔼可亲的一句话。

孙教授的课上会遇到这样一些学生：上课时不认真听讲，又一直问，打断了他的课堂讲授。可是他还是很耐心地回答他们的问题。他毫不计较的品德，似春日和煦的暖风，新透绿窗纱，沁人心脾。上课时很少见他笑，但是他课上对同学们细致入微的照顾，雕琢其行，彬彬君子矣，细心而温暖。

抢答问题、读课文……他总是以各种形式给不会的同学们加分，增强他们学习计算机的信心，创造生动有趣的课堂。两鬓斑白终不悔，他是一个知识航船的领路人，将大量的科学知识精炼浓缩，以浅显易懂的方式教授给同学们，争取不让任何一个同学掉队。

同学们放学走后，他关了灯。在电脑前的他，还在查看着每个同学当堂课提交作业的情况。他痴迷于学习，他更痴迷于将自己的知识以"润物细无声"的方式滋养莘莘学子，无"绮丽以艳说"，无"藻饰以辩雕"。

他的教学生涯，没有鸟啼花影那么绰约浪漫的意境，但却能引起学生们对科学知识的兴趣。孙耀邦教授孜孜不倦地教育着他的学生们，渴望把所有知识都给予他们，似是和学生们做了个约定。他将科学知识的色彩、科学领域的美感，生动形象地印进了众多学生的心里，令他们受益一生。

# 拳拳赤子爱国心　殷殷心切追梦人

## ——北京工商大学嘉华学院关工委顾问莫华伦采访记

**受访人简介：**

莫华伦，1958 年 10 月 31 日出生于北京，6 岁时随父母迁居香港，后移居美国，现回到祖国发展，世界著名男高音歌唱家，是第一个登上伦敦歌剧院舞台的华人。莫华伦毕业于美国夏威夷大学音乐系和曼哈顿音乐学院。1987—1994 年，签约德国柏林歌剧院，任首席男高音，从此开启他在欧美歌剧舞台上长达十余年的灿烂星途，曾在数十部大型西洋歌剧中饰演主角，包括《弄臣》中的公爵、《茶花女》中的阿尔菲瑞德、《塞维利亚理发师》中的伯爵、《绣花女》中的鲁道夫，等等。莫华伦还曾在美国、德国、西班牙、中国、俄罗斯等国，与世界许多著名乐团和指挥家合作演出。他希望凭借自己在世界歌剧舞台的地位，将西方的艺术种子带到中国，让中国在艺术发展方面更有所成。

2019 年 4 月 10 日，莫华伦先生来到了嘉华，参与了嘉华学院庆祝新中国成立 70 周年的系列活动，并正式受聘为嘉华学院关工委顾问。

**指导教师：** 魏丽娜

**作　者：** 北京工商大学嘉华学院　贾佳萱　宁晟　胡有文　李静

## 脚踏实地，用成绩证明自己

1978 年，莫华伦先生一次便通过了柏林歌剧院的招生。一切都看似很顺利，但在那个年代，身为一个黑眼睛、黄皮肤的中国人，莫华伦先生想要在西方艺术舞台上立足并不容易，况且，莫华伦先生那时的德文水平较差。"他们一见你是黄皮肤的东方人，就会以不同的标准去判定你的表现。"这不仅仅是身体上还是精神上的双重考验，而莫华伦是如何用自己的声音去征服他们的？"下的苦功夫比他们多一倍，特别是语言这一关，语言要标准，你唱的什么观众要懂，我唱了四五部世界首演的歌剧都是德文。"别人每天用 4 小时学习，他就用 8 小时学习。台上一分钟，台下十年功。"只要你下了苦功，人们认可了你的才华，德国人还是十分宽容的。"

最终，凭借自己的努力，他成功了。为表彰他在世界歌剧事业上的贡献，意大利政府授予他"意大利团结之星骑士勋章"，法国政府授予他"法国文化骑士勋章"。30 余年里，他唱遍世界著名歌剧院，饰演逾 60 个歌剧角色，世界上几乎所有的著名歌剧院都有过他戏剧性抒情男高音的"声影"。他还参与国内各地文化推广，致力为古典音乐注入崭新元素，将中国元素与现代科技巧妙融合，为歌剧创作开辟了新的空间。每次的巡演他都竭尽全力，因为他在舞台上最大的愿望就是给观众带来快乐。他想用自己的声音诠释出自己喜欢的音乐，和观众一起分享欣赏。

站在岁月的渡口，蓦然回首，曾经走过的路曲曲折折，蜿蜒成最美的风景。最醇的美酒来源于时光的存储，深秋那挂满枝头的硕果沐浴着阳光的温暖，正努力地挺起，展露给自己一份丰盈的微笑。

## 我和我的祖国，一刻也不能分割

在事业的高峰期，莫华伦先生毅然决定回到祖国。当问及为什么放弃在国外的美声事业转而回到国内时，莫华伦先生说："中国的歌剧发展在近五至十年发展得很快，现在全国各地都开始做歌剧，硬件设备基本上都已达到最先进水平。从软件上说，我国的歌剧制作团队也很棒，有很多原创歌剧。相对来说，原创歌剧难度其实很大、音乐更广、更偏戏剧性。现在主要是怎么把年轻歌唱家培养起来，所以，我就来了。"

他是饱含拳拳爱国爱党之心的炎黄子孙。为维护祖国统一，他积极参加爱国活动，回馈社会。巡演过程中，他总会唱一首粤语歌《万里长城永不倒》，旋律虽然很简单，但他用铿锵的基调演绎出"万里长城永不倒，中国人民站起来了"的恢宏气势，遏云绕梁的天籁之音唱响中华民族的强大、中国共产党的伟大，万里长城是永远不倒的！

我国的古典音乐事业蒸蒸日上，国内外音乐文化交流与合作日益频繁与多元化，这更激发了莫华伦参与到祖国音乐艺术国际化发展事业中的热情与灵感。他尽最大之力将祖国的音乐艺术成就与蓬勃发展新潮带出国门，向世界推广，同时带回世界各地优秀的音乐作品与创作经验，在音乐创作、演出、人才培养等诸多方面推动更加深入的交流与合作。就像莫华伦一直强调的，音乐是不分级别的，唯一评判的标准就是好听和不好听；美声也不是高雅和严肃的，美声只是几百年前发明的一种唱法而已。用美声的方式把音乐表达出来，让古典音乐也能流行起来，是他现在最大的使命。

## 潜心育人，桃李芬芳

2019 年 4 月 10 日，莫华伦先生来到了嘉华，参与了嘉华学院庆祝新中国成立 70 周年的系列活动，并正式受聘为社会导师和关工委顾问。听，他们在合唱："我最亲爱的祖国，我永远紧依着你的心窝。……永远给我，碧浪清波，心中的歌。"

莫华伦先生是一位关心学生成长的导师。在这个国际化的学校，莫华伦先生发挥自己的专业特长，运用自己的经验与经历，与学生们深入交流并教导他们如何运用自己的优势去抓住命运的咽喉。

他还是关爱青少年成长的最美绅士，致力于关心下一代工作。他走进了大学校园，担任国际导师，唱响梦想课堂，畅谈音乐人生，用自己的亲身经历告诉学生不管做哪一行，机会来的时候必须充分准备好，人生里好的机会只有一次，一定要抓住，成与不成，就在一刹那。嘉华的莘莘学子都有机会成为下一个艺术家。

历史的风雨尽管浩瀚汹涌，但却不能冲淡国人对他爱国之心的敬仰；岁月的河流尽管绵长蜿蜒，但却无法带走世界对他的称誉。"不积跬步，无以至千里；不积小流，无以成江海。"莫华伦用一生来爱音乐、爱人民、爱中国、关心下一代的精神永远值得我们学习。

# 后　记

　　教育部关工委开展的"读懂中国"主题教育活动是深入学习贯彻习近平新时代中国特色社会主义思想和党的十九大精神，落实立德树人根本任务，创新大学生思想政治教育的重要举措，教育部关工委已把这一主题教育活动打造成新的工作品牌和平台。

　　从 2018 年起，"读懂中国"主题教育活动每年围绕一个主题在高校普遍开展，旨在通过"身边人讲述自身事，感动影响身边人"，使广大青年学生在记述和传播老同志的故事中，受到鲜活的党史国史教育。在教育部关工委组织的征文评选中，北京高校报送的征文无论是获奖数量还是获奖等级都在全国名列前茅。

　　2019 年，我们将教育部关工委在中小学生中开展的主题教育读书活动北京地区获奖演讲稿结集为《点赞祖国　我们在行动——2017—2019 年全国青少年主题教育读书活动北京地区征文获奖作品集》，由人民出版社正式出版，受到了各区和中职学校关工委、各学校师生的好评，成为各学校对学生进行爱国主义和思想道德教育的优秀读本。

　　作为姊妹篇，我们将教育部关工委在高校开展的"读懂中国"主题教育活动 2018—2019 年获奖征文进行精心选编，从 1500 多篇征文中选取 87 位北京知名老教师的励志故事，这些故事不仅可以激励与老同志面对面访谈的大学生努力奋斗，同时还能激励全国更多的青少年砥砺前行，成为学校对学生进行思政教育的优秀补充读本。

　　为了这本书的出版，很多人付出了努力。

首先，感谢教育部关工委。他们组织主办的"读懂中国"主题教育活动，给全国大学生创设和搭建了一个极其珍贵的平台和载体，让他们能面对面聆听身边杰出长者的成长故事和成功经验，让他们切身感受到中华民族从站起来、富起来到强起来的伟大飞跃。

　　其次，要感谢北京市委教育工委、市教委和各高校领导对"读懂中国"主题教育活动的政策支持和资金保障。

　　再次，我们还要感谢各高校关工委、各高校相关老师和北京教育系统关工委秘书处的同志们以及人民出版社的同仁。各高校关工委通过各项有力措施扎实推进"读懂中国"主题教育活动的开展，并收集和整理了这些稿件；各高校相关老师积极参与"读懂中国"主题教育活动，每一篇优秀稿件都是各位老师精心指导的结果；北京教育系统关工委秘书处的同志们一遍又一遍从内容到思想对每篇入选稿件进行打磨，保证了本书具有了较高的史料价值和教育价值，推动了本书的正式出版。同时，还要感谢人民出版社副总编辑陈鹏鸣对本书出版所给予的大力支持。

　　最后，特别要深深感谢中国下一代教育基金会，赞助了本书出版需要的部分资金。

　　习近平总书记指出，只有回看走过的路、比较别人的路、远眺前行的路，弄清楚我们从哪儿来、往哪儿去，很多问题才能看得深、把得准。习近平总书记的谆谆教诲，启迪我们在回看、比较、远眺后更好地前行。

北京教育系统关心下一代工作委员会

2020 年 6 月

责任编辑：王　淼

封面设计：林芝玉

版式设计：汪　莹

**图书在版编目（CIP）数据**

我与共和国：北京教育界老教师口述实录／北京教育系统关心下一代工作
　委员会 编 . — 北京：人民出版社，2020.8

ISBN 978 - 7 - 01 - 022362 - 9

I.①我… 　II.①北… 　III.①教师 - 访问记 - 中国 - 现代 　IV.① K825.46

中国版本图书馆 CIP 数据核字（2020）第 135801 号

### 我与共和国

WO YU GONGHEGUO

——北京教育界老教师口述实录

北京教育系统关心下一代工作委员会　编

**人民出版社** 出版发行

（100706　北京市东城区隆福寺街 99 号）

北京汇林印务有限公司印刷　新华书店经销

2020 年 8 月第 1 版　2020 年 8 月北京第 1 次印刷

开本：710 毫米 × 1000 毫米 1/16　印张：20.5

字数：293 千字

ISBN 978 - 7 - 01 - 022362 - 9　定价：66.00 元

邮购地址 100706　北京市东城区隆福寺街 99 号

人民东方图书销售中心　电话（010）65250042　65289539